KB142160

틀 밖에서
놀게 하라

세계 창의력 교육 노벨상 '토런스상' 수상
김경희 교수의 창의영재 교육법

틀 밖에서 놀게 하라

김경희 지음

쌤앤
파커스

차례

Part. 1   창의력을 키우는
　　　　　햇살, 바람, 토양, 공간

1 햇살 *Sun*

4 공간 Space

Part. 2 멀리 보는 아이로
자라는 ION 사고력

5 틀 안 전문성

6 틀 밖 상상력

에필로그 | 아이를 창의영재로 키우는 토양을 만들어 주세요 361

우리 아이 창의영재로 키우는 토양을 만들기 위해 | 아이의 성공은 엄마에게 달려 있다
학교도 변해야 한다 | 창의력을 혁신으로 이어가게 해주는 풍토

틀 밖에서 놀게 하라

"사회에 나가서 시작하면 늦어요. 0세부터 부모가 특히 엄마가,
가정에서 창의력 교육을 시작하셔야 합니다."

'열심히' 하지 말고 '다르게' 하라

대한민국은 세계에서 '열심히'라는 말을 가장 많이 쓰는 나라다. 유니세프에 따르면 우리나라 아이들의 학업 스트레스는 50.5%로 전 세계적으로 가장 높지만, 행복지수는 OECD 국가 중 가장 낮다고 한다. 학업 스트레스 1위, 행복지수 꼴찌. 왜 이런 가슴 아프고 참담한 결과가 나오는 것일까? 여러 가지 요인이 있겠지만 그중 가장 큰 요인은 우리나라 엄마들의 잘못된 생각 때문이다. 우리나라 엄마들은 아이들이 '열심히'만 하면 성공할 거라는 엄청난 오해를 하고 있다. 이런 잘못된 생각 때문에 다른 나라의 아이들이 자유롭고 행복하게 놀며 창의력을 키우는 동안

우리 아이들은 힘들게 혹사당하고 행복을 느끼지 못하게 된다. 창의력이란 이런 것이다. 만약 아이가 땅을 파야 한다고 생각해 보자. 우리나라 아이들은 아주 열심히, 불안에 떨며 365일 삽질하는 법을 혹독하게 교육받아서 작은 구멍을 판다. 하지만 다른 나라 아이들은 자유롭게 놀면서 남과 '다르게' 생각하는 힘을 길러 새로운 기계, 굴착기 같은 것을 만들어 한순간에 땅 전체를 일군다. 이렇게 혁신적인 것으로 유용하고 가치 있는 결과물을 내는 힘이 창의력이다. 엄마들은 창의력 교육의 중요성을 더 늦기 전에 깨달아야 한다. 엄마들이 과거 교육의 틀을 과감하게 깨고, 아이가 공부를 놀이처럼 하며 한계 없는 상상력과 큰 행복감으로 미래를 이끌 수 있게 해야 한다.

왜 지금, 창의력인가?

2016년 세계경제포럼(WEF)에서는 2020년까지 710만여 개의 일자리가 사라지고, 기존에 없던 200만여 개의 새로운 일자리가 만들어져 결과적으로는 500만여 개 이상의 일자리가 감소하리라 예측했다. 또한 2016년 초등학교에 입학한 전 세계 어린이의 65%는 현재까지 존재하지 않았던 새로운 형태의 직업을 가질 것으로 전망했다. 유발 하라리(Yuval Noah Harari)는 "현재 학교에서 가르치는 내용의 80~90%는 아이들이 40대가 되었을 때 전혀 쓸모없는 것이 될 확률이 높다."라고 말했다. 아이들이 수업 시간이라는 틀 안에서 배운 것보다 휴식 시간과 같은 틀 밖에서 배운 것이 더 유용해질 것이라는 말이다.

우리가 알던 대부분의 직업이 사라진다. 과거에는 공부 잘하는 아이가 가질 수 있는 직업이 많았다. 따라서 창의력 교육을 하지 않아도 사는 데 큰 문제가 없었다. 하지만 이제 지식을 외워 써먹던 시대는 지났고, 전문 기술자가 설 자리도 점점 좁아져 간다. 스마트폰으로 검색하면 모든 정보와 지식이 나오고 웬만한 기술은 기계가 대체하는 세상이 온 것이다. 더 이상 과거의 틀 안에 안주해서는 안 된다. 더욱이 지금의 아이들이 자라서 청년이 되는 10여 년 후에는 지금으로서는 상상도 할 수 없는 전혀 새로운 세상이 펼쳐질 것이다.

그렇다면 미래에는 어떤 사람이 세상을 움직이고 세상을 바꾸는 인재가 될까? 바로 기계나 인공지능(AI)이 대체할 수 없는 능력, 즉 지식에 플러스알파를 할 수 있는 '창의력'을 갖춘 사람이다. 미래 사회를 살아갈 아이들에게 창의력은 불가결한 생존 능력이고, 아이들에게 그 능력을 길러주는 것이야말로 부모의 의무인 것이다.

창의력이란 무엇인가?

창의력에 대해 흔히들 오해하는 것이 있다. 창의력을 마치 무에서 유를 창조하는, 신과 같은 능력이라고 생각하는 것이다. 그러나 창의력은 전에 있던 것을 완전히 없애고 새로운 것을 만들어내는 능력이 아니라 기존에 있던 것을 새롭게 구성하고 개선하는 능력이다.

창의력이란 기존의 지식이나 기술을 활용해서 가치 있고 색다른 것을 만드는 힘이다. 인간의 본성은 지식이나 기술을 무조건 외우거나 모방하는 '소비자'가 아니라, 호기심을 가지고 더 가치 있는 무언가를 만들어내는 '창작자'에 가깝다. 원시인은 손을 이용하면 자주 다친다는 것을 깨닫고 막대기와 돌을 이용해 나무를 베고 동물을 사냥했다. 그 도구는 훗날 망치가 되었고, 망치는 또 전기 해머, 유압식 해머, 공기 해머로 발전했다.

이처럼 인간이라면 누구나 가지고 있는 '개선의 의지'가 창의력의 시작이다. 과거의 경험을 바탕으로 색다른 것을 상상하고 지나간 문제를 개선하려는 노력을 통해 창의력은 계발된다. 모래더미를 오른쪽에서 왼쪽으로 옮기는 일에도 '더 나은 방법이 없을까?'하고 궁리하는 것이다. 그러다 보면 더 가치 있는 아이디어가 자연스럽게 떠오르고, 현상에 대한 단순한 비판에서 벗어나 새로운 대안을 제시할 수 있게 된다.

다만 창작물이 아무리 가치 있다고 하더라도 '색다름'이 없이는 혁신이 될 수 없다. 창의력이 혁신으로 이어지기 위해서는 '가치'와 '색다름'이 필수조건인 셈이다. 가치와 색다름을 추구하는 것도 알고 보면 인간의 본성이다. 새는 살아남기 위해 둥지를 만들지만, 더 가치 있거나 색다른 둥지를 만들려고 노력하지 않는다. 반면 인간은 더 살기 좋고 보기에도 더 아름다운 집을 지으려고 애쓰지 않는가. 환경에 적응하고 극복해나가고, 삶을 더 개선하기 위해 노력하면서 사람은 '자기 효능감', 즉 진정한 자신감이라는 갑옷을 입는다. 그렇게 창의력을 발휘하면서 자신이 남과 '다르다'라는 자아의식 또한 단단해진다.

창의력은 인간을 인간답게 하는 행복한 과정이고 이것은 '혁신'으로 이어진다. 처음에는 자신을 포함한 소수의 삶을 이롭게 하는 '작은 혁신'에서 시작하겠지만, 이것이 성공하면 많은 이의 삶을 이롭게 하는 '큰 혁신'에 이르게 된다.

아이의 미래를 위한 가장 큰 선물은 '창의력'이다

'창의력의 아버지'라고 불리는 폴 토런스(E. Paul Torrance) 박사는 6·25 전쟁에 참가했던 가장 우수한 미군 전투기 조종사들을 대상으로 창의력 교육을 진행했다. 비행 중 전투기가 공격 받거나 고장 나서 적지에 추락하는 비상 상황이 벌어지면 기존의 지식과 기술만으로는 문제를 해결할 수 없기 때문이다. 이러한 상황에서 생존을 위해 꼭 필요한 능력이 '창의력'이다.

이처럼 급변하는 세상을 살아갈 우리 아이들에게도 토런스 박사와 같이 생존을 위한 창의력 교육을 해줄 엄마가 필요하다. 미래는 더욱더 빠르게 변화할 것이며, 더 복잡해지고 불확실해질 것이다. 근면, 성실, 노력을 내세워 성공했던 코닥이나 노키아 같은 기업들은 급변하는 세상에 대처하지 못하고 파산 위기를 맞았다. 변화를 따라잡을 창의력이 부족했기 때문이다. 대신 이전에는 상상할 수 없던 방식으로 사업을 하는 새로운 기업들이 탄생했다. 에어비앤비는 호텔 없이 숙박업을 하고, 우버는 택시 없이 택시 사업을 한다. 새로운 것을 시도하는 것보다 과거의 틀 속에서 지금까지 해오던 방식대로 하는 것이 더 위험하다.

다행히도 창의력은 타고나는 것이 아니다. 창의력은 유전자나 가문, 지능과는 무관하게 후천적으로 계발할 수 있는 능력이다. 또한 아이의 창의력을 키우는 데는 거창한 커리큘럼이나 사교육이 필요하지도 않다. 오직 부모의 태도와 가정의 풍토가 필요할 뿐이다. 수직적이고 서열화 된 가정에서 순종할 것을 강요받으며 자라는 아이는 창의력을 잃는다. 이런 풍토에서 '착한 아이'로 자라는 아이는 자신이 새로운 것을 만들고, 무언가를 개선할 수 있는 사람이라고 생각하지 못하게 된다. 반대로 수평적인 관계에서 엄마가 아이에게 무엇인가를 재미있게 소개하고, 아이가 그것에 대해 더 알고 싶은 마음을 가지게 될 때 아이의 창의력은 계발된다.

　안타깝게도 많은 한국 엄마들이 과거 세대의 공부법, 입시법, 생존법을 미래를 살아갈 아이들에게 그대로 강요하고 있다. 그러나 과거의 엄마가 살아온 방식 그대로 아이들을 교육시킨다면 10년 후 우리 아이들이 가질 수 있는 직업은 없을 것이다. 만약 아이의 미래가 걱정된다면 지금부터라도 기를 쓰고 창의력을 길러 주어야 한다. 인공지능과 경쟁해서 살아남을 수 있도록 아이에게 '창의력'이라는 생존무기를 쥐어 줘야 한다. 미래 사회는 단순히 학교 공부를 잘하고 시험 성적이 높다고 해서 생존할 수 있는 것이 절대 아니다. 지금 당장, 우리의 교육은 가정에서부터 달라져야 한다. 4차 산업혁명 시대를 살아갈 내 아이를 위한 제1선택은 엄마의 '창의력 교육'이다.

틀 밖에서 놀게 하라

　예전에는 아이들이 산이나 들로 뛰어다니고, 흙으로 된 운동장이나 공터에서 놀았다. 그러나 지금의 아이들은 사방이 시멘트로 된 아파트에 갇혀 있거나, 기껏해야 자동차를 타고 이 건물에서 저 건물로 옮겨 다닌다. 놀이터에는 흙이 사라졌고 운동장에는 뛰어노는 아이들이 사라졌다. 무리를 지어 노는 아이들은 더더욱 볼 수 없다.

참 아이러니한 일이다. 세상은 '창의적인 인재', '융합형 인재', '틀에 박히지 않은 사람'을 원하는데 아이의 놀이부터 학습 공간, 경험까지 모든 것이 점점 더 틀 안으로 갇히고 있다. 날이 갈수록 틀은 더욱더 단단하고 견고해져서 '흙 한 번 만져본 적 없는' 아이의 힘으로 도저히 깰 수 없는 강철 벽이 된다.

아이는 틀 밖에서 놀아야 한다. 틀 밖에서 공부를 놀이처럼 해야 한다. 이미 구세대가 된 엄마의 틀, 육체적 활동의 틀, 정신적 사고의 틀, 주입식 교육의 틀 밖 말이다. 한국 교육제도의 '틀'은 교과서에 쓰여 있는 내용을 주입하고, 정답이 아니면 오답인 단순하고 이분법적인 사고방식을 필요로 한다. 대학 입시를 최종 목표로 향해 달리는 경주마 교육을 한다. 이러한 교육제도는 아이가 공부를 일처럼 하게 만들고, 그 틀 안에 갇힌 아이를 평생 '일'만 하는 사람으로 자라게 한다.

그러나 아이를 틀 밖으로 나가게 해주면 공부를 놀이처럼 하게 된다. 아이 스스로 자신의 흥미 분야에 대한 지식을 쌓기 위해 책을 읽고 관심 분야의 멘토를 찾고 스스로 동기부여를 할 수 있다. 정답이나 오답이 아닌 '풀린 문제'와 '아직 풀리지 않은 문제'처럼 열린 해법을 생각하고, 대학을 흥미 분야의 전문 지식을 쌓기 위한 하나의 '단계'로 보며 스스로 진학을 선택할 수 있다. 그렇게 아이는 점점 더 넓은 세상으로 나아가게 된다.

아이의 사고력도 마찬가지다. 많은 사람이 선택하거나 남과 같은 결론을 좋은 것이라고 여기거나 실수를 실패와 동일어로 만드는 틀 안에서, 아이는 정해진 틀에 부합하는 사고를 할 수밖에 없다. 반면 아이가 상상력을 발휘해 틀 밖으로 튀어 나가게 하면, 아이는 여러 가지 아이디어를 섞고, 붙이고, 떼어내어 융합적으로 사고하고, 나이, 성별, 직위에 구애됨이 없이 이의제기를 하며, 실패를 기꺼이 배움으로 여길 수 있다. 고정된 사고의 틀 밖에서 아이의 엉뚱한 발상은 물 만난 고기처럼 자유롭게 튀어 오르고 비로소 아이는 미래가 요구하는 창의영재가 된다.

아이가 틀 밖으로 나오느냐 안 나오느냐는 아이 '경험치'의 엄청난 차이를 만든다. 수족관에 갇힌 상어는 수족관 크기만큼만 자란다. 아이 역시 자신이 보는 세상만큼 자란다. 틀 밖은 틀 안보다 훨씬 더 넓고 다양하고 재미있다. 아이에게 고리타분한 경험을 시켜줄지, 재미있는 세상을 보여주어 아이의 세계를 넓혀줄 것인지는 엄마의 의지에 달려 있다.

창의력은 어떻게 키울 수 있는가?

나는 창의영재 분야의 세계 권위자이다. 미국 영재학회에서 젊은 학자(Early Scholar)상과 홀링워스(Hollingworth)상을 받고, 미국 심리학회(APA) 벌린(Beylyne)상, 미국 창의력협회 최고연구상을 받았다. 2018년에는 '창의력 분야의 노벨상'으로 불리는 토런스상을 외국인 최초로 수상했다. 지난 30여 년을 오직 창의력 교육 연구에 매진했고 그 결실로 가정에서 부모만이 할 수 있는 '아이의 창의력을 계발하는 법'을 이 책을 통해 소개한다.

노벨상 수상자들 그리고 세상을 이롭게 만드는 혁신가들의 공통점은 '높은 지능'이 아닌 '뛰어난 창의력'이었다. 아이가 다소 산만하고 자주 엉뚱해도 괜찮다. 오히려 아이가 남과 다른 튀는 생각을 할 수 있도록 이끌어주어야 한다. 그러나 한국의 부모들은 아이가 틀 밖으로 벗어나면 큰 일이 나는 줄 알고 아이를 계속해서 틀 안으로 집어넣으려고 애쓴다. 창의력이란 얌전하게 공부 잘하고 어른의 말을 잘 듣는 아이가 키울 수 있는 역량이 아니다. 오히려 엉뚱해도 긍정적이고 유머러스하고 독립적이고 당돌한 태도를 가진 아이의 창의력이 훨씬 더 높다. 긍정적이지 않은 아이는 '이런 게 되겠어?'라는 부정적인 생각을 하기 때문에 창의력을 키울 수 없고, 수동적이고 순응하는 아이는 실패를 두려워하고 도전하지 않기 때문에 창의력이 높을 수가 없다.

독립성, 자기 주도, 유머, 의지 등의 능력은 모든 인간이 공평하게 가지고 태어나는 능력이다. 다만 후천적으로 부모가, 특히 엄마가 아이를 어떻게 이끌어주느냐가 아이의 창의력을 결정한다. 아이의 미래를 생각하는 엄마라면 이 책에서 제시하는 4S 교육법 즉, 4가지 풍토인 햇살(Sun), 바람(Storm), 토양(Soil), 공간(Space)을 통해 아이의 미래 자산인 창의력 교육에 힘써야 한다.

엄마가 만드는 창의영재

창의력 교육이란 결국 인간을 인간답게 성장시키는 교육이다. 이는 인간을 자유롭게 하고 자신을 표현하게 하고 '나다움'을 찾고 타인을 아끼고 사랑하며 세상을 이롭게 한다. 창의력이 없는 사람은 제아무리 명문대 출신이더라도 은퇴 후 자신의 삶을 생각할 수가 없다. 창의력이 없다는 것은 주어진 '과업' 말고는 '내가 할 수 있는 것이 없다.'는 말과 동일하다. 사실 학교와 교사가 아이의 성공에 미치는 영향력은 20%도 채 되지 않는다. 반면 아이의 성공에 미치는 엄마의 영향력은 80% 이상이다. 결국 아이에게 절대적으로 영향을 미치는 것은 '엄마'인 것이다.

동양인보다 노벨상을 수상할 확률이 625배나 높은 유대인들의 교육법은 이미 유명하다. 그런데 유대인과 우리 교육법은 상당히 비슷한 점이 많다. 대표적으로 유대인과 우리는 아이들에게 배움의 중요성을 일찍 가르친다. 또 가정에서 절약과 같은 생활의 지혜를 알려주고 노인을 공경하라고 말한다. 그런데 유대인들은 아이의 창의적 사고를 가능하게 키우지만, 우리는 그렇지 못한다. 유대인 부모와 우리는 어떤 차이가 있을까?

우리 가정의 풍토는 아이들의 호기심을 억누르고 유머러스하거나 즉흥적인 태도를 제지하며, 크게 보는 태도를 억압한다. 유대인들은 아이가 자신의 호기심을 좇아 흥미 분야에 깊게 파고드는 과정을 중시하고, 남과 비교하기보다는 어제의 '자신'보다 오늘의 '내'가 더 나아지기 위해 전문성을 쌓도록 한다. 반면 우리는 아이에게 좋은 성적을 받고 시험에 통과하는 것이 성공하는 길이라고 가르친다. 유대인들은 아이가 권위와 서열을 거부하게 하고 다른 문화의 강점을 수용해 자신들의 문화를 개선하게 한다. 그러나 우리는 아이들에게 유교적 서열과 시험 위주의 문화에서 나온 고정관념을 재고해보지 않고 그대로 따르게 한다. 또한 유대인은 수평적 관계에서 아이와 논리적으로 언쟁하는 반면, 우리는 수직적인 서열 속에서 일방적인 훈육을 한다.

기존의 권위와 서열과 같은 과거의 틀을 깨지 않고서는 새로운 것을 만들 수 없다. 교육 제도는 하루아침에 변하지 않는다. 그러나 부모의 태도는 오늘부터 변할 수 있다. 아이의 창의력 계발을 위해 부모가 할 수 있는 창의력 교육법을 체계적으로 담은 이 책은 모든 엄마, 아빠가 쉽게 실천할 수 있는 지침이다.

사과나무가 최고의 열매를 맺기 위해서는 양질의 풍토가 필요하다. 마찬가지로 아이를 창의영재로 키우기 위해서는 가정에서 4S 풍토를 만들어줘야 한다. 4S 풍토는 아이의 창의력 계발을 위한 풍토와 태도로 나의 30여 년 창의력 교육 연구 결과인 'CAT 이론'에 근거한 햇살(Sun), 바람(Storm), 토양(Soil), 공간(Space)의 양육법이다. 이 책의 1부는 4개의 장으로, 가정에서 4S 풍토를 만드는 방법을 안내하고 있다. 1장은 긍정적인 아이로 자라게 하는 '햇살' 풍토다. 햇살 풍토는 아이의 큰 꿈과 호기심을 격려한다. 2장은 한 우물만 파며 진정한 자신감을 키우는 '바람' 풍토이다. 이는 뚜렷한 목표로 시련을 극복하게 한다. 3장은 백지장도 맞들며 협력하는 태도를 키우는 '토양' 풍토이다. 다양한 경험과 관점을 융합하게 한다. 4장은 튀는 아이가 세상을 바꾼다는 '공간' 풍토이다. 이는 아이에게 튀고 당돌하게 생각할 자유와 깊게 생각할 여유를 제공한다.

이 책은 창의력을 키우는 풍토가 되는 햇살, 바람, 토양, 공간을 4장으로 나누어 설명하고 2부에서는 융합시대에 창의적으로 사고하는 힘을 키우는 법, ION 사고력을 소개한다. ION 사고력은 '틀 안 전문성', '틀 밖 상상력', '틀 안 비판력', '새 틀 융합력'의 4개의 장으로, 1부에서 소개한 4S 27가지 창의적 태도가 길러진 다음, 혁신을 이룰 수 있는 사고력을 키우는 방법이다.

이 책을 펼쳤다면 이미 훌륭한 엄마일 것이다. 어떻게 하면 소중한 우리 아이를 잘 키울까 고민하면서 이 책을 열었을 것이다. 창의력 교육의 시작은 그 마음이면 충분하다. 금수저가 아니어도 사교육을 하지 않아도 창의력 교육은 누구나 할 수 있다. 좋은 학교에 보내려고 애쓰지 않아도 된다. 아이의 내면에 창의력의 씨앗을 단단하게 심어놓으면 아이는 알아서 삶을 꾸려나갈 역량을 키울 것이다.

그동안 미래에 대한 불안감으로 혹은 남들에게 뒤처질까봐 소중한 우리 아이를 주입식 교육의 틀 안에 가두었던 엄마들이라면 내가 평생에 걸친 연구를 통해 만든 창의영재 교육법에 귀를 기울여주길 바란다. 이 책이, 잘 몰라서 주입식 교육, 선행 학습, 영재 교육에 줄 서고 있던 엄마들에게 '열심히'라는 틀에서 벗어나 '다르게'를 선택할 수 있는 용기가 되길 바란다. 엄마들부터 구시대적 교육의 틀을 깨고 나와 우리 아이들에게 '창의력'이라는 강력한 생존 무기를 선물한다면 나는 더 이상 바랄 것이 없다.

또한 우리 아이 혼자만 하는 창의력 계발에는 한계가 있다. 창의력은 교류하면 할수록 눈덩이처럼 불어나기 때문에 주위 아이들 모두의 창의력이 성장할 수 있는 풍토를 만들어야 한다. 이 책을 읽는 부모라면 주변 부모들에게 창의력의 중요성을 널리 전해주기를 바란다. 아이들이 행복하고 자유롭게 틀 밖에서 놀게 할 수 있기를 바라며 한국의 엄마들에게 이 책을 바친다.

2020년의 문 앞에서, 김경희

part

I

창의력을 키우는
햇살, 바람, 토양, 공간

모든 아이는 각기 다른 잠재력을 가지고 태어난다. 잠재력은 창의력의 원천이다. 그런데 아이들이 자라면서 부모나 선생님, 사회의 틀에 의해 잠재력이 깎여지고 사라진다. 창의력의 승패는 여기에 있다. 얼마나 그 잠재력이 아이에게 남아 있는가. 그래서 나는 창의력을 어떻게 키울지만큼이나 어떻게 하면 아이의 타고난 창의력을 살릴 수 있을지 연구했다. 그리하여 30여 년의 오랜 연구 끝에 마침내 창의력을 계발하는 교육법인 '창의적 CAT 이론'을 완성했다.

'창의적 CAT 이론'은 창의적 풍토(Climate) 만들기, 창의적 태도(Attitude) 기르기, 창의적 사고(Thinking) 응용하기의 단계로 이루어져 있다. 그중 1부에서는 가장 중요하지만 부모의 작은 노력으로 누구나 쉽게 할 수 있는 '창의적 풍토 만들기'와 '창의적 태도 기르기'를 안내한다. 아이를 창의영재로 키우기 위해서는 사과나무를 어떻게 하면 잘 키울 수 있는지 생각해보면 된다. 사과나무를 잘 키우려면 밝은 햇살, 세찬 바람, 다양한 성분의 토양, 자유로운 공간이 꼭 필요하다. 아이들도 배움을 즐기는 아이로 자라게 하는 햇살, 전문성을 쌓으며 강인한 아이로 자라게 하는 바람, 다양한 경험을 하게 하는 토양, 톡톡 튀는 생각으로 색다른 것을 만들어내게 하는 공간이 주어졌을 때 창의영재로 자랄 수 있다. 그래서 나는 햇살(Sun), 바람(Storm), 토양(Soil), 공간(Space)

이것들을 창의력을 키우는 4S라 명명하였다. 4가지 풍토마다 기를 수 있는 태도가 다르고, 이러한 풍토를 골고루 잘 조성하면 아이는 창의영재로 성장할 수 있는 27가지 태도를 갖추게 된다.

먼저 1장 햇살 풍토에서 아이는 호기심 가득한 눈으로 세상을 보고 배움을 놀이처럼 즐기게 된다. 여기서는 긍정적 태도, 크게 보는 태도, 즉흥적 태도, 유머러스한 태도, 열정적 태도, 호기심 많은 태도를 기를 수 있다. 2장 바람 풍토가 만들어지면 아이는 뚜렷한 목표를 가지고 설사 실패를 하더라도 다시 우뚝 서며 전문성을 쌓게 된다. 여기서는 목표 의식 태도, 철저한 태도, 자기 효능 태도, 독립적 태도, 불굴의 태도, 위험 감수 태도, 끈기 있는 태도, 불확실 수용 태도를 기를 수 있다. 3장 토양 풍토를 통해 아이는 다양한 경험을 쌓으며 전문성을 교류하게 된다. 여기서는 다문화적 태도, 전략적 태도, 개방적 태도, 복합적 태도, 멘토를 찾는 태도를 기를 수 있다. 마지막으로 4장 공간 풍토에서 아이는 톡톡 튀는 생각으로 색다른 것을 만들어낸다. 여기서는 감성적 태도, 공감하는 태도, 재고하는 태도, 자기 주도적 태도, 공상하는 태도, 튀는 태도, 양성적 태도, 당돌한 태도를 기를 수 있다.

1

햇살

미국 체로키족의 나이 많은 추장이 손녀에게 말했다.

"우리 마음속에는 두 마리의 늑대가 살고 있단다.
그 둘은 항상 싸우곤 하지. 한 마리는 나쁜 늑대야.
분노, 질투, 슬픔, 후회, 욕심, 오만, 자기 연민, 거짓, 허영, 헛된 자존심이지.

다른 한 마리는 착한 늑대란다.
기쁨, 사랑, 희망, 친절함, 겸손, 동정, 긍정, 너그러움과 믿음이야."

마음속 두 마리의 늑대 이야기를 들은 손녀가 물었다.
"그럼 그중 어떤 늑대가 이기나요?"

추장은 이렇게 대답했다.
"네가 더 많은 먹이를 주는 늑대가 이기게 된단다."

배움을 즐기는 아이로
자라게 하는 햇살 풍토

사과나무가 태양의 따스한 온기와 에너지를 받으며 자라듯 아이도 부모의 따뜻한 관심을 받고 자라야 한다. 엉뚱한 호기심을 따뜻하게 격려받아야 하고, 세상의 온통 새로운 것들을 다양하고 재미있게 경험해서 자신의 흥미를 찾아야 한다.

　이번 장에서는 가정에서 햇살 풍토를 조성해 아이의 창의력을 키워주는 방법에 대해 설명한다. '햇살 풍토'는 아이가 세상을 긍정적으로 바라보게 하고 호기심을 키우며 흥미를 느낀 것에 대해 열정적으로 탐구하게 만든다. 또 아이의 꿈과 무한한 가능성을 열어주고, '이것을 하고 싶다.' 혹은 '나도 저렇게 되고 싶다.'는 영감을 준다.

부모가 아이에게 햇살 풍토를 조성해주면 아이는 6가지 태도를 갖출 수 있다. 현재 상황에 구애받지 않고 좋은 결과를 예상하면서 과정 자체에 몰입하는 **긍정적 태도**, 현실의 한계를 넘어서 미래를 바라보는 **크게 보는 태도**, 유연한 자세로 새로운 착상이나 기회를 즉각 행동으로 옮기는 **즉흥적 태도**, '공부 아니면 놀이'라는 이분법 대신 일을 놀이처럼 재미있게 하고 어려운 상황에도 유머 감각을 유지하는 **유머러스한 태도**, 큰 꿈이나 강렬한 호기심 또는 흥미에 열렬한 애정을 가지고 열중하는 **열정적 태도**, 초심자처럼 생각해서 끊임없이 질문과 해답을 추구하는 **호기심 많은 태도**이다.

우리 아이의 긍정적이고 크게 보는, 호기심 많은 태도와 즉흥적이고 유머러스하며 열정적인 태도를 키우는 햇살 풍토를 가정에서 어떻게 만들 수 있는지 알아보자.

밝은 아이는
자신과의 싸움에서 이긴다

긍정적 태도

가장 높은 곳에서 세상을 내려다보는 태양은 온 세상을 환하게 비춰준다. 부모는 태양처럼 아이에게 세상의 밝은 면을 보여주어서 아이가 두려움 없이 큰 세상으로 나아가게 도와야 한다. 어느 날, 속상한 표정을 한 다인이가 엄마에게 말했다.

"엄마, 저는 세연이랑 놀기 싫어요. 세연이가 저를 무시하는 것 같아요."

그러자 바쁜 엄마는 "친구랑은 사이좋게 지내는 거야."라고 단칼에 대화를 끝맺었다. 엄마의 차가운 대답에 다인이는 낙심할 수밖에 없었다. 자신의 마음은 아무도 알아주지 않고, 세상은 싫어하는 친구도 좋아하는 척해야 하는 가식적인 곳이라고 생각하게 되었다. 이처럼 아이가 엄마에게 속상한 점이나 어려운 점을 말할 때마다 시큰둥한 태도를 보이는 엄마에게 아이가 신뢰가 생기고 애착이 생길 수 없다. 아이들도 친구와 사이좋게 지내야 한다는 것쯤은 어렴풋이 알고 있다. 다인이가 엄마에게 듣고 싶었던 말은 "무슨 일 있었니?", "그 친구가 어땠기에 그런 생각을 했어?"와 같이 자신의 속상했던 '마음'에 관심을 표하는 말이었을 것이다.

아이들은 가까운 사람과 애착을 형성하면서 세상을 밝게 바라보게 된다. 갓난아기의 기저귀를 제때 갈아주어 불편함을 해소해주고 애정과 보살핌을 제공하는 것처럼 아이가 필요한 것을 엄마가 바로 알아차리고, 이해하고, 아이에게 세심한 관심을 보여주는 것이 애착의 시작이다. 따뜻한 보살핌을 받으며 자라는 아이는 타인을 향한 사랑과 긍정적인 마음을 가지게 된다.

많은 부모들이 아이가 올바른 행동을 하거나 일상적인 일을 했을 때는 칭찬하거나 관심을 보이지 않는다. 그러나 잘못된 행동이나 부정적인 말을 했을 때에야 아이를 바라보고, 꾸중하고, 벌을 준다. 어린 아이들은 이러한 꾸중이나 체벌이 부모의 관심이라고 생각하는 경우가 많고, 그래서 아이는 더 많은 관심을 받기 위해 부정적인 행동을 더 자주 하게 된다. 특히 아이가 부정적인 행동을 했을 때 아이에게 "아빠를 닮아서 그래."라거나 "엄마 닮았네."라는 말을 하는 것은 정말 잘못된 일이다. 이런 표현은 자칫 아이로 하여금 자신의 부정적인 행동을 '내 잘못이 아니라 엄마 아빠 때문에 어쩔 수 없이 그런 거야.'라고 생각하게 만들기 때문이다.

아이는 어떤 행동에 대해 칭찬받았을 때 그 행동을 더 많이, 더 자주 이어가려고 한다. 만약 아이가 부정적인 행동을 한다면 다른 사람에게 피해를 주지 않는 한 못 본 척 기다리자. 그러다 아이가 그 일을 해결하려고 노력할 때 따뜻한 관심을 주면서 이렇게 말해야 한다.

"낙서는 종이에 해야 해. 네가 낙서한 식탁은 밥을 먹는 곳이야. 잘못은 했지만, 다시 깨끗하게 지우려고 노력하는 건 좋은 행동이야."

이렇게 잘못을 해결하려는 행동이 어떤 면에서 잘한 일인지 구체적이고 즉각적으로 칭찬해야 한다.

아이는 세상이 밝고 안전하고 믿을 만한 곳이라고 여길 때 비로소 세상에 대한 호기심을 품는다. 그러면 아이는 새로운 일을 시도하게 되고, 주어진 일에도 최선을 다하게 된다. 세상에 이름을 남긴 사람들의 공통된 특성은 사건과 사물의 부정적인 측면보다 긍정적인 측면에 더 많은 관심을 기울였다는 것이다. 이 특성이 바로 창의적 태도 중 하나인 '긍정적 태도'이다. 긍정적 태도를 가진 아이는 목표를 반드시 달성할 수 있다고 믿고, 그 목표를 이루기 위해 자발적으로 노력하면서 결과에 대한 강박 없이 과정 자체에 몰입한다.

그렇다면 아이의 긍정적 태도를 어떻게 길러줄 수 있을까? 아이가 가정 안에서 좋은 경험과 느낌을 받을 수 있도록 '긍정적 풍토'를 조성해주어야 한다.

긍정적인 경험을 선물하기

스마트폰이 생긴 이후 가장 무섭고 염려되는 점이 아이들의 스마트폰 사용이다. 많은 부모들이 어린 아이를 데리고 붐비는 장소에 가거나 외식을 하러 갔을 때, 혹은 급히 해야 할 일이 있다는 이유로 아이에게 스마트폰을 쥐여주거나 영상물을 틀어준다. 아이가 얌전하게 스마트폰을 보는 동안 부모는 시간의 자유를 얻는 것이다. 하지만 아이가 이렇게 스마트폰을 보며 보내는 시간은 마치 잘려 나간 필름과 같다. 오락성 만화는 아이의 머릿속에 전혀 입력되지 않고 쉽게 사라져 아이의 사고하는 능력을 떨어트린다. 부모가 다소 힘들더라도 아이에게 스마트폰을 쥐여주는 대신 옛날이야기를 들려주거나 조금 큰 아이라면 끝말잇기 같은 놀이나 농담을 주고받도록 해야 한다.

아이는 부모와 함께 새로운 일을 하거나 여행을 가는 등 즐거운 경험을 많이 공유하면 할수록 부모와 더 많은 시간을 가지고 싶어 한다. 부모와 함께 좋은 곳에 가고, 다양한 음식을 먹고,

즐겁게 노는 일이 많아지면 아이는 부모와 보내는 시간이 즐겁다고 생각하게 된다. 꼭 엄마나 아빠가 아니더라도 아이가 조부모나 친척, 그 외에 가까운 사람들을 자주 접하면서 그들(주 양육자)에게 따뜻한 지지와 격려, 사랑을 받으면 아이의 자기애와 자신감은 높아질 수 있다.

또 아이가 듣고 말하는 '언어적 경험'도 아이에게 긍정적인 경험이 된다. 부모는 아이에게 말하기 전에 숨을 한 번 고르고, 자신이 사용할 어휘의 성향을 생각해보아야 한다. "너 때문에 못살아.", "좋은 말 할 때", "바빠서 미치겠다."와 같은 부정적인 단어들을 버리고, 대신 아이를 안아주거나 쓰다듬으면서 "태어나줘서 고마워, 네 덕분에 행복하다.", "엄마는 네가 자랑스러워."와 같은 말을 한 번이라도 더 해주는 게 좋다.

다른 사람과 비교하지 않기

모든 것을 다 잘하는 아이는 없다. 그런데 모든 면에서 다른 아이와 비교하는 부모는 많다. 부모는 아이가 자신의 삶에 만족하고 즐기는 사람으로 키울 책임이 있다. 아이는 스스로를 긍정적으로 보고 무엇이든 할 수 있다는 생각을 가져야 한다. 그러나 부모가 먼저 아이를 다른 사람보다 못하다고 판단하고 생각하면 아이는 자신이 잘할 수 있는 게 없다고 생각하게 된다.

그렇다면 아이가 남보다 더 잘했을 때는 어떻게 해야 할까? 이때는 비교해도 괜찮을까? 만약 아이가 받아쓰기 시험에서 100점을 맞아 왔다고 해보자. 이때 학급에서 몇 명이나 100점을 맞았는지, 다른 아이들은 얼마나 잘했는지를 아이에게 묻거나 생각하게 만들어서는 안 된다. "어떤 문제가 제일 어려웠니? 그런데도 100점을 맞아왔구나."처럼 아이가 받은 점수에 대해서만 구체적으로 칭찬해야 한다. 또한 아이에게 칭찬할 때는 다른 또래나 형제, 자매 앞에서 칭찬하는 것은 피해야 한다. 그렇지 않으면 비교당하는 아이와 비교의 대상이 되는 아이 모두에게 경쟁심이나 시기심을 불러일으킬 수 있다. 다만 다른 어른들이 있는 자리에서 아이를 칭찬하는 것은 괜찮다.

아이가 남보다 무언가를 더 잘 알거나 더 잘한다고 하더라도 다른 사람과 비교하는 것은 좋지 않다. 이러한 부모의 비교는 아이가 무의식적으로 자신이 다른 사람보다 뛰어날 때만 괜찮은 사람이라고 생각하게 만든다. 그러면 아이는 자신이 좋아하는 일을 하는 것만으로는 행복감을 느끼기 힘들어지고, 당연히 잠재력이나 창의력은 계발되기 어렵다. 아이에게 진짜 필요한 것은 다른 사람과의 비교가 아니라 자기 자신과의 비교다. "나는 네가 커서 무엇이 되어도 좋아. 너는 세상에서 단 하나뿐인 특별한 아이야."라고 말해주자. 그러면 아이는 내가 원하는 것에 얼마나 가까워졌는지, 자신의 이전 모습보다 얼마나 나아졌는지,

이게 진짜 내가 바라는 것인지를 다른 사람이 아닌 자기 자신과 비교하게 된다. 자신과의 비교 평가, 자신과의 싸움에서 이기는 아이가 창의영재가 된다.

사소한 일에도 감사를 표현하기

자신을 기쁘게 한 것에 대해 고마움을 표현하게 하면 아이의 행복감은 저절로 커진다. 다른 사람이 호의를 베풀었을 때, 길가에 핀 코스모스를 보고 기쁨을 느꼈을 때 아이에게 감사함을 표현하도록 한다. 긍정적 태도와 감사하는 마음은 전염성이 강하다. 그것은 주변으로 빠르게 확대되고 다른 사람을 끌어당기는 힘이 있다. 행복해진 아이는 다른 사람을 기쁘게 만들고, 그것을 보고 아이는 또다시 행복해진다. 이런 행복의 연쇄작용을 위해서 아이에게 감사하다고 느끼는 사람들에게 주기적으로 연락하고 안부를 묻게 하는 것이 좋다. 또 하루하루 사소한 것이라도 감사한 일을 찾아 '감사 일기'를 쓰도록 해보자.

아이가 어떤 사람이나 상황의 부정적인 면만 보게 되면 좋은 사람과 관계 맺기를 점점 더 힘들어할 수 있다. 만약 아이에게 부정적인 감정을 일으키는 사람이 있다면 그 사람이 왜 부정적인 감정을 일으키는지 분명하게 표현하도록 한 뒤 그 사람과 거리를 두게 하는 것이 좋다. 그리고 아이가 스스로 불행하다고 느끼는 일에 처했을 때는 먼저 아이만의 시간을 가지게 해야 한다. 아이 스스로 그 상황에서 자신이 바꿀 수 있는 것과 바꿀 수 없는 것을 구별한 다음 부모에게 상담을 요청할 때까지 기다리는 것이다. 다른 사람에 대한 험담을 자주 하면 아이가 누구를 만나도 부정적인 면을 더 집중해서 보게 만들기 때문에, 남을 헐뜯거나 빈정거리는 대신 좋은 점을 더 많이 말하게 하자. 부정적인 몸짓언어는 부정적인 생각과 마음을 폭발적으로 키우기 때문에 불쾌하고 짜증나는 표정을 짓거나, 팔짱을 끼고 발을 구르거나, 한숨을 쉬는 등 부정적 뉘앙스의 행동은 피하게 해야 한다.

부정적인 생각은 부정적인 시각이나 영향을 피함으로써 줄여나갈 수 있다. 아이에게 부정적인 영향을 주는 것을 알아보고 그 영향을 줄이도록 해야 한다. 대중 매체는 주로 자극적인 이야기로 사람들의 관심을 끌기 때문에 뉴스, TV, 인터넷, 라디오 등을 가급적 멀리하는 것이 좋다.

실패 면역력 기르기

에디슨은 전구에 불이 들어오게 만드는 재료를 발견하기 전까지 3,000번의 실패를 경험해야 했다. 그의 조수가 에디슨에게 "도대체 왜 포기하지 않으세요?"라고 묻자 에디슨은 불을 만들지 못하는 3,000개의 재료를 알아냈기 때문에 자신은 한 번도 실패한 적이 없다고 대답했다.

우리 아이들도 에디슨처럼 포기하지 않고 실수를 바로잡을 수 있도록 키워야 한다. 아이들이 실수나 실패에 좌절하거나 무너지지 않도록 하기 위해서는 다양한 실패의 경험이 필요하다. 이를 위해서는 예술 활동을 추천한다. 예술은 실패가 의외의 작품이 될 수 있는 가능성이 열려 있기 때문이다. 이런 활동은 실패에 대한 마음의 근력을 무럭무럭 키워주고, 도전과 실패를 통해 배운 교훈으로 더 나은 방법을 스스로 생각하게 한다. 아이가 겨우 한 번 실패했다고 해서 인생이 전부 실패했거나 영원히 망했다고 생각하지 않고, "이번만 실패한 거야. 그렇지만 왜 실패했는지 알겠어."라고 말할 수 있도록 격려해주자. 또 아이가 실패를 경험했을 때 눈을 감고 나를 행복하게 하는 장소, 순간, 상황을 떠올리게 해서 실패의 아픔에서 빠져나올 수 있는 방법을 알려주자. 이처럼 아이가 새로운 것을 시도하고 다양한 실패를 경험하게 함으로써 '마음의 근력'을 키울 수 있다. 실패의 두려움이 없는 아이는 실패를 성장의 발판으로 삼아 더 높이 도약할 수 있다.

어떤 위인도 태어날 때부터 훌륭했던 사람은 없지만, 훌륭한 위인 뒤에는 늘 훌륭한 누군가가 있었다. 위인의 뒤에 있던 누군가는 그가 어릴 때부터 자신을 긍정적으로 볼 수 있게 도와주었다. 부모는 아이에게 가진 기대감 혹은 자부심을 긍정적인 언어로 계속 표현하고, 아이에게 긍정적인 경험의 기회를 꾸준히 제공해주어야 한다. 그러면 아이는 부모를 믿고, 세상을 무궁무진한 가능성의 공간으로 보게 된다.

큰 꿈을 품은 아이는
큰 사람이 된다

크게 보는 태도

학창 시절 선생님들은 종종 아이들에게 장래 희망을 묻곤 했다. 요즘 아이들에게 같은 질문을 한다면 좀 더 다양한 대답이 나오겠지만, 그 시절에는 대부분의 아이가 '현모양처'가 꿈이라고 답했다. 아이들의 꿈은 부모나 주위 사람의 영향을 많이 받는다. 요즘 아이들이 '공무원', '변호사'와 같은 직업을 꿈으로 적는 이유도 어쩌면 아이가 안정된 직업을 가지길 바라는 부모의 영향 때문일지 모른다.

그러나 현모양처나 공무원 같은 꿈은 아이를 창의영재로 키우는 '큰 꿈'이라고 할 수 없다. 큰 꿈이란 어떤 위인의 삶에 감명을 받아서 그 사람처럼 되고 싶다는 마음에서 시작한다. 뉴턴은 갈릴레오처럼 되고자 했고, 아인슈타인은 뉴턴처럼 되길 원했으며, 스티브 잡스는 아인슈타인처럼 되길 꿈꾸었다. 만약 어떤 아이가 퀴리 부인의 삶에 감동 받아 그녀를 롤모델로 삼고 그렇게 되고자 한다면, 이 아이는 실제로 위대한 업적을 남길 가능성이 높다. 롤모델의 삶을 꿈꾸는 것은 막연하게 주입된 장래 희망이 아니라 롤모델이 몸담은 분야, 업적, 생활 전반에 대한 동경이고, 마음속 깊은 곳에서 우러나는 열정 그 자체를 좇는 일이기 때문이다.

'크게 보는 태도'는 현재의 걸림돌이나 한계를 넘어 미래를 생각하고, 불가능해 보이는 것을 시도하게 한다. 또 큰 꿈을 꿀 때는 눈앞에 보이지 않는 것을 머릿속에 그려보는 추상적인 사고를 하기 때문에 창의력의 꽃이라고 할 수 있는 '상상력'도 함께 길러진다.

부모는 아이가 어릴 때부터 큰 꿈을 가질 수 있도록 좋은 본보기가 되어야 한다. 아이가 "나는 세상을 바꾸겠어!", "나는 아직 밝혀지지 않은 빅뱅 이전의 우주를 밝혀낼 거야."라고 말할지도 모른다. 부모의 눈에 자칫 몽상적이고 비현실적으로 보일지 몰라도 아이의 큰 꿈을 인정하고 격려해주자. 꿈을 먼저 꾸어야 그것이 과연 이루어질 수 있을지, 어떻게 하면 그것을 이룰 수 있을지 생각할 수 있다.

유년 시절에 나는 가족보다 교회 일에 더 열성적이었던 아버지 때문에 교회를 원망하며 자랐다. 아버지가 혼자 사는 할머니들을 위해 봉사하는 동안 어머니는 온종일 과수원에서 일하고 오일장에서 옷감을 팔았다. 자식 넷을 공부시키느라 영양실조까지 걸리셨다. 그러나 어머니는 불평 한마디 하지 않았고 또한 자식에게 보상을 바라지도 않았다. "부모 호강시켜주려고 공부하지 말고, 세상에 빛과 소금이 되어라."라고만 당부하셨을 뿐이다. 교회는 미웠지만 그곳에서 수도 없이 들은 '세상의 빛과 소금'이라는 말은 분명 나에게 좋은 영향을 주었다. 미국에서 박사학위를 받고 진로를 고심할 때 '어느 길을 택해야 세상에 빛과 소금이 될 수 있을까?'라고 스스로에게 묻고 있었기 때문이다.

실제로 많은 혁신가가 품었던 꿈의 공통점이 바로 '세상을 바꾸는 것'이었다. 크게 보는 태도를 가진 아이는 자신의 꿈을 직업으로 제한하지 않는다. 아이의 큰 꿈을 위해서 부모는 크게 보는 태도를 기를 수 있는 풍토를 조성해주어야 한다.

부모는 아이의 첫 번째 롤모델

아이가 큰 꿈을 꾸게 하려면 부모가 아이의 첫 번째 롤모델이 되어야 한다. 아이는 부모의 뒷모습을 보고 자란다. 이는 선천적인 것이 아니라 후천적인 것을 의미한다. 아이에게 부모는 세상의 시작이자 전부이다. 아이는 부모를 통해 언어를 배우고 삶의 양식을 마련한다. 부모를 보며 기준을 세우고 가치관을 만들고 인생을 설계한다. 따라서 부모는 아이의 좋은 본보기가 되어야 한다.

부모는 아이에게 자신의 롤모델을 말해주고, 그 롤모델처럼 되기 위해 어떤 책을 읽고, 어떤 태도와 방식으로 일하고 있는지, 어떤 노력을 하고 있는지 말해주는 것이 좋다. 예를 들어, 워킹맘의 경우 아이와 함께하지 못하는 시간 동안 엄마가 직장에서 무슨 일을 하고 있으며 어떤 어려움이 있었는지, 또 그것을 해결하기 위해 어떤 노력을 했는지에 대해 아이와 대화하는 것이다. 그렇다면 아이는 엄마가 보이지 않는 곳에서 꿈을 이루기 위해 어떤 노력을 하는지 알게 되고, 엄마의 모습을 닮아가게 된다. 만약 롤모델이 없다면 전에 롤모델로 삼았던 인물을 이야기하고 롤모델처럼 되기 위해 어떤 것을 해봤는지, 아쉬움이 있다면 어떤 것이 있는지 아이와 친구처럼 대화해보자.

또 부모가 먼저 다른 사람의 멘토가 되거나 어려운 사람을 돕고 지역사회 발전을 위해 봉사하는 모습을 보여주는 것도 도움이 된다. 그런 부모를 보고 아이는 '어른의 역할은 다른 사람을 위한 일을 하는 것도 있구나.'를 자연스럽게 깨닫게 된다. 당부하건대 부모는 아이에게 절대로 '좋은 직업을 가진 삶이 성공한 삶'이라고 말해서는 안 된다.

위인 이야기 함께 읽기

위인 이야기는 아이에게 큰 세상으로 나아가기 위한 길을 보여준다. 위인들의 이야기를 읽고 느끼며 큰 꿈을 꿀수록 아이의 사고력은 쑥쑥 자라난다. 아이에게 과학자, 수학자, 문학가, 정치가, 대통령, 사업가, 예술가, 운동선수 등 다양한 분야에서 성공한 사람들의 이야기를 들려주자. 세상에는 너무 많은 위인이 있고, 분야마다 다양한 사람들이 있지만 교과서나 전집에 나오는 인물은 제한적이다. 교과서보다는 부모가 인터넷으로 찾아보거나 책을 통해 알게 된 다양한 사람들의 이야기를 아이에게 최대한 많이 알려주는 것이 좋다. 이때 어른이 된 위인의 모습을 보여주거나 들려주기보다는 아이의 눈높이에 맞춘 위인의 어린 시절 이야기를 접하게 해주자.

그리고 다소 편협한 내용이거나 위대한 업적만 드러나는 위인전보다 에세이나 자서전을 고르는 게 좋다. 보통 아이들과 다를 게 없던 사람이 어떻게 위대한 업적을 이룰 수 있었는지, 위인들이 어린 시절을 어떻게 보냈는지를 보여주는 것이다. 그들의 어린 시절을 접하면서 아이는 보통 사람보다 천천히 성장했거나 더 열악한 환경에서 자라고, 친구들에게 놀림을 당했던 위인도 있다는 사실을 알게 될 것이다. 그러면 아이는 자신도 나중에 훌륭한 사람이 될 수 있다는 자신감을 얻고, 지금 당장 할 수 있는 일을 계획하고 실천하고 싶다는 생각을 하게 된다.

눈에 보이지 않는 것을 그려보기

컴퓨터, 교실, 닭, 고양이, 정원같이 오감으로 느낄 수 있는 것보다 민주주의, 혁신, 세계평화, 사회정의 같은 추상적인 개념을 그림이나 조각, 몸짓언어 등으로 시각화하는 연습은 아이의 창의력 발달에 큰 도움이 된다. 아이가 상상의 범위를 넓혀 문제를 해결하고 창작을 하기 위해 다음과 같은 상황을 머릿속에 그려보게 하자.

- 나에게서 가장 멀리 떨어져 있는 국가나 도시에 있을 법한 사람들을 상상해본다.
- 지금 이 순간을 떠나서 먼 과거나 미래를 상상해본다.
- 비현실적인 세계에 있을 생물, 물체, 상황 등을 상상해본다.
- 미래에 자랑스러워질 자신의 모습을 구체적으로 상상해서 그리거나 글로 써본다.

그리고 사물이나 생물 또는 사람의 일부분에 주목하지 말고 전체를 감상한 뒤 그것을 그림, 말, 글로 표현하게 해보자. 그 다음 다시 세부적인 것에 집중해서 그림, 말, 글로 나타내는 것이다. 이렇게 실제적인 개념과 추상적인 개념 사이를 번갈아서 시각화하는 것과 아이가 좋아하는 물건, 생물, 활동, 상황 혹은 사람을 보고 떠오르는 것을 그림이나 글, 노래로 표현해보는 것도 추상적 사고에 도움이 된다.

　아이의 큰 꿈과 그 꿈을 향해 가고자 하는 깊은 열정은 절대 아이를 배신하지 않는다. 하지만 부모의 불안과 걱정이 아이를 배신할 때가 있다. 유대인 부모는 아이가 아주 어릴 때부터 "병든 세상을 고치고 죽어라."라고 가르친다. 아이의 큰 꿈을 격려하는 부모가 되자. 아이가 아무리 어려도, 그 꿈이 아무리 허무맹랑할지라도 말이다. 여기서 유대인은 지리적으로 이스라엘에 사는 사람들이 아닌, 전 세계에 흩어져서 사는 '다문화적 유대인'을 가리킨다. 다양한 경험과 사고방식을 가지고 있는 다문화적인 개인이 단일 문화의 개인보다 훨씬 더 높은 창의력을 보인다.

눈치 보지 않고
나를 표현하는 아이가 틀을 깬다

즉흥적 태도

따스한 햇볕이 내리쬐면 젖은 사과나무 가지가 마른다. 가벼워진 나뭇가지는 약한 산들바람에 날리며 꽃잎과 향기, 씨앗을 퍼뜨린다. 햇살 풍토는 아이가 나뭇가지처럼 유연하게 움직이며 세상을 향해 자신을 표현하도록 돕는다.

이와 같은 행동은 바로 '즉흥적 태도'에서 나온다. 즉흥적 태도란 새로운 아이디어가 떠오르거나 새로운 기회가 주어졌을 때 지체하지 않고 그 아이디어를 자유롭게 실행에 옮기거나 기회를 잡는 것을 말한다. 즉흥적 태도를 가진 아이는 혁신적이고 역동적인 삶을 살게 된다.

아이가 즉흥적으로 생각하고 행동하려면 눈치 보지 않고 자신을 표현할 수 있는 자유가 허락되어야 한다. 그러나 동양의 아이들, 특히 한국 아이들은 어릴 때부터 다른 사람 눈치를 보게 길들여진다. 자신의 감정과 요구를 무시하는 부모 밑에서 자란 아이는 눈치를 심하게 보고 자기 주장을 내세우지 못한다. 이런 아이는 즉흥적으로 행동하기 어려울 뿐만 아니라 의사결정을 할 때 주체적으로 선택하기보다 다른 사람에게 선택권을 쥐어 주고 따르는 것을 더 편하게 생각한다.

결국 눈치 보는 아이는 스스로가 원하는 것 대신 다른 사람이 원하는 것을 알아내려고 한다. 자신의 의견을 적극적으로 말하기보다 남의 의견에 동조하고 심지어 상대의 의견이 부당해도 비위를 거스르지 않기 위해 애쓴다. 이런 아이는 어른이 되어도 지시나 규정 때문에 자신의 생각을 표현하지 못하는 소심한 사람이 된다. 위에서 내려오는 지시사항이 없으면 어쩔 줄 모르는 수동적인 사람이 되는 것이다. 또 눈치 보는 아이는 다른 사람의 눈 밖에 나지 않기 위해 자신을 있는 그대로 나타내기보다는 스스로를 거짓으로 포장하고 과시하게 될 수도 있다.

항상 다른 사람의 요구나 기대 또는 바람대로 살아왔거나 '나'에 대해 고민해본 적이 없는 사람은 자기 삶의 주인으로 사는 것이 어렵게 느껴질 수 있다. 부모는 아이가 자기 삶의 주인으로 살게 하도록 도와야 한다. 아이가 자신의 중요한 문제를 결정할 때 제3자의 권위나 의견에 끌려가지 않도록 도와주자. 자신의 문제는 스스로 판단하고 결정하도록 하고 대신 그 결과에 떳떳하게 책임지는 사람으로 자라게 해야 한다. 그러기 위해서는 아이가 자신의 생각이나 감정을 정확히 알고 그것을 즉흥적으로 표현하도록 허락해야 한다. 다른 사람의 눈치를 보는 대신 자신의 마음을 살피는 것이다.

아이를 주체적인 삶을 사는 어른으로 키우고 싶다면 부모가 아이의 시간표를 미리 꽉 채워두거나 아이의 인생을 프로그래밍 해놓아서는 안 된다. 아이의 요구와 의사를 존중하고 아이의 안전을 해치지 않는 선에서 자유롭게 행동할 수 있도록 몇 가지 필수적인 규칙만 제공하는 것이 좋다. 아이가 자신의 느낌이나 기분, 감정이 어떤지, 자신의 생각과 의견, 의도나 행동은 또 어떤지에 더 관심을 갖도록 하자. 그러면 아이는 아무리 어리더라도 자신이 어떻게 느끼고 있는지, 무엇을 생각하고, 무엇을 원하고 있는지를 정확히 알고 당당하게 행동할 수 있다. 나아가 이런 아이는 자신의 일과 선택에 대한 책임감도 기르게 된다.

즉흥적 태도에도 유의할 점은 있다. 어떤 아이디어가 떠오르자마자 그 쓸모에 대해 성급하게 평가하거나 판단하는 것은 운전할 때 한쪽 발을 가속페달에 올려놓는 동시에 다른 한쪽을 브레이크 위에 놓는 것처럼 어리석은 일이다. 아이가 가속페달과 브레이크를 때에 맞게 사용할 수 있도록 적절한 타이밍과 방법을 갖춘 즉흥적 태도를 길러줘야 한다.

굳어버린 일과에 변화 주기

고정된 일과라고 해서 무조건 나쁜 것은 아니다. 매일 평온하고 같은 일상은 안정감과 편안함을 준다. 또 그중에는 삶에 꼭 필요하거나 좋은 영향을 주는 과제가 포함되어 있을 수도 있다. 그러나 여유 없이 굳어버린 일과는 즉흥성을 막고 변화가 없는 단조로운 생활을 하게 만든다.

가정과 일상 속에서 아이가 즉흥적이고 자유롭게 살지 못하도록 방해하는 것은 무엇일까? 평범한 하루에 반복적으로 하는 일들을 아이와 함께 시간 순서대로 종이에 적어보자. 아침에 일어나 가장 먼저 무엇을 하는가? 아이의 생활 패턴은 여기서부터 시작된다. 매일 똑같이 정해진 순서에 따라 행동하는가? 학교에 갈 때 항상 같은 길로 가는가? 늘 어울리는 같은 친구들 하고만 대화하는가? 아이의 일상을 목록으로 작성해본다. 그리고 아이의 일상 목록을 함께 훑어보면서 어떤 일과에 변화를 줄 수 있을지 아이에게 선택하도록 하자. 이때 아이의 생산성을 높여주고 편안함을 주는 습관은 유지하는 게 좋다. 하지만 아이가 불안과 게으름, 의욕 상실로 하지 못하는 일이 있거나 습관적이고 무의식적으로 하는 일이 아이의 새로운 경험을 방해한다면 변화를 주어야한다. 이때 아이가 어떤 패턴이나 일상과 행동을 바꾸는 것에 대해 두려움을 느낀다면 아이에게 왜 그 변화가 두려운지 묻고, 함께 해결방안을 찾아보도록 한다.

즉흥적 태도를 기르기 위해서는 아이가 자신의 익숙한 생활 패턴에 즉흥적인 요소를 넣어 삶을 즐겁고 예측하기 힘든 모험처럼 느끼게 해주어야 한다. 아이의 즉흥적인 행동이 규칙적인 일상과 적절히 섞이도록 도와주자. 따라서 아이의 일상에 지나친 계획을 짜는 일은 피하는 게 좋다. 너무 계획대로만 행동하다 보면 아이의 즉흥성이 떨어져서 창의력을 계발할 수 없다. 쳇바퀴 같은 삶을 사는 아이는 자신이 따분한 삶을 살고 있는지조차 모르게 될 수도 있다. 만약 아이가 갑자기 무언가에 끌린다면 잘못될 것을 걱정하지 말고 아이 생각대로 해보게 두어야 한다.

- 아이의 일정을 지나치게 자세하거나 빡빡하게 채우지 않는다.
- 다른 사람이 결정해주기 전에 아이 스스로 자신의 일과를 결정하게 한다.
- 아이가 작은 것을 결정하는 데 너무 긴 시간 동안 고민하지 않도록 한다.
- 계획을 세우지 말고 가끔은 끌리는 대로 아이와 함께 그냥 실행한다.
- 때로는 어떤 행동을 결정할 때 주사위나 동전을 던져서 운에 맡겨본다.
- 계획을 했다가도 더 신나는 일이 있으면 그 일을 먼저 한다.
- 때로는 머리보다는 마음이 원하는 것에 따라 행동하게 한다.

틀에 박힌 행동에서 벗어나게 하기

아이는 미래를 걱정하며 전전긍긍 사는 것이 아니라 현재를 즐겨야 한다. 휴식을 취할 때는 걱정을 제쳐두고 여유를 마음껏 즐기게 하자. 어떤 일에 밤낮으로 몰두하면 작은 성공을 이룰 수는 있어도 혁신을 이루기는 힘들다. 아이는 관심 분야에서 새로운 취미 활동을 시작하거나 새로운 경험을 통해 자기 삶에 극적인 요소를 자유롭게 더해야 한다. 아이의 취미 활동은 다른 사람과 경쟁하거나 다른 사람의 기대 혹은 기준에 맞추기 위한 것이 아니어야 한다. 또한 아이가 새로운 경험을 한 뒤에는 그 경험에 대한 흥미진진한 이야기를 함께 나눠보자.

예를 들어, 아이와 함께 새로운 재료나 요리법을 이용해서 요리를 만들어 보거나 이국 음식을 파는 식당에 방문해보자. 그리고 한 번도 먹어보지 못한 음식이라도 식당 종업원이 추천하는 대로 주문해보게 하는 것이다. 예고편을 보지 않고 영화를 보러 가거나 목적지 없이 무작정 마음 가는 대로 가거나 발길 닿는 대로 산책하는 방법도 있다. 또 외국어나 다른 억양의 사투리를 배워 사용해보거나 처음 만난 어른들과 함께 시간을 보내고 낯선 친구들과 하루를 보내는 일도 아이의 일상에 틀을 깨는 경험이 될 수 있다.

아이의 학습 공간을 가구를 재배치하거나 책상 위를 새로운 것으로 장식해 환경의 변화를 주는 것도 좋다. 서서 공부할 수 있는 책상을 이용하는 등 학습 환경에도 변화를 주어야 한다. 이러한 작은 변화에도 아이는 배움을 단조로운 것이 아닌 재미있는 하나의 활동으로 여기게 될 수 있다. 이때 독서 클럽 같은 새로운 모임이나 취미를 함께 가져보는 것도 좋은 방법이다.

만약 아이와 함께 여행을 가게 된다면 아무런 계획 없이 가거나 여행 계획을 짜되 하루는 갑자기 떠오른 일을 할 수 있게 비워두자. 그날에는 즉흥적으로 계획을 짜거나 그 지역을 탐험해보게 한다. 그리고 아이가 이제까지 시도하지 않았던 다양한 색깔이나 스타일에 도전해서 자신의 모습을 바꿔보게 하는 것도 좋다. 자신의 감정을 색깔이나 그림으로 표현하거나 책상이나 물건들을 다른 모양으로 꾸미게 해보자.

마지막으로 아이가 다음과 같이 예상할 수 없는 말이나 행동을 해서 남을 놀라게 하거나 사랑하는 사람들에게 무언가를 표현하게 해보자.

- 특별한 선물을 하거나 상대가 나에게 얼마나 특별한 존재인지 고백하기
- 새로운 추억을 만들 수 있는 장소를 방문하기
- 감사함을 새로운 방법이나 장소에서 즉흥적으로 표현하기

즉흥적인 태도를 통해 아이는 스스로를 바라보는 관점과 자

신을 표현하는 방법을 바꿀 수 있다. 아이는 자신의 약점보다는 자신이 좋아하면서 잘하는 것, '나'를 반영하는 것, 되고 싶은 꿈과 같은 장점에 더 큰 관심을 기울여야 한다. 당장 오늘부터라도 아이가 자신의 장점을 찾을 수 있게 도와주자. 생각하거나 말하기만 해도 설레는 주제가 무엇인지, 아이를 행복하게 만들어주는 것은 무엇인지, 가장 행복했을 때 혹은 성취감이나 만족감을 느꼈을 때는 무엇을 하고 있었는지, 왜 그 경험이 자신을 행복하게 만들었는지, 어떻게 하면 그런 행복감, 성취감, 만족감을 항상 느낄 수 있을지를 아이에게 물어보는 것부터 시작해보자.

공부를 놀이처럼,
놀이를 공부처럼

유머러스한 태도

스티브 잡스의 멘토인 래리 랭(Larry Lang)은 이웃에 사는 일곱 살 소년 스티브 잡스에게 전자 마이크가 무엇인지 재미있게 알려주고 전자 마이크를 탐색할 수 있도록 도왔다. 이 경험을 통해 잡스는 훗날 전자기기에 몰입하게 되었고 세계적인 혁신가이자 기업의 수장이 되었다.

마찬가지로 아이에게 학습과 관련하여 어떤 과목을 처음 소개할 때는 재미있고 즐거운 방식을 사용해 아이가 호기심을 느끼고 깊이 빠져들게 해야 한다. 그러기 위해서는 놀이와 공부를 분리시키지 않는 것이 중요하다. 아이가 배움을 심각하고 지루하게 여기는 게 아니라 재미있는 놀이처럼 하도록 만드는 것이다. 즉, 공부를 놀이처럼 하고 놀이를 공부처럼 할 수 있게 만들어야 한다. 가령 아이가 피아노나 미술을 처음 배운다면 진도를 나가는 데에만 급급하지 말고 피아노의 선율이나 미술의 창작 과정이 주는 즐거움에 빠져들게 하는 것이다.

아이가 배움에서 즐거움을 찾도록 도와주는 것이 바로 이상하고 비논리적인 것들을 연결하고 결합해서 긍정적 감정을 유발하는 유머이다. 세상만사를 심각하게 받아들이는 대신 부정적인 상황에서도 재미있는 부분을 찾아 웃어넘기게 만드는 여유도 유머이다. 유머는 농담을 하듯 도발적으로 어떤 문제를 바라보면서 겉보기에는 전혀 관계가 없는 것들 속에서도 관련성을 찾을 수 있게 만든다.

유머러스한 태도를 가진 아이는 어떤 상황에서도 새롭고 다양한 방식을 생각해내며, 어려운 과제에 맞닥뜨려도 유머 감각을 잃지 않고 밝은 면을 찾는다. 또한 유머러스한 태도를 가지면 창의적인 사고를 가로막는 고정관념과 일차원적인 생각을 극복하고 자신의 아이디어에 대해 누군가가 날카로운 비난을 하더라도 웃어넘길 수 있는 마음의 힘을 키울 수 있다. 그래서 서양에서는 유머 감각을 훌륭한 지도자의 필수 요건으로 꼽는다.

이같이 유머러스한 태도를 기르기 위해 필요한 것이 바로 햇살 풍토다. 사람들을 즐겁게 하는 풍토는 아이가 창작 과정 자체를 즐기게 하는 원동력이 된다. 유머러스한 교육 풍토에서 유머러스한 태도가 나온다. 그렇다면 우리 아이의 유머와 유머러스한 태도는 어떻게 기를 수 있을까? 다음 3가지 방법을 따라 해 보자.

아이를 웃고, 웃기게 하기

유머는 아이가 어떤 일을 즐겁게 하기 위해 반드시 필요한 특성이다. 여기서 말하는 유머는 사람들을 포복절도하게 만드는 개그가 아니다. 그것은 우울하더라도 찡그리지 않고 밝게 웃어서 주위 사람까지 덩달아 기분이 좋아지게 하거나 남들을 웃게 해서 스스로를 행복하고 매력적인 사람이 되게 하는 것이다.

부모는 아이 나이에 걸맞은 농담을 던지고 아이가 '까르르' 웃을 때 함께 웃어주어야 한다. 그러면 아이는 어떤 상황에서도 재미있는 면을 찾아내려고 노력한다. 다른 사람의 농담에 화를 내거나 공격적으로 대응하기보다는 유쾌한 말로 대꾸하는 능력도 길러주어야 한다. 아이가 다른 사람의 유머에 까무러치게 웃고 아이의 웃는 모습 자체로 다른 누군가를 웃기는 것도 좋다. 아이가 겪은 일 중에 가장 웃겼던 일이나 가장 바보 같았던 일에 대해 다른 사람과 대화하는 것도 유머러스한 태도를 기르는 데 도움이 된다.

또 발표를 할 때 제목이나 내용에 유머를 더한다든지, 웃음을 유발하는 소도구를 활용한다든지, 무엇인가를 만들 때 자신의 생각이나 감정을 재미있게 표현하는 것도 아이의 유머 감각에 도움이 된다. 발표 자료를 만들 때 유머러스한 제목이나 배경, 재미있는 시청각 효과, 코믹한 문구 등 재미있고 장난기 있는 요소들을 사용하게 하고 말로 하거나 몸으로 웃기는 코미디로 익살을 부리게 해본다.

아이에게 우스꽝스러운 그림이나 말장난을 가지고 연재만화를 그려보게 하는 것도 유머를 키우는 데 도움이 된다. 강아지가 영문 원서를 읽는 사진, 작은 조약돌로 만든 공룡 발자국 사진 등을 보여주고 우스꽝스러운 제목을 붙여 보는 것도 좋다. 혹은 사물을 익살스럽게 보이도록 기발한 사진을 찍어 예술이나 과학, 건축 프로젝트를 할 때 엉뚱한 활동을 더할 기회를 제공할 수 있다.

또한 주변에서 쉽게 접하는 대중문화, 의상, 공휴일이나 명절 행사 또는 매일 하는 일에서 불합리하거나 이상한 점을 아이와 함께 찾아보자. 부모가 어린 시절에 겪었던 어색한 경험, 학창 시절에 있었던 재미있는 사건 등 바보 같은 실수나 창피하고 당황스러웠던 일을 이야기해서 아이가 웃음거리를 찾도록 하는 것도 좋다. 이런 경험을 통해 아이는 심각한 일을 유머로 바꾸는 법을 익혀 어려운 상황에서도 재미있는 일을 찾고 편하게 웃을 수 있게 된다.

- 아이에게 속상한 일이 있었다면 그것에 관한 재미있는 일기를 쓰게 한다.
- 신문, 뉴스, 인터넷 기사 등을 포함해서 정치인이나 연예인처럼 잘 알려진 사람에 대한 재미있는 일화를 함께 이야기해본다.
- 아이가 자신과 다른 사람들의 차이점에서 유머를 찾게 해보자. 다른 문화, 행동, 습관들을 경험하고 느끼는 것이 도움이 된다.
- 재미있는 책을 읽거나 웃기는 영화, 책, 만화, 공연을 보거나 코미디 연극같이 웃기는 활동에 참여해본다.

아이와 함께 활동할 때 부모는 종종 아이처럼 행동할 필요가 있다. 아이와 함께하는 놀이나 작업을 통해 자신의 장난기나 우스꽝스러운 면모를 아이에게 거리낌 없이 보여주자. 재미있는 파티나 가장무도회를 열어 보는 것도 좋다. 아이가 가장 좋아하는 동물이나 슈퍼히어로, 우상, 음식, 문학 작품 속의 등장인물을 본뜬 의상을 함께 만들어본다. 또 카드 게임, 마술 놀이, 보드 게임 등 게임하는 날을 정해 주변 사람들과 즐거운 시간을 보낸다. 담요나 이불로 요새를 만들고 그 안에서 놀거나 재미있는 음악에 맞추어 신나게 춤춰보는 것도 좋다.

유머를 함께 연습하기

아이에게 재미있는 책이나 유머집을 보여주면서 유머 감각을 키우게 하자. 유머 감각은 이른 유아기에도 계발될 수 있다. 매일 재미있는 일을 5가지 이상 찾아보고, 재미있었던 순간이나 우스운 일이 있으면 그 자리에서 바로 메모하면서 아이가 유머를 표현하도록 하는 것이 좋다.

유머 스타일에는 풍자 또는 재치 있는 말투, 아이러니한 유머, 농담, 말장난, 일화를 통한 유머, 과장된 유머, 감동적인 유머, 재미있는 행동 등이 있다. 아이가 다양한 유머 감각을 이해하고 자신의 성격에 맞는 유머 스타일을 계발하면 된다. 그중 의미나 목적이 있는 농담, 허를 찌르는 타이밍을 연습해보는 것을 추천한다.

만약 아이가 청중 앞에서 이야기하기는 것 자체를 두려워한다면, 자신에게 그리고 다른 사람들에게 이 상황이 두렵지 않고 얼마나 신나는지 크게 표현해보게 하자. 이때 '웃기지 못하면 어쩌지?'라는 걱정을 버리도록 아이에게 격려해준다. 다른 사람을 웃게 할 때 아이는 사람들의 부정적인 면보다는 긍정적인 면에 집중해야 한다. 예를 들어, 행동, 내용, 목소리의 톤, 표정, 웃는 타이밍 등을 주의 깊게 본 다음 사람들을 웃게 만드는 특징을 찾아보는 것이다. 이때 반드시 아이에게 타인의 외모, 결점, 신념, 최근에 겪은 어려움, 논쟁의 여지가 있는 사안에 대한 농담은 피하도록 유의시킨다.

'죽은 얼음을 뭐라고 할까?', '정답! 다이빙'과 같은 언어유희 유머를 찾아보는 것도 아이의 유머 감각을 키우는 데 도움이 된다. 다른 사람들과 대화할 때 악의 없는 장난을 치거나 목소리를 변조해 익살스럽게 말하고, 우스꽝스러운 노래로 사람들을 즐겁게 해보면서 다음 농담으로 넘어가기 전에 듣는 사람이 충분히 웃을 수 있는 시간을 주자. 또 청중이 크게 웃기 직전에 잠시 멈추면 기대감과 극적인 효과를 최대로 끌어올 수 있다.

이러한 활동을 통해 사람들이 일상생활에서 언제, 왜, 무엇 때문에 웃는지 찾아보고 듣는 사람의 반응에 맞추어 농담 내용, 타이밍, 스타일을 계속 수정하고 보완해야 한다.

동양에서는 공식적인 자리에서 농담을 하면 장난스러운 태도라고 여기고 가볍거나 경박스럽게 보는 경우가 많다. 그러나 유머는 상상력을 포함한 창의력을 길러줄 뿐 아니라 삶에서 없어서는 안 될 요소다. 유머는 사람을 끌어당기는 힘이다. 그러니 아이가 장난스러운 태도를 보일지라도 유머러스한 태도로 보고 격려해주자.

아이의 무한동력은
열정이다

열정적 태도

사람들은 어느 날 갑자기 자신의 열정을 발견할 수 있다고 생각한다. 그러나 불시에 찾아오는 것은 호기심일 뿐 열정이 아니다. 열정을 가지려면 먼저 어떤 것을 '좋아해야' 한다. 자신이 무엇을 좋아하는지 잘 모르면 열정을 쏟아 붓는 노력을 하지 않게 되고, 그러면 불현듯 찾아온 호기심을 열정으로 발전시키기 어렵다.

처음에 아이는 호기심으로 어떤 과목을 탐색한다. 그러다가 그것에 흥미가 생기면 잘 알고 싶어지거나 잘하고 싶어진다. 그러면 활력이 솟아난다. 아이의 열정에 불이 붙는 것이다. 지칠 줄 모르고 쏟아 붓는 신체적, 정신적 활력은 창의영재가 되는 데 가장 중요한 조건이다. 이런 활력을 유지하기 위해서는 아이가 지속적인 영감을 받으며 육체적, 정신적으로 활발한 삶을 살아가도록 해야 한다.

아이의 잠재력을 끌어내거나 더 나은 사람이 되도록 힘을 북돋아줄 수 있는 사람을 찾아주자. 롤모델이나 위인이 아니라 실제 아이와 가깝게 관계 맺고 친밀감을 형성할 수 있는 사람이 필요하다. 그들과 작은 목표를 달성한 기쁨을 나누고 상대방의 성과도 축하해주면서 아이는 창작물과 창의력을 발전시키는 활력을 얻게 된다.

사진, 격언집, 장신구 등 아이에게 영감을 주거나 행복했던 기억을 떠올릴 수 있는 것을 모아 상자에 넣어두자. 아이의 열정이 떨어질 때 그 상자를 열어보면서 설레거나 신났던 순간들을 회상할 수 있고, 이는 아이의 정신적인 힘을 키워준다.

정신적인 힘뿐 아니라 육체적인 힘도 중요하다. 아이가 무한한 열정을 자신의 흥미나 꿈에 쏟아 붓기 위해서는 '힘을 관리하는 법'을 알아야 한다. 음식을 하루에 한두 번 많이 먹는 대신 적은 양을 네다섯 번으로 나눠 먹고 견과류나 신선한 과일, 채소처럼 에너지를 보충해주는 간식들을 섭취해야 한다. 건강한 식단에 아이가 재미를 느낄 수 있도록 간이 화단에 식물을 키우면서 흙을 만지며 놀고 신선한 채소를 수확해서 먹도록 하자. 또 수면이 부족하면 아이의 단기 기억력이 손상될 수 있기 때문에 한 가지 일을 끝낸 뒤에는 잠을 많이 자거나 짧은 낮잠으로 회복시켜 주는 것이 좋다. 뒤뜰이나 공원에 소풍가기, 바깥 풍경 구경하기, 좋아하는 자연 풍경을 담은 사진이나 엽서 보기 등 뇌에 더 좋은 영양분과 산소를 공급하기 위해 자연 속에서 규칙적으로 산책하거나 완전한 휴식을 취하는 것이 좋다.

아이가 무언가를 배울 때는 자리에 오래 앉아 있기보다는 직접 체험하고 움직이게 하는 것이 좋다. 자연을 탐험하면서 경험한 것을 표현하고, 자신이 표현한 작품을 통해 그때의 감정을 느끼며 돌아보게 하는 것이다. 몸을 많이 움직여서 더 많은 활력을 가지게 하고, 과제를 할 때 활력을 효율적으로 이용하게 하자.

박물관, 도서관, 공원, 다른 동네 등에서 지식과 경험을 직접 수집하게 하거나, 낙서하기, 그림 그리기, 색칠하기 등 규칙을 따를 필요 없이 자신을 쉽게 표현할 수 있는 활동을 통해 마음속에 품었던 욕구를 해소하게 해야 한다. 종이접기 같은 활동이 이러한 욕구 해소에 도움이 된다. 아이가 어떻게 접을지 순서를 생각하고 이리 저리 돌려 보면서 완성될 모습을 머릿속으로 그리고, 자신만의 방식으로 다양한 색과 형태를 표현하고 혼자서 차곡차곡 여러 단계를 완성하게 하자. 만약 종이접기에 흥미가 없는 아이라면 음악으로 활력을 키워줄 수 있다. 음악은 아이가 혼자일 때 고립되어 있다는 감정을 덜 느끼게 해준다. 비판력이 필요하다면 편안한 클래식 음악을, 상상력이 필요할 땐 힙합 같은 빠른 음악을 들려주자.

종종 지나치게 활력적인 아이를 문제아 취급하거나 아이의 강한 활동력을 부정적으로 보는 경우가 있다. 그러나 아이가 그 활력을 표현해서 긍정적으로 활용하게 이끌어주면 창의력을 계발할 수 있다.

실제로 창의적 태도는 '주의력 결핍 과잉 행동 장애(ADHD)'가 가진 일부 특성과 비슷한 점이 있다. 예를 들어, 호기심 많은 성가신 태도, 즉흥적 또는 충동적 태도, 열정적 또는 과잉 행동적 태도, 위험 감수 또는 무모한 태도, 감성적 또는 불안정한 태도, 자기 주도적 또는 고집 센 태도 등은 창의적인 아이들과 ADHD 진단을 받은 아이들이 공통적으로 보이는 특성이다.

요즘 조금만 성가시고 충동적이어도, 과잉 행동을 보이거나 불안정한 태도를 보이면 ADHD로 과잉진단하고 약물을 처방하는 경우가 늘고 있다. 이로 인해 많은 아이들의 창의적인 태도가 억제되고 있다.

만약 아이가 다음과 같이 과다행동을 보인다면 그것을 부정적으로만 보기보다 열정적 태도로 살려주길 바란다.

- 장시간 가만히 있어야 하는 상황에서 이상한 소리를 내거나 손발을 가만히 두지 못한다. 의자에 앉아서도 손가락과 다리 등 몸을 끊임없이 움직이고 쉴 새 없이 이동하거나 자리를 뜬다.

다음과 같이 성가시거나 산만한 행동을 보이는 아이는 호기심 많은 태도와 개방적 태도(토양 태도)로 살려주자.

- 지나치게 궁금한 것이 많거나 수다스럽고 다른 것에 쉽게 산만해져 남의 말에 귀를 기울이지 않는다. 어떤 과제나 활동에 집중하는 시간이 짧고 엉뚱한 질문을 한다. 세부적인 면에 주의를 기울이지 않고 실수를 저지른다. 지시나 임무를 완수하지 않는다. 필요한 물건을 잃어버리거나 일상적인 활동을 잊어버린다.

다음과 같이 불안정한 행동, 고집 센 행동이나 충동적 행동을 보이는 아이는 감성적 태도, 자기 주도적 태도, 즉흥적 태도로 살려주자.

- 다른 사람의 질문이 채 끝나기 전에 성급하게 대답하거나 차례를 기다리지 못하고 타인의 활동을 방해 또는 간섭한다. 자기 주장을 고집하고, 감정 기복이 심해서 좋았다가도 금세 울거나 화를 내며, 자기 마음대로 일이 안 되면 감정을 터뜨리면서 고집을 더 심하게 부린다.

사실 ADHD 약은 아이를 위해서라기보다는 학교에서 교사가 여러 아이를 한꺼번에 효율적으로 통제하기 위해, 그리고 부모가 다른 사람의 눈을 의식하여 아이가 좋아 보이게 하기 위한 목적으로 쓰이는 경우가 많다. 얼마나 많은 미래의 창의영재들이 어른들의 편의를 위해 희생되고 있는지 한 번 생각해보았으면 좋겠다.

배움으로 한 영역에서 열정 키우기

모두와 같은 분야에서는 최고가 될 수 없더라도 남과 다른 분야에서는 조금만 앞서도 최고가 된다. 남과 다른 흥미를 찾아서 그 흥미에 열정을 키우면 경쟁이 줄어들고 성공을 이룰 기회가 쉽게 생긴다. 이런 기회를 찾고 싶다면 "너는 어떤 활동에 관심이 있니?", "그 활동과 관련된 정보를 어디서 찾을 수 있겠니?"와 같은 질문을 아이에게 던져보자.

다양한 분야의 흥미를 탐험하라

학교에서든 가정에서든 성적과 직접적으로 관련이 있든 없든, 어느 분야에서건 항상 아이 호기심의 불씨를 살리고 흥미를 깨울 기회를 발견하도록 돕자. 흥미를 찾으면 정해진 틀에 아이를 가두지 말고 자기만의 색다름을 찾아 자신의 길을 가게 하자.

아이에게 자신이 성취한 것, 잘하는 것, 하면서 신나는 것, 더

하고 싶은 것, 자신을 자랑스럽게 느끼게 하는 것들을 나열하게 한 뒤 아이의 흥미를 함께 찾아보아야 한다. 여러 가지 주제, 과목, 기술을 시도하고 탐구할 수 있는 기회를 주고, 최소 6개월 동안 하나를 재미있게 배우도록 해서 아이가 좋아할 수 있게 만들어야 한다. 아이가 스스로 잘 못할 것이라고 생각하는 일이라도 한 번 시도해보게 하자. 그리고 부모는 아이가 무엇을 좋아하고 싫어하는지, 어떤 것을 할 때 얼마만큼의 시간 동안 빠져들어서 하는지 관찰해야 한다.

숨어 있는 흥미를 찾게 하라

아이가 자신이 무엇에 흥미가 생기는지 당장 생각나지 않는다고 말하는 것은 아이가 아직 자신의 흥미 분야를 깨닫지 못하고 있다는 뜻이다. 이때 아이의 숨어 있는 흥미를 찾을 수 있는 방법이 있다. 아이가 대화하거나 인터넷 검색을 할 때 주로 어떤 화제, 활동, 아이디어와 관련된 것을 하는지 차분히 점검해보는 것이다. 그런 다음 아래의 질문을 던져 아이의 숨어 있는 흥미를 찾아보자.

- 어떤 활동을 할 때 시간 가는 줄 모르고 집중하니?
- 어떤 활동을 할 때 그만두기가 싫으니?

반대로 질문해볼 수도 있다.

- 너 자신이 아니라 다른 사람을 즐겁게 하기 위해 이 활동을 하고 있니?
- 무엇이 가장 하기 싫으니?

하기 쉬운 것을 찾게 하라

아이는 일상생활 중에서 가장 하기 쉬운 일에 흥미를 느끼는 경우가 많다. 의식적으로 노력하지 않아도 잘하는 것이 바로 아이가 재능을 보이는 분야다. 친구, 동료, 가족 등 주변 사람들이 아이에게 무엇을 해달라고 부탁하는지 생각해보자. 다음과 같은 질문을 던져 크든 작든 아이가 원래 지니고 있거나 계발하고 있는 강점이 무엇인지 찾아낼 수 있다.

- 다른 사람에게 조언하거나 가르쳐주는 게 있니?
- 친구나 가족들이 어떤 일로 네게 도움을 요청하니?

아이가 노력 없이 쉽게 할 수 있는 일을 찾았다면 조금의 노력으로도 가능한 일 역시 찾을 수 있다. 다음 질문을 던져 답을 찾아보자.

- 사람들에게 어떤 것에 대해 칭찬받았지?
- 지금까지 했던 가장 멋진 경험은 뭘까, 그 경험들의 공통점은 뭐가 있을까?

이전의 흥미를 되돌아보게 하라

아이가 지금보다 더 어렸을 때를 돌아보고 그때 가졌던 꿈을 생각해보게 하자. 그것이 비현실적으로 보일지라도 어른의 영향을 많이 받지 않았던 때 가득 찼던 호기심과 모험심을 떠올리는 것은 아이의 흥미 찾기에 큰 도움이 된다. 아무도 아이에게 무언가를 하라고 말하지 않던 시절에 한 여러 가지 일, 활동, 흥미를 떠올려보게 하고 다음 질문을 던져 보자.

- 어떤 활동이 어린 시절을 생각나게 하니?
- 다른 사람을 신경 쓰지 않던 때에는 무슨 게임, 책, 활동을 즐겨 했었지?

호기심 많은 아이가
배움을 즐긴다

호기심 많은 태도

우리 가슴을 두근거리게 하는 것들이 있다. 오랜 짝사랑 끝에 다가온 첫 데이트, 중요한 미팅이 코앞에 닥쳤을 때, '이게 될까?'라는 호기심에 시작한 일이 정말 되어가고 있을 때, 가보고 싶었던 장소로 떠나는 여행. 이처럼 어떤 일의 첫 단추가 되는 호기심과 설렘은 '말하지 않아도 아는' 단짝이라서, 하나가 자극되면 다른 하나는 저절로 따라온다. 또 호기심은 창의력의 원료이기도 해서 호기심이라는 원료를 주면 창의력은 발동한다. 이런 호기심과 설렘은 아이가 어릴 때부터 자연스럽게 길러져야 한다.

아직도 '노력'이 공부를 잘할 수 있는 유일한 길이라고 믿는 부모가 많다. 그래서 우리 아이들은 점수를 올리기 위해 정해진 답을 떠올려야 하고, 엉뚱한 질문이나 풀이로 면학 분위기를 해치지 않도록 주의를 기울여야 한다. 이런 환경 속 아이는 마치 자유로운 생각이나 탐구가 불가능한, 모범 답안을 입력하고 시험장에 들어가서 그 답을 끄집어내는 기계처럼 보인다. 하지만 실제로 공부를 잘하게 하는 것은 '노력'이 아니라 '영감'과 '호기심'이다.

아인슈타인은 자신에게 특별한 재능이 아니라 열정적인 호기심이 넘쳐났을 뿐이라고 말했다. 아이에게 호기심이 없으면 아이는 한 번도 스스로 사고하지 않은 채 자랄 수도 있다. 남들과 똑같이 생각하는 것에는 어떤 색다른 사고방식도 필요하지 않기 때문이다.

아이에게 일방적인 가르침을 주는 것은 창의력에 도움이 되지 않는다. 창의력을 계발하기 위해서는 부모가 경험이나 활동을 함께 하고, 엉뚱한 질문으로 대화의 주제를 틔우거나 다양한 동물을 키우는 등 여러 방면에서 아이가 호기심을 느끼도록 만들어 주어야 한다. 이런 풍토를 조성하면 아이는 '호기심 많은 태도'를 키울 수 있고 이런 태도를 갖춘 아이는 창의영재가 될 수 있다.

호기심 많은 태도란 아이가 두세 살 난 어린아이처럼 생각하며 자신이 모르는 모든 것에 궁금증을 가지고, 끝없이 질문하며 답을 찾아가는 태도다. 호기심 많은 태도를 가진 아이는 궁금한 주제에 대해 깊은 지식과 기술을 쌓고 경험하며 다른 사람들이 알아차리지 못한 세부적인 것을 간파한다. 그러면서 아이는 호기심이 생기는 또 다른 것에 자극을 받고 더 많은 질문을 하며, 그 답을 찾아가는 과정에 설렘을 느껴 점점 더 큰 흥미를 좇게 된다.

그러나 호기심도 지나치거나 방향이 잘못되면 다른 사람들을 성가시게 하기 때문에 자칫 민폐가 될 수 있다. 어떤 아이는 어른과 이야기하는 것 자체를 좋아해 의미 없는 아무 말을 계속하기도 한다. 그렇기 때문에 아이의 호기심 태도를 적정한 정도로 길러주고, 아이가 더 생산적인 이야기를 할 수 있도록 이끌어주어야 한다. 호기심 많은 태도를 올바른 방향으로 키워주는 방법을 알아보자.

익숙한 것을 새롭게 보게 하기

모든 아이가 호기심을 가지고 태어난다. 그러나 호기심을 창의력으로 발전시키기 위해서는 적극적인 사고방식이 필요하다. 그런데 아이가 암기 위주의 주입식 교육만 받게 되면 교과서에 쓰여 있는 내용을 수동적으로 입력하는 것에 그치고 만다. 또 정답 아니면 오답과 같은 단순하고 이분법적인 생각을 하면서 아이의 사고는 게을러진다.

아이들은 다채로운 경험을 하면서 여러 가지 방법으로 사고력을 키우게 되지만 다양한 전자기기에서 나오는 영양가 없는 영상이나 게임, 인스턴트 같은 시스템은 아이의 사고력을 마비시킨다. 정성을 들여 음식을 만드는 대신 쉽고 빠른 인스턴트식품을 먹는 것처럼 깊은 독서를 통해 지식을 얻는 대신 영상으로 겉핥기식 정보를 얻는다.

그렇다면 이런 환경에서 어떻게 벗어날 수 있을까? 아이의 호기심을 발전시키고 사고를 유연하게 만들기 위해서는 당연한 것을 새롭게 보는 활동이 필요하다. 다음 활동을 통해 아이가 의도적으로라도 세상을 다른 시각으로 볼 수 있게 도와주자.

- 남들과 똑같이 생각하도록 강요받는 것을 찾아보고 반대 의견을 내게 한다.
- 위험하지 않다면 금지된 것이나 불가능해 보이는 것을 시도해 보게 한다.
- 아무리 바빠도 아이가 하루에 최소 두 시간은 전문성을 키우는데 몰입하게 한다.

부모는 아이가 마음 놓고 새로운 것을 찾아낼 수 있도록 해야한다. 비 오는 날에 맨발로 걸어보거나 눈 오는 날에 함께 뒹굴어보는 것처럼 아이의 사고를 말랑말랑하게 하는 풍토를 마련해주는 것이다. 아이가 어떤 사실을 단순히 받아들이거나 외우는 것을 지양하고, 탐색, 질문, 모험을 즐길 시간을 주어야 한다.

그리고 아이가 어떤 일이나 공부에 처음 도전할 때는 재촉하지 말고 느긋하게 기다리면서 격려해주자. 예를 들어, 아이에게 바느질을 알려주었다면 스스로 해보게 하는 것이다. 엉성하고 느린 솜씨로 바느질을 하더라도 도와주지 말고 느긋하게 기다려보자.

만약 아이가 다소 위험한 일에 호기심을 보이면 미리 안전 규칙을 정하고 시도하게 한다. 놀이터의 정글짐, 킥보드 등 부모가 보기에 위험해 보이는 놀이는 많다. 못하게 할 것이 아니라 규칙을 정하고 안전하게 시도할 수 있도록 도와주어라. 또한 아이가 자신의 주변 상황을 개선할 아이디어를 스스로 생각해보도록 해야 한다. 이때 아이의 아이디어에 좋고 나쁨을 판단하지 말고 긍정적인 반응을 보여주자. 예를 들면, 매일 독서를 하지 않는 아이에게 독서를 하기 위한 방법을 생각해보자고 하고, 아이의 방법을 지지하는 것이다. 이렇게 어떤 상황이나 놀이의 방향과 속도를 정해 아이의 호기심을 이끌어주기 위해서는 다음과 같은 구체적인 방법을 따르는 것이 좋다.

- 시중에서 판매하는 장난감 대신 장난감을 직접 만들어 본다.
- 우리 동네 말고 옆 동네로 가서 아이와 탐험 놀이를 해본다.

- 질문, 자기 주도 학습, 새로운 아이디어, 개선, 변화에 대한 아이의 적극적인 태도를 칭찬한다.
- 실험을 통해서 배우기, 직접 체험하며 배우기, 만드는 활동하기, 인터뷰하기, 재미있는 이야기하기, 요리하기, 가게에서 물건 사기 등 다양한 활동을 주도적으로 해보게 한다.
- 독서하기, 그림 그리기, 멍 때리기, 자기 경험 이야기하기 등 아이에게 자유 활동 시간을 매일 최소 30분은 준다.

몰랐던 것을 하나씩 발견하는 재미

아이에게 세상이 신비로운 곳이라는 것을 알려주고 아이가 세상을 좀 더 알아가고 싶다고 생각하게 하려면 부모가 먼저 어린아이와 같은 마음으로 더 즐거운 삶을 살기 위해 노력해야 한다. "이미 다 해봤어.", "엄마는 이미 알아."와 같이 심드렁한 말을 해서 아이의 설렘까지 꺼트리는 일은 없게 하자. 또 어떤 상황에서도 부모가 먼저 따분하다고 말하지 않고, 반대로 어떤 일이 정말 신나는 것이라고 단언하지도 말자. 그보다는 아이에게 "어떤 게 흥미로워?"라고 물어보며 아이 스스로 긍정적인 부분을 찾아낼 수 있도록 해야 한다. 예를 들어, 아이에게 세상은 아직도 불가사의한 수수께끼로 가득 차 있다는 것을 동식물 도감, 우주 이야기를 통해 알려주는 것이다. 미스터리 서클 사진 한 장으로도 아이들은 한 달 내내 호기심과 상상의 나래를 펼칠 수 있다. 이렇게 하면 아이는 매일 신비로운 것, 자신이 몰랐던 것을 하나씩 발견해가는 재미를 맛보게 된다.

아이가 어려 이해하기 어려울지라도 부모는 자신이 깨달은 세상의 이치나 삶의 교훈을 아이에게 구체적으로 이야기해주는 것이 좋다. 아이의 책상에 함께 앉고, 아이와 함께 바닥에 누워서 아이와 같은 눈높이로 사물이나 상황을 보자. 부모가 어릴 때 놀던 방식을 떠올려서 아이에게 놀이를 제안하거나 놀이를 배우는 것도 좋다. 다음 활동을 하면서 아이에게 세상의 신비를 알려주자.

• 아직 이유가 밝혀지지 않은 마술과 같은 자연 현상을 찾아 아이와 함께 감상한다.
• 들꽃, 나무, 돌, 생물 등 자연환경을 이용해서 주위를 생기 있게 꾸민다.
• 아이가 어떤 과제를 하든 영어로 답을 쓰거나 그림으로 답을 나타내는 등 자신만의 방식으로 재미와 즐거움을 찾는다.

아이가 어떤 사물이나 상황을 눈에 보이는 부분만 보는 대신 한걸음 물러나 '뭐가 부족하지?, 뭐가 빠졌지?, 왜 그렇지?, 왜 그러면 안 되지?, 지금부터 어떻게 해야 하지?' 같은 질문을 하도록 해야 한다. 그렇게 사람과 사람, 아이디어와 아이디어 또는 사람과 아이디어를 연결하는 능력을 길러 나갈 수 있다.

자연에 대한 호기심 길러주기

동물과 관련된 활동이 번거롭고 부담스럽게 느껴지더라도 자연에 대한 아이의 호기심을 싹틔우기 위해서는 이 과정이 반드시 필요하다. 이 활동의 가장 큰 의미는 아이가 단순히 동물에 대한 정보를 얻는 게 아니라 동물이나 자연에 대한 호기심을 키우고, 궁금증을 해소하기 위해 아이가 스스로 해답을 찾고 지식을 쌓아가는 것에 있다.

부모는 동물과 함께하는 시간에 대해 오래 걸린다거나 피곤하다거나 털이 많이 날린다는 불만을 가질 수 있다. 하지만 그런 불만은 일단 접어두고 아이가 최대한 자유롭게 동물과 어울릴 수 있게 해주었으면 좋겠다. 집에서 반려동물을 기르면 아이가 실제로 경험해보지 못한 자연의 세계를 배울 수 있고 오감을 활용해 호기심을 자극시킬 수 있다. 그러면서 아이는 책이나 자료에서 볼 수 없던 지식을 실생활과 연결 짓게 된다. 만약 집에서 동물을 기를 수 없다면 식물, 곤충, 화석, 금속 등으로 대체해보자.

간혹 아이가 적극적으로 행동하게 만들고 싶어서 부모가 "그 동물의 특징을 알기 위해서는 먹이, 서식지, 번식 방법을 찾아보아야 해."라고 말해주는 경우가 있다. 하지만 그보다는 아이 자신이 궁금한 것부터 자유롭게 찾아보게 하는 것이 호기심을 키우는 데 더 효과적이다.

우선, 동물 전문가의 정보를 통해 아이의 흥미를 돋우고 아이가 자연 친화적인 관점에서 생각하고 자신의 목표를 정하게 돕자. 이때 주요 동물원에서 제공하는 다양한 지원 프로그램을 찾아 활용하는 것이 좋다. 나아가 반려동물을 기르게 되었다면 디스커버리 보드를 만들어보자. 디스커버리 보드란 칠판, 큰 종이, 벽에 포스트잇을 붙여 아이가 자신이 찾은 정보, 질문, 의견을 적고 공유할 수 있는 구역을 말한다. 그리고 현미경이나 돋보기를 사용해 어떤 것의 속성을 자세히 탐구하게 하는 것도 좋다.

화학이나 물리학, 지구과학의 현상, 자연 생태 등의 과학 그림책을 아이와 함께 읽으면 아이가 더 깊이 생각하고 파고들게 도울 수도 있다. 부모가 읽고 있는 과학책이 있다면, 재미있는 부분을 아이와 공유해보자. 아인슈타인, 전화기의 원리 등 과학과 관련된 역사나 인물에 관한 이야기 혹은 책에 나오는 어려운 개념은 비유를 들어 쉽게 설명해주고, 아이가 책에서 본 원리를 더 탐구하고자 하는 마음이 들었을 때 지시하거나 잔소리하는 대신 아이의 탐구 과정을 유심히 관찰해야 한다.

동물을 기를 때와 마찬가지로 과학 분야에 대한 장기적인 호기심을 이끌어내기 위해서는 새로 접한 정보를 실생활에서 찾아보거나, 눈에 보이는 것들과 연결 짓는 연습이 필요하다. 주전자가 끓을 때 왜 소리를 내며 끓는지 실제로 보여주는 방법이 있다. 그리고 야외로 나가서 동물, 새, 나비, 식물, 곤충등과 같이 과학책에 나오는 생물들을 실제로 찾고, 다음 질문을 던져보자.

- 무엇을 보고 있니?
- 그것이 무엇을 하고 있다고 생각하니?
- 무슨 일이 일어나고 있는 걸까?
- 어떤 것이 이것의 영향을 받을까?
- 만일 그것이 그 일을 하지 않는다면 어떻게 될까?
- 어떻게 하면 더 많은 것을 알아낼 수 있을까?
- 그것과 사람 사이에 공통점과 차이점은 무엇일까?

부모는 아이가 자신의 질문에 대한 답을 찾으려는 활동(현장학습, 도서관, 온라인 실험실 방문, 전문가 방문, 야외학습 등)을 하기 위한 별도의 시간을 주고 자료를 모으도록 해야 한다. 질문에 대한 답을 찾은 뒤에는 아이가 자신의 가설을 확인하기 위해 관련된 장소를 방문하거나 활동이나 실험을 하게 한다. 또 주방에 있는 재료를 사용해서 아이 스스로 도구를 만들어 다음과 같이 실험하면 아이의 호기심에 도움이 된다.

- 아이스크림을 직접 만들어보고 소금이 아이스크림을 만드는데 어떤 역할을 하는지 알아낸다.
- 씨를 심어 식물을 길러보거나(투명한 컵을 사용해 씨에서 뿌리가 자라나는 것을 관찰하기), 곤충을 키워 본다. 그리고 식물과 곤충의 변화과정을 살피면서 그것과 대화한다.
- 자연에서 얻을 수 있는 것들을 수집하고 비슷한 점과 차이점에 따라 분류해본다. 나뭇잎, 조개껍데기, 돌, 화석 등을 크기, 모양, 색 등으로 나눠본다.
- 사물이나 동식물을 바라보면서 상호작용이나 관계성을 찾는다. 예를 들어, 물고기를 잡거나 봄나물, 산딸기 등과 같은 야생 채소의 열매를 따거나 수확해서 먹어본다. 어른 동물과 아기동물의 관계, 과일과 색깔의 관계, 동물 몸의 각 기관이 하는 일과 관계를 스스로 알아본다.
- 동물원, 수족관, 박물관 등을 방문해 아이가 배우고 질문할 시간을 충분히 준다.

삶의 모든 순간이 다채로운 모습과 소리, 냄새로 둘러싸여 있다. 그중 아이와 함께 삶에 즐거움을 주는 것을 찾아보자. 아이가 자신의 주변에 호기심을 가지고 시각, 청각, 후각을 민감하게 이용해 삶의 숨결을 느끼게 하는 것이다. 이 활동의 목적은 아이가 다양한 방식으로 세상을 관찰하게 만드는 데 있다. 예를 들어, 아침에 곁을 스쳐 날아간 새들의 숫자나 종류, 또는 새들의 지저귀는 소리, 집이나 학교에서 먹은 점심 또는 저녁 메뉴, 가까운 사람들이 좋아하는 TV 프로그램, 영화, 잡지 또는 책의 종류 같은 것들을 써본다. 혹은 언제, 어느 창을 통해서 해가 들어와 벽이나 바닥을 비추었는지, 이때 햇살은 어떤 색이었는지, 그림자의 길이 변화는 어떠했는지 작성한다. 그리고 매일 마주치는 도서관 사서나, 교통경찰, 늘 가던 가게 계산대 점원의 그날 기분이나 행동은 어땠는지 기록해볼 수도 있다. 이러한 기록 활동을 통해 아이가 자신의 주변에서 늘 접하지만 그동안 알아차리지 못했던 것을 느끼도록 도와주고 그 모습, 소리, 냄새의 목록을 만들게 하자.

- 아이가 자신이 고른 현상들을 매일 몇 분씩 관찰하고 가장 안 변할 것이라고 선택한 현상 가운데 실제로 변하는 것과 변하지 않는 것, 또 가장 많이 변하는 것을 관찰해서 기록하게 한다.
- 가장 잘 변하는 것과 변하지 않는 것에 대해 어떤 점이 자신의 기대와 같거나 달랐는지 이야기하게 한다.

그리고 이전에는 주변에 있는 줄도 몰랐고 관심도 없었던 것들을 관찰하면서 새롭게 알게 된 점에 대해 함께 이야기한다. 그리고 아이 자신은 중요하게 여기지 않는 것을 중요하게 생각하

83

는 사람들은 어떤 사람일지 생각해보고 함께 이야기해보자. 만일 다른 사람이 관찰한다면 앞서 나온 질문들의 답변이 어떻게 달라질지 상상하는 활동까지 이루어지면, 아이는 습관처럼 일상 그리고 자연에서 매일 하나씩이라도 작은 변화를 찾아내는 창의영재로 자랄 수 있다.

질문하는 법을 연습하기

질문에 대한 정답을 암기하는 훈련이 아니라 아이 스스로 질문하는 연습을 시켜보자. 우선 아이가 자신이 이미 다 알고 있는 것에 대해서도 다시 질문해보게 해야 한다. 부모는 아이가 뜻밖의 질문, 이상한 질문, 엉뚱한 질문을 하더라도 쓸데없는 소리라고 생각해서는 안 된다. 아이의 질문이 학습 진도를 방해할지라도 함부로 비웃거나 나무라지 말고 "그 질문은 이런 면에서 참 특별하네."라고 칭찬하는 게 중요하다.

부모가 아이의 질문 하나하나에 신경을 쓸 때 아이의 흥미는 더 커진다. 이때 아이의 질문에 바로 답을 주는 게 아니라 그 질문을 화이트보드처럼 정해진 곳에 적어서 부모가 아이의 질문과 호기심을 중요하게 여기고 있다는 것을 보여주자. 그리고 하루에 한 번 시간을 정해두고, 적어둔 질문을 읽은 뒤 아이와 함께 답을 찾아보는 것이 좋다.

아이가 매일 스스로에게, 그리고 남에게 "어떻게 해서 그렇지?", "어떻게 해서 그렇지 않지?", "그러면 어떻게 되지?"와 같은 질문을 하도록 만들자. 아이와 함께 여러 가지 답을 찾으면서 풀이 과정에 따라오는 질문도 계속 던지도록 해야 한다.

누군가가 허리에 손을 올리고 화를 내고 있다면 그 사람의 행동을 보고 그가 어떤 생각이나 동기, 감정 때문에 화를 내고 있는지 생각해보는 것처럼 분석력을 요구하는 질문을 떠올리고 화를 내는 상황의 장점과 묵묵히 참는 상황의 장점을 합쳐 어떻게 하면 두 장점을 모두 살릴 수 있는지 평가하게 해보자. 이렇게 아이 스스로 어떤 사건이나 상황 또는 경험을 서로 연결하거나 결합하면 융합적인 결론에 도달할 수 있다. 후속 질문을 유도하고 싶다면 "왜 그 생각을 못했니?", "넌 왜 그랬니?"와 같이 추궁하거나 탓하는 질문이 아니라 "이밖에 어떤 방법이 있을까?"처럼 상상력을 요구하는 질문을 하자.

부모는 어려운 질문을 한 아이의 대견함을 칭찬해주어야지, 아이의 질문을 무시하거나, 버럭 소리를 지르거나 흥분하거나 다른 주제로 빠져나가는 부정적인 반응을 보여서는 안 된다. 아이가 어려운 질문을 할 때는 다음 순서대로 답하는 것이 좋다.

첫째, 아이가 무슨 생각을 하고 무엇 때문에 그런 질문을 하는지 파악한다. 그리고 다음과 같은 추가 질문으로 더 깊은 질문을 유도한다.

- 왜 이 질문을 했니?

- 이 질문이 무슨 뜻이고 왜 중요하다고 생각하니?

- 이것에 대해 너는 어떻게 생각하니?

- 무엇이 걱정되니?

둘째, 아이와 함께 답을 찾거나, 답을 찾는 방법을 가르쳐주면서 아이의 질문을 대화의 기회로 만든다. 질문에 대한 답을 모를 때는 "엄마도 잘 모르겠는데, 같이 답을 찾아볼까?"라고 말하는 것이다. 질문에 대한 답보다는 질문을 대하는 태도가 훨씬 중요하다. 단, 아이가 고학년이라면 함께 찾기보다는 스스로 답을 내릴 수 있게 하는 것이 좋다.

셋째, 한 질문에 대한 논쟁이 산만하고 무질서해 보이더라도 아이가 형식에 얽매이지 않고 자유롭고 천천히 생각하고 말하게 둔다.

넷째, 도서관에 가거나 인터넷을 이용해서 아이의 이해력보다 약간 높은 수준의 자료를 함께 찾아본다.

다섯 번째, 쉬운 답을 바로 선택하는 대신 정확하고 자세한 답을 찾게 한다.

여섯 번째, 아이가 아이디어를 낼 수 있도록 다음과 같이 질문한다.

- 이것에서 무엇을 느꼈니?

- 어떻게 해서 이런 일이 일어났을까?

- 만일 ~라면 어떻게 될까?

일곱 번째, 아이가 답을 찾기 위해 정보를 모을 수 있는 장소로 안내하고, 더 깊은 단계의 질문에 답을 찾을 수 있는 자원과 활동을 제공한다.

여덟 번째, 아이의 문제 해결 과정을 지켜보고 아이가 발견한 결과들의 유사점과 차이점을 질문한다.

아홉 번째, 아이가 새로운 것을 시도할 때 자유롭게 실수하거나 실패하게 하고, 스스로 실수를 바로 잡을 방법을 찾게 한다.

독서를 통해 배우고 표현하고 상상하기

호기심이 충족되면 아이는 더 많은 호기심을 가지게 된다. 그리고 독서는 아이의 호기심을 충족시키는 데 가장 중요한 활동이다. 독서는 부모가 아이와 함께 할 수 있는 여가 활동 중에 가장 재미있는 것이 되어야 한다.

책을 읽으면, 특히 소설을 읽으면 내용이 머릿속에 그려지기 때문에 상상력 발달에 많은 도움이 된다. 또 책은 영상이나 화려한 그림으로 시선을 빼앗지 않기 때문에 아이가 이야기 자체에 집중하게 된다. 아이에게 '하루 30분 이상' 책 읽는 습관을 길러 주자. 그러기 위해서는 먼저 책에 흥미를 붙이게 해야 한다. 독서에 부담을 느끼지 않게 독서를 숙제가 아니라 재미로 읽게 하자. 아이와 지속적으로 도서관에 가서 책이 얼마나 우리를 즐겁게 해줄 수 있는지, 우리의 상상력을 어떻게 자극하는지 대화를 나누는 것이 좋다.

부모가 아이에게 이야기책을 실감나게 읽어주거나 책에서 읽은 흥미로운 이야기, 오락거리, 상상, 환상 같은 것을 들려주면 좋다. 그리고 아이에게 학교에서 배우는 것이 전부가 아니라 책을 통해 전문 지식과 기술 그리고 경험을 발전시킬 수 있다는 것을 알려주자. 아이가 배움에 대한 열정을 기를 수 있게 다양한 예시, 학습 환경을 제공하는 것이 좋다.

- 부모가 생각하거나 느낀 배움에 대한 즐거움을 아이에게 이야기한다.
- 학문적, 직업적 성공뿐 아니라 배움 자체가 중요하다는 것을 강조한다.
- 아이가 이해하기 조금 어렵다고 생각되는 책을 정기적으로 부모가 읽어준다.
- 나이와 상관없이 아이가 다른 사람에게 책을 읽어주게 한다.

가정에서 할 수 있는 독서 활동을 적극적으로 활용해보는 것도 하나의 방법이다. 매주 도서관 혹은 집에 있는 책 중에서 아이가 읽기 적당한 시집 한 권을 고른다. 그런 다음 아이와 함께 시를 읽고 의견을 나누는 활동을 추천한다.

아이와 함께 아이 수준에 맞는 시를 고르는 게 먼저다. 시의 길이는 최소 10행 이상, 최대 한두 장을 넘기지 않는 것이 알맞다. 선택한 시를 큰 종이에 적어 아이가 잘 볼 수 있는 곳에 두고, 다양한 물건을 사용해 시의 구절을 표현한 예를 보여준다. 예를 들어, "파란 바다가 달빛으로 물든 땅에 깃든다."라는 구절이 있다면 하얀 종이 접시에 블루베리 주스가 물든 사진을 보여주는 것이다. 아이에게 시 전체 느낌에 대한 감상을 몇 줄 적어보게 하거나 그 느낌을 표현할 수 있는 노래 제목을 적게 하는 것도 좋다. 이 활동을 통해 아이는 영감이 떠오를 때 그리기, 글쓰기, 연주하기 등 다양한 방법으로 표현하는 능력을 기를 수 있다.

아이와 함께 도서관이나 서점에 방문했다면 어떤 원인을 파고드는 책, 특이한 아이디어가 있는 책, 뜻밖의 용도나 생활, 상황을 보여주는 책을 고르는 것이 좋다. 부모는 단순히 읽은 내용을 요약해주지 말고 그 책에서 배운 것은 무엇인지, 왜 그 책을 좋아하는지 아이가 책 내용을 궁금해 하도록 이야기해주어야 한다. 씨앗이 열매를 맺는 내용, 곤충이나 땅속의 벌레가 자라는 내용 등 아이 주변에 있는 자연의 변화와 과학 현상을 재미있게 알려주는 책을 보면서 아이는 세상에 관한 호기심을 키울 수 있다.

아이가 모든 전자기기를 끈 채 꾸준히 책을 읽으면 전문 지식, 기술, 경험을 깊고 넓게 만들 수 있다. 아이는 잡지, 블로그, 페이스북 등에서 영양가 없는 글을 아무 생각 없이 습관처럼 들여다보는 게 아니라 깊게 읽는 연습을 해야 한다. 깊게 읽기 위해서는 작가가 창조한 시대와 장소에서 자신의 지식, 기술, 경험을 어떻게 활용할 수 있을지 스스로 질문을 던져보는 것이 좋다.

이렇게 집중을 방해하는 요소를 없애고 책 속에 파묻혀서 더 깊은 수준의 질문을 스스로에게 할 수 있을 때 아이는 몰입을 통해 강인한 정신력을 키울 수 있다.

현미경과 망원경 사용하기

아이가 어떤 문제를 현미경으로 관찰하듯이 자세하게 바라보게 하자. 그 어떤 것도 피상적으로 보지 않고, 깊게 파고들어서 그것의 상황, 맥락 그리고 역사를 찾아 철저하게 이해하도록 해야 한다. 그런 다음 망원경으로 보듯이 문제를 멀리서 바라보는 것이다. 각각 다른 부분들을 자세히 본 다음 멀리 떨어져 전체를 바라보면 아이는 겉으로 드러나는 것 뒤에 숨어 있는 근본적인 문제를 찾아낼 수 있기 때문에, 복합적인 상황을 어떻게 다루어야 하는지 배우게 된다. 아이가 무엇이든 다양한 관점으로 바라보고 머릿속으로 비틀어서 놀게 해보자.

- 미리 보거나 넘겨서 보거나 되돌아보거나, 밑에서 위로 올려다 보거나 위에서 아래로 내려다보거나 옆으로 보거나 속을 들여 다보거나 다각도로 사물을 보는 방법을 배우게 한다.
- 어떤 일을 할 때 최상의 결과나 현실적인 결과 혹은 최악의 결 과를 대비해 계획하게 한다.
- 주위에 항상 사전을 두거나 가지고 다니면서 새롭게 알게 된 단어의 뜻을 조사하고, 그 단어를 대화에 사용해서 자신의 것 으로 만든다.
- 셜록 홈스나 스파이더맨처럼 생각하고 질문해보는 등 재미있 는 놀이처럼 다른 질문법을 사용하게 한다.

다른 사람에게 신비로움을 느끼게 하기

아이가 누군가와 처음 만났을 때에는 상대방에게 질문하고 그 대답에 귀 기울이게 해야 한다. 그리고 '저 사람과 내가 어떤 부분이 다를까?', '저 사람에게서 무엇을 배울 수 있을까?', '서 로의 강점을 살리고 약점을 보완하려면 무슨 일을 어떤 식으로 해야 할까?'를 생각해보게 하자.

아이를 위해서는 공부를 잘하거나(학벌이 좋거나) 겉으로 보기에 조건이 좋은 사람보다는 호기심과 열정을 가진 사람과 함께 하도록 격려해주는 것이 좋다. 아이가 각기 다른 배경을 가진 사람들과 함께 하고, 또 전혀 다른 이방인과 같은 사람과 팀을 꾸리고, 협력하게 해야 한다. 아이의 사고력 및 작문 실력 향상을 위해 독서 토론 수업을 하는 경우가 많은데, 대부분의 토론 그룹은 엄마들의 친분에 의해 만들어진다. 하지만 이는 다양한 생각을 가진 아이들과 어울리는 게 아니기 때문에 생각의 폭을 넓히는 데 큰 도움이 되지 않는다. 토론 수업이 아니어도 엄마들의 친분에 의해 자주 만나게 될 아이들이다. 색다른 관점이나 견해, 서로 다른 장점과 강점을 살리기 위해서는 모두가 같은 생각을 하는 분위기가 조성되지 않도록 주의해야 한다.

삶의 문제에 관해 미리 대화하기

아이는 세상에 존재하는 수많은 문제에 호기심을 가진다. 그리고 자라면서 자연스레 문제에 부딪힌다. 부모는 아이와 함께 다양한 삶의 문제에 관해 이야기하고 조언해주며 아이 스스로 해결책을 찾도록 도와주어야 한다. 아이에게 말할 때는 완곡한 용어를 사용하고 '절대로', '항상', '전부 다', '꼭', '아무도'와 같은 극단적 한정어를 피해야 한다. 흑과 백, 선과 악 등의 이분법적인 용어 역시 피하는 것이 좋다.

- **성:** 자신의 신체 중에서 다른 사람에게 절대로 보여주거나 만지게 해서는 안 되는 부위에 관해 이야기하고, 부적절한 성관계가 초래할 문제점에 대해 정확하게 말한다.
- **음주, 흡연, 불법 행동:** 자신의 행동을 스스로 통제할 수 있어야 하며, 부정적인 행동을 하면 불미스러운 결과 혹은 처벌을 피할 수 없음을 분명하게 알려준다. 또 어른의 실수를 예로 들어 아이가 '내가 믿는 어른들도 완벽한 존재는 아니구나.'라고 생각하게 한다.
- **돈:** 아이가 단순히 원하는 것과 정말 필요한 것을 구분하도록 하자. 아이에게 정말 필요한 것은 들어주고, 원하는 것은 거절하거나 일정 시간 기다려야 한다는 것을 알려주는 게 좋다.
- **종교:** 아이에게 부모의 종교에 관해 설명하자. 그러나 그것을 강요하지 말고 다른 종교가 부모의 것과 어떻게 다른지 설명해준다.
- **과학:** 과학적 궁금증에 관한 여러 가지 해답이나 논점을 찾아보고, 과학자들은 한 가지 해답을 절대적인 진리로 믿지 않으며, 다른 논점이나 의견을 가지고 있음을 설명한다.
- **부부싸움, 이혼:** 서로 언쟁을 하더라도 상대를 존중하는 태도를 잃지 말고, 서로 의견이 다를 때 그것을 해결하기 위해 어떻게 말하고 행동해야 하는지 보여준다.
- **죽음:** 죽음은 피할 수 없다는 것, 그러므로 살아 있는 순간이 소

중하다는 것, 또 함께 시간을 보내고 소중한 추억을 만드는 일이 귀하다는 것을 설명해야 한다. 뿐만 아니라 부모가 죽음을 바라보는 입장과 다른 사람들이 바라보는 입장은 다를 수도 있음을 알려준다.

• **왕따**: 먼저 아이의 생각을 인정하고 받아들이며 감정에 공감해 주어야 한다. 아이가 해결책을 찾을 수 있도록 도와주고 자신의 느낌과 감정을 헤쳐 나갈 용기를 주어라. 부모가 같은 경험을 가지고 있다면 그 경험을 아이에게 말해주고, 훌륭한 사람의 따돌림 경험과 극복하는 방법에 대해 대화하거나 책을 읽는 것이 좋다.

아이는 부모와 자신을 둘러싼 모든 것과의 친밀감을 통해 믿음을 가지고 무엇이든 자유롭게 하게 된다. 아이는 호기심에 따라 자기 주도적으로 탐색하고 배우고 싶어 하는 마음을 가진다. 단순 암기를 조장하는 꽉 짜인 일정이나 학습 패턴 대신 아이 스스로가 학습의 속도와 방향을 조절할 수 있도록 부모는 옆에서 지켜보거나, 파트너가 되어 함께 참여해주는 것이 좋다. 아이의 주의 깊은 관찰이나 호기심 어린 행동을 격려해서 아이가 지닌 호기심의 불씨가 꺼지지 않도록 끊임없이 자극해주자.

아이의 호기심을 자극하는 부모의 4가지 행동

① 매일 자기 전 그날 새로 배운 것 3가지를 적게 하고, 어제보다 나아진 오늘의 아이를 칭찬해주세요.

② 어떤 상황에서도 질문을 망설이지 않고 늘 질문하는 법을 연습하게 해주세요.

③ 익숙해진 것에서 떨어져서 새로운 방식을 선택하는 것이 좋습니다. 다음과 같은 방법이 도움이 됩니다.

• 오른손잡이라면 왼손을, 왼손잡이라면 오른손을 사용해서 그림을 그리거나 글씨를 써보게 하세요.

• 새로운 것을 배울 수 있는 강연장, 토론장, 행사장을 자주 경험하게 해주세요.

④ 자연을 탐구하게 해주세요. 자연을 이해하고 자연과 친해지는 과정은 아이의 호기심에 큰 도움이 됩니다.

부모를 위한
한 장 요약

햇살 풍토는 아이에게 세상의 밝은 면을 꾸준히 보여주면서 아이가 두려움 없이 큰 세상으로 나아가게 도와줍니다.

1. 아이의 말에 귀 기울여 주세요

충고나 지시를 하기보다는 아이가 무엇을 말하고 싶어 하는지 집중해서 들어야 합니다. 예를 들어, 아이에게 "친구와는 사이좋게 지내라."라고 일방적인 조언을 하는 대신 아이가 친구와 무슨 이야기를 하고, 어떤 일이나 놀이를 했는지를 묻습니다. 그리고 그때 아이가 어떤 생각이나 느낌을 가졌는지 들어줍니다.

2. 다른 사람과 절대 비교하지 마세요

아이에게 칭찬을 할 때 어른들이 있는 곳에서 하는 것이 좋지만 다른 또래나 형제, 자매 앞에서 칭찬하는 것은 삼가야 합니다.

3. 롤모델을 찾아주거나 위인전을 읽게 해주세요

책을 통해서 훌륭한 업적을 이룬 위인을 소개하고, 아이 스스로도 자신이 되고 싶은 롤모델을 찾을 수 있는 기회를 제공해야 합니다. 그래서 아이가 그 위인이나 롤모델처럼 미래를 멀리 내다보고 큰 꿈을 생각할 수 있도록 격려해주세요.

4. 아이의 질문을 모아주세요

아이가 언제든 질문할 수 있도록 격려합니다. 또 아이의 질문을 화이트보드처럼 정해진 곳에 적어서, 부모가 아이의 질문과 호기심을 중요하게 여기고 있다는 것을 아이에게 보여줍니다.

5. 어떤 상황에서도 유머를 잃지 않도록 도와주세요

유머는 단순한 농담이나 즐거움만 뜻하지 않습니다. 어떤 상황에서건 유머를 잃지 않는다는 것은, 실패를 두려워하지 않는다는 뜻과 같습니다. 일상생활의 소소한 에피소드, 유명인의 재미있는 일화 등을 수집해서 말을 할 때 활용하도록 함께 연습해주세요.

6. 자신만의 흥미를 찾을 수 있도록 도와주세요

열정은 어느 날 갑자기 찾아오는 것이 아닙니다. 먼저 흥미를 가져야, 그것을 불태울 열정을 기를 수 있습니다. 늘 새로운 '나만의 것'을 찾아야 합니다. 부와 명예를 떠나서 무엇이 되고 싶은지 아이와 이야기를 나눠보세요.

2

바람

세계에서 가장 유명한 농구선수인 마이클 조던은 이렇게 말했다.

"나는 선수 생활을 하면서 9,000개가 넘는 슛을 놓쳤다.
거의 300회에 달하는 경기에서 패배했다.
승패를 가를 수 있었던 슛 기회에서 26번이나 실패했다.
나는 사는 내내 계속해서 실패하고 또 실패했다.
이게 바로 내가 성공한 이유다."

전문성을 쌓고
강인한 아이로 자라게 하는 바람 풍토

사과나무는 세찬 바람을 맞으며 줄기와 뿌리를 튼튼하게 만들어야 가을에 맺힐 사과의 무게를 지탱할 수 있다. 아이 역시도 어릴 때부터 크고 작은 시련을 이겨내야 더 큰 시련도 견뎌낼 수 있다.

또 농부는 사과나무가 좋은 열매를 맺을 거라는 뚜렷한 기대를 가지고, 나무가 제멋대로 자라거나 병이 들지 않도록 가지를 치고 해충을 예방한다. 부모도 아이가 자신이 정한 목표를 향해 꾸준히 나아갈 수 있도록 아이의 목표를 지지해주고, 실패에 대한 면역력을 길러주어야 한다.

바람 풍토는 실패해도 일어서는 회복탄력성을 길러주기 위해 아이에게 영양가 있는 시련을 제공한다. 이러한 바람 풍토에서 아이는 8가지 태도를 기를 수 있다. 목표를 이루기 위해 꾸준히 노력하는 **목표 의식 태도**, 구석구석 꼼꼼하게 일을 처리하는 **철저한 태도**, 자신의 강점과 약점을 구체적으로 파악해서 어떤 과제든 해내는 **자기 효능 태도**, 남에게 의지하지 않고 스스로 판단하고 행동하는 **독립적 태도**, 시련이나 실패에도 쓰러지지 않고 오뚝이처럼 일어나는 **불굴의 태도**, 편안하고 안정적인 것에 만족하지 않고 새로운 기회와 가능성을 추구하는 **위험 감수 태도**, 즉각적인 보상이 없어도 목표를 위해 집요하게 파고드는 **끈기 있는 태도**, 애매모호한 것이나 미지의 상황을 기꺼이 받아들이는 **불확실 수용 태도**다.

이러한 8가지 태도를 통해 아이는 자신에게 닥친 문제에 대한 불안을 극복하고 더 심화된 지식을 얻을 수 있다. 앞으로의 이야기를 통해 바람 풍토를 어떻게 만들 수 있는지 알아보자.

목표가 있는 아이는
전문성을 쌓게 된다

목표 의식 태도

농부는 가지치기를 통해 사과나무가 바르게 자라도록 돕는다. 나무가 비틀어진 다음에 바로잡는 것보다 일찍부터 바르게 자라도록 하는 것이 좋지만, 그렇다고 가지를 너무 많이 치면 나무는 오히려 더디게 자란다. 마찬가지로 부모가 아이를 심하게 훈육하거나 아이가 지켜야 할 규칙을 너무 많이 정해놓으면, 아이의 독립적인 성장은 점점 더 늦춰질 수밖에 없다.

부모의 훈육법에는 크게 4가지 유형이 있다. 아이의 행동을 통제하거나 아이에게 규칙을 강요하는 **강압적 훈육**, 너무 적은 규칙으로 아이의 지나친 행동을 수용하는 **허용적 훈육**, 아이를 제멋대로 하게 내버려 두는 **방관적 훈육**, 아이에게 큰 틀과 방향을 제시해 아이 스스로 길을 찾아가게 하는 **논리적 훈육**이다.

강압적 훈육은 내비게이션에 비유할 수 있다. 아이가 목표를 향해 가는 길에서 좌회전을 해야 할지, 우회전을 하는 것이 좋을지 부모가 직접 알려주는 것이다. 강압적 훈육을 하는 부모는 아이가 가야 할 방향을 일일이 지시하고 세세한 행동까지 간섭한다. 이러한 가정에 있는 아이는 수많은 규칙에 따를 것을 강요받는다. 게다가 이런 권위적인 규칙은 부모의 기분에 따라 바뀌거나 없어져서 아이를 혼란스럽게 만든다. 이런 훈육을 하는 부모는 "아이를 위해서 그러는 거예요."라고 말하지만, 아이는 부모의 말이나 행동 표현에서 '사랑'을 느끼지, 통제와 지시에서 '엄마가 나를 위하고 있구나.'를 깨닫지 않는다.

강압적 훈육으로 자란 아이는 남의 말을 잘 따르고, 눈치를 많이 봐서 언뜻 보기엔 잘 자란 것처럼 여겨질 수 있다. 그러나 이는 아이를 열매 맺지 못하는 분재로 키우는 것과 같다. 그리고 분재가 된 아이는 독립성, 위험 감수 능력, 자기 주도성과 같은 창의적 태도를 키우는 데 어려움을 느낀다.

허용적 훈육은 부모가 나침반처럼 아이에게 올바른 방향을 제시하지 못하고, 아이가 원하는 대로 끌려가다가 훈육의 길을 잃어버리는 것이다. 허용적 훈육을 하는 부모는 아이가 따라야 할 규칙을 거의 세워놓지 않기 때문에 아이가 자신이 무엇을 해야 하고, 무엇을 하지 말아야 하는지 모른다. 이런 훈육은 얼핏

보면 부모와 아이가 수평적 관계를 이루는 것 같지만, 사실은 아이가 원하는 대로 해주는 것이 부모의 의무라고 여기는 희생적인 관계와 다름없다. 허용적 훈육을 하는 부모는 아이를 앞세운다. '내가 못 가졌던 것이나 못해봤던 것을 아이는 다 누릴 수 있게 해줘야지.'라는 생각에 아이에게 과한 애정을 쏟는 것이다.

하지만 이는 아이에게 올바른 길을 제시할 수 있는 부모의 권위를 내려놓는 것이다. 또한 이러한 훈육 속에서 아이는 부모의 기대나 자신만의 목표를 뚜렷하게 하지 못하고 자신의 잠재력을 낭비하게 된다.

가지치기를 하지 않아서 가지를 무성하게 뻗어나가는 사과나무가 얼마 동안은 좋아 보일지 모른다. 그러나 무성한 잎과 가지가 열매를 맺기 위해 필요한 영양분을 모두 앗아간다는 것을 기억하자.

방관적 훈육은 반드시 따라야 할 규칙도 없고, 아이의 행동을 통제하지도 않는 훈육이다. 이러한 훈육 속에서 자란 아이는 방향성을 상실한 삶을 살게 된다. 이는 아이에 대한 애정을 말과 행동으로 표현하지 않는 게으른 양육이라 볼 수 있다.

방관적 훈육을 하는 부모는 "아이는 놀아야 해."라면서 자신의 게으름을 합리화한다. 그렇게 자란 아이는 부모와 애착을 형성하지 못하여 세상을 부정적으로 보고, 부모에게서 받지 못한 관심을 다른 사람을 통해 채우려고 애쓴다. 마치 해도 잘 들지 않는 숲속에 버려진 사과나무와 같다. 이런 환경에서 자란 나무는 결국 좋은 열매를 맺지 못하고 벌레 먹은 사과만 남기게 된다.

마지막으로 논리적 훈육은 강압적 훈육처럼 수많은 규칙을 통해 아이의 일거수일투족을 간섭하는 것도 아니고, 허용적 훈육처럼 지나치게 적은 규칙과 통제로 부모가 아이에게 끌려 다니는 것도 아니다. 또 방관적 훈육처럼 아이를 방치하는 것도 아니다.

논리적 훈육은 아이가 해야 할 행동의 큰 기준을 미리 정해두는 것이다. 그리고 그 기준을 부모가 아이에게 논리적으로 설명하여 아이가 기준을 이해하고 따라오게 만든다. 논리적 훈육에서 아이는 부모와 수직적 서열이 아닌 수평적 관계에서 소통한다. 또 논리적 훈육을 하는 부모는 아이에게 따뜻한 관심을 보이고 아이가 노력만 하면 충분히 달성할 수 있는 목표의 방향을 제시해준다. 즉, 아이가 자신의 목적을 위해 자기 주도적으로 계획을 짜고, 실천하는 '목표 의식 태도'를 키워주는 것이다.

대부분의 부모들은 아이에 관한 일이라면 이성보다 감정을 앞세우기에 아이에게 무언가를 논리적으로 설명하는 것이 어렵게 느껴질 수 있다. 다음에 나올 절차를 하나하나 따라가다 보면 아이의 창의력 계발에 길잡이가 되어주는 '논리적 훈육'을 해나갈 수 있을 것이다.

일찍부터 부모의 기대치 심어주기

아이가 살아가는 데 필요한 가치관이나 아이의 안전과 관련된 규칙은 아이가 어릴 때부터 분명하게 설명해주는 것이 좋다. 아이가 해서는 안 될 행동을 알려주고, 그 규칙이 자신의 안전을 어떻게 지켜주는지 설명하는 것이다. 이 기본적인 한계선을 모르는 아이는 브레이크 없이 내리막길을 가는 자전거와 같다. 아이가 무엇이 위험하고, 잘못된 것인지 모르고 유아독존으로 자라게 되면 나중에 위험이 닥치거나, 잘못을 고치고 싶어도 고칠 수 없는 상황이 오기 때문이다.

부모가 아이에게 가지는 기대치는 아이가 성인이 된 뒤에도 영향을 미친다. 그러므로 아이가 잘못된 행동에 익숙해지기 전에 부모의 기대치를 미리 심어주는 것이 좋다. 예를 들어, 아이에게 거짓말이 왜 잘못되었는지, 진실을 말하는 것이 왜 중요한지를 알려주고 부모가 진실만 말하는 아이로 자라기를 바라고 있음을 인지시켜 주는 것이다.

그런 뒤 아이가 진실을 말하거나 부모의 기대에 걸맞은 행동을 했을 때 칭찬을 해주면, 기대에 부응하고자 노력하는 목표 의식 태도를 키워줄 수 있다. 칭찬을 할 때에는 아이에게 말과 몸짓 언어로 사랑을 표현해주자. 처음에는 어려울 수 있어도 계속하다 보면 일상어처럼 편해질 것이다. 이때 중요한 것은 부모 역시 스스로 높은 기대치를 세워서 끊임없이 더 나은 사람이 되고

자 해야 한다는 점이다. 이를 위해서 아이와 함께 메모하는 습관을 기르는 것이 좋다. 오늘 한 일을 꼼꼼히 메모하고, 다시 보면서 기대에 미치지 못했던 부분이나 개선할 점을 찾는 것이다. 그리고 아이에게 장기적인 목표를 세워 성공한 사람들의 이야기를 들려준다. 이러한 이야기는 아이가 계속해서 목표에 따른 행동을 하도록 동기를 부여해준다.

자신만의 목표를 세우고 달성하기

목표 의식 태도를 키우는 첫 단계는 아이가 자신이 무엇을 하고 싶고, 무엇이 되고 싶은지, 무엇을 원하는지 숙고해서 자기만의 목표를 세우는 것이다. 많은 사람이 선호하거나 다른 사람에게 인정받기 위한 목표가 아니라, 자신의 흥미 분야에서 최고가 되겠다는 목표를 설정하게 하자. 부모는 아이에게 그저 최선을 다하라는 두루뭉술한 조언을 하기보다, 아이가 자신이 좋아하는 것을 하며 즐거움을 느끼고, 자유롭게 생각하고, 행동하면서 잠재력을 최대한 발휘할 수 있도록 목표로 가는 과정을 함께 점검해야 한다.

우선 아이가 미래에 자신이 어떤 모습을 하고 있을지 그려보게 하자. 그리고 종이에 적어 놓고 매일 보게 한다. 또 '할 일 노트'를 만들어 사소한 것이라도 목표를 이루기 위한 일을 일기처럼 적게 하는 것도 좋다. 목표를 달성하는 데 걸림돌이 되는 것을 포스트잇에 하나씩 적어 벽에 붙여보고, 그것을 해결할 방법이 떠오르면 해결법을 적은 포스트잇으로 바꿔 붙이는 것도 목표 의식 태도를 키우는 데 도움이 된다. 또 의도적으로 한계를 설정하거나 조건을 정해서 그것을 극복해보는 활동을 하는 것도 좋다. 예를 들어, 재활용품을 이용해서 24시간 안에 무언가를 만들어내기, 어떤 그림을 그리는 데 정해진 색만 사용하기, 플라스틱과 종이를 반드시 사용해서 창작물 만들기처럼 말이다.

이렇게 해서 아이가 자신이 정한 일을 완료했을 때는 부모가 아이를 얼마나 자랑스럽게 생각하는지 이야기해주고, 아이가 자신이 좋아하는 것으로 스스로에게 상을 주게 한다. 영화, 연극, 여행과 같은 문화 활동을 하면서 부모와 함께 즐거운 시간을 보내는 것도 좋다. 충분한 칭찬과 보상이 따른 다음에는 어떻게 하면 목표에 한 걸음 더 가까워질 수 있을지를 아이와 함께 이야기한다.

단, 우리는 누구에게나 한정된 시간이 주어지기 때문에 목표의 우선순위를 정해야 한다. 당연히 중요하다고 생각하는 것에 가장 많은 시간을 들여야 한다. 반대로 중요하지 않은 일은 집중력이 제일 떨어지는 시간대에 하거나 날짜를 정해서 하는 게 좋다. 아이가 뚜렷한 목표를 가지게 되면 그전까지는 별다른 생각 없이 시간을 써온 일들이 사실 중요하지 않았던 것임을 깨닫거나, 시간을 쓰지 않았던 일이 목표를 위해 굉장히 중요한 것이었음을 알게 된다. 아이에게 자신이 하는 일의 중요성을 비교해 우선순위를 정하게 하자. 아이가 목표한 과제를 표로 모아 만들어 두는 것도 좋다. 오늘, 다음 주, 이번 달에 해야 할 일을 보드나 달력에 적은 다음 목표에 가까워지고 있는지 체크하게 한다. 이때 부모는 아이가 목표를 위해 얼마나 더 노력해야 하는지, 목표에 얼마나 도달했는지 간략하게 알려주어야 한다. 이렇게 아이는 목표 달성 과제를 구체적으로 정리해가면서 '내가 할 수 있을까?'보다 '나는 해낼 수 있어!'라는 자기 확신을 얻을 수 있다.

매일 학업에 쫓기며 살다 보면 목표를 잊고 길을 잃게 될 수 있기 때문에 목표를 상기시켜줄 수 있는 것을 반복해서 보거나 들을 수 있어야 한다. 아이가 목표를 떠올리게 하는 표어, 이미지 또는 다양한 물건을 늘 지켜볼 수 있게 도와주자. 또 아이가 자신의 목표를 남에게 알리게 하자. 이를 통해 아이는 목표에 대한 의무감을 가질 수 있다. 이렇게 목표가 몸에 익거나 자신의 일부분이 될 때까지 반복하면 나중에는 의식하지 않아도 목표를 향해 저절로 걸어가게 된다.

정돈된 환경을 만들되 몰입을 방해하지 않기

많은 부모들은 아이가 지나친 목표 의식을 가지면 그것을 강박적 행동으로 오해한다. 하지만 진짜 강박증은 이럴 때 더 많이 생긴다. 부모의 간섭을 지나치게 많이 받을 때, 학교 성적에 큰 부담을 느낄 때, 자신이 무엇을 원하는지 알 수 없을 때 등등.

목표 의식 태도는 남의 눈치를 보지 않고 자신을 위해 살면서, 자신이 좋아하는 것을 추구하는 것이다. 아이가 목표를 향해 전력질주하기 위해서는 목표에만 충실할 수 있는 환경이 만들어져야 하기 때문에 부모는 아이가 어떤 일이든 효율적으로 할 수 있는 안정적이고 정돈된 환경을 만들어주어야 한다.

이를 위해서는 아이가 일찍 일어나 아침 시간을 효율적으로 활용하도록 하는 것이 좋다. 그리고 아이가 직접 물건을 정리할 상자를 만들고 이름표를 붙이게 한다. 아이가 자주 사용하는 물건은 가까이에 두고 교구나 교재 등의 물품을 상자에 넣어 정돈한다. 문서나 종이는 구멍을 뚫어 모으거나 이름표가 붙은 파일에 끼워 보관하게 한다. 또 아이 스스로 하루 계획표와 할 일 리스트를 만들 수 있게 옆에서 도와주자. 아이는 한 번에 한 가지 과제를 집중해서 하고, 하나가 끝나면 주변을 모두 정리한 뒤에 다음 과제나 활동을 시작하는 것이 좋다. 하지만 주의해야 할 것이 있다. 설령 아이가 몰입하는 과제나 활동이 불안할지라도 아이가 어떤 과제나 활동에 몰입할 때는 절대 방해하지 말아야 한다. 아이가 몰입하는 동안에는 아무리 주위가 지저분해도 간섭하지 말고 몰입이 주는 행복감을 충분히 맛보게 하자.

111

목표 이상을 이루는
아이로 자란다

철저한 태도

미국의 의학자 조너스 소크(Jonas Salk)는 유치원 때부터 바이러스에 대한 호기심이 강해서 의대를 다니는 내내 바이러스만 연구했다. 그는 10년 이상을 연구소에서 파묻혀 일하며 더 나은 연구를 위한 여러 가지 방법론을 배웠고, 결국 바이러스 전문가가 되었다. 소크는 바이러스에 관하여 철저하게 알고 있던 사람이었기에 그가 소아마비 백신을 발견한 것은 우연이 아니었다.

영국의 미생물학자 알렉산더 플레밍(Alexander Fleming)은 20년 동안 이어져온 박테리아 연구 때문에 박테리아를 죽이는 물질을 잘 알고 있었다. 그렇기에 그는 더러운 세균을 배양하던 접시에 있는 페니실린을 우연히 발견했을 때 그 페니실린의 진가를 알아볼 수 있었다.

바르텔레미 티모니에(Barthelemy Thimonnier)는 수십 년 동안 옷을 만드는 재단사로 일하면서 재봉틀의 세부적인 부품을 하나하나 만들어내기 위해 부단히 노력했다. 그러던 차에 꿈에서 특이한 화살을 보고 티모니에는 바늘 한쪽 끝에 구멍을 뚫어서 실을 끼우는 아이디어를 떠올렸다. 이는 그가 세계 최초로 옷을 만드는 기계를 발명해서 의류의 대량생산을 가능하게 하는 바탕이 되었다.

'1만 시간의 법칙'이 있다. 자신의 흥미 분야에서 전문가가 되기 위해서는 1만 시간 정도의 연습이나 10년 정도의 시간을 깊이 몰입해서 지식이나 기술을 철저하게 연마해야 한다는 이론이다. 혁신가는 운이 좋아서 되는 것이 아니라 이런 '철저한 태도'로 스스로 행운을 만드는 사람이다. 우리 아이라고 못할 일이 아니다. 오늘부터 아이에게 1만 시간의 법칙을 선물해주자.

앞선 '목표 의식 태도'는 아이가 큰 목표를 세우게 도왔다면 이번 장에서 다룰 철저한 태도는 아이가 시간과 노력, 에너지를 들여 스스로 행운을 잡게 돕는다. 철저한 태도를 갖춘 아이는 미래에 있을 기회에 대비해 만반의 준비를 하고, 그 기회가 왔을 때 바로 잡아챌 수 있다.

철저하게 하는 습관을 길러주기

가장 좋은 결과는 결국 가장 좋은 습관에서 나온다. 그렇기 때문에 시간이 조금 걸리더라도 매사에 꼼꼼하고 철저하게 하는 습관을 길러줄 필요가 있다. 철저한 태도를 기르기 위해서는 아이가 '최고'보다는 '최선'을 다하게 해야 한다. 아이가 아주 작은 과제를 할 때에도 이전에 했던 과제와 비교해 더 나은 결과를 얻을 수 있게 하는 것이다.

아이가 자신의 과제를 다른 사람과 비교하지 않고 자신이 했던 과제와 비교하게 하려면, 결과 중심적 평가를 해야 한다. 아이가 이전과 같거나 못한 결과를 내어 자신이 설정한 목표를 넘지 못할 수도 있다. 그럴 때 부모는 "여기까지 하다니 대단하다! 조금만 더 하면 목표에 닿겠어. 벌써 이렇게 목표를 달성해버리면 나중엔 뭘 하지?"라는 말을 통해 아이가 끝까지 최선을 다해 기대치를 넘어설 수 있게 이끌어주어야 한다. 만약 아이가 자신이 정한 일을 대충했을 때는 아이의 변명을 듣지 말고 다시 할 수 있게 격려해주자.

오랜 시간에 걸쳐 철저하게 과제를 완료해보면, 아이는 어느 한 가지를 잘하거나 잘 아는 것이 얼마나 뿌듯한지 알게 된다. 아이에게 오랫동안 자기만의 전문성을 철저하게 쌓은 사람들이 얼마나 멋있는 결과를 내었는지 알려주자. 아이에게 철저한 태도를 길러 주기 위해 다음과 같은 습관을 들이는 것이 좋다.

- 하나를 하더라도 자신의 열정을 바칠 수 있는 일을 택해서 제대로 하는 습관
- 어떤 일을 하더라도 대충하지 않고 그에 대해 변명도 하지 않는 습관
- 빨리 해야 한다는 생각에 얽매여 쉬운 방법이나 지름길을 택하지 않는 습관
- 시험점수에 지나치게 연연하는 대신, 실생활에서 활용할 수 있는 지식과 기술을 쌓는 습관
- 상대 평가가 아닌 절대 평가로 지식이나 기술을 얼마나 익혔는지 판단하는 습관

꾸준하고 철저하게 훈육하기

아이가 창의영재가 되고, 혁신가가 되기 위해서는 당장에 눈에 보이는 보상이 없더라도 부모와 아이가 함께 긴 창작 과정을 지나가야 한다. 사실 요즘같이 바쁜 세상에서 아이에게 긴 시간을 투자할 수 있는 부모는 많지 않다. 시간을 많이 낼 수 없는 경우에는 아이를 조금씩이라도 꾸준하게 훈육할 방법을 찾아야 한다. 문득 생각날 때 한 번, 5시간씩 할애해 장황하게 아이를 가르치기보다는 매일 10분이라도 규칙적으로 가르치는 것이 아이 잠재력 계발에 훨씬 효과적이다. 또 이렇게 꾸준한 훈육 속에

서 아이는 부모의 철저함을 보고 자라기 때문에 자신이 하는 일에 속도가 나지 않더라도 매일 꾸준히 해나가는 법을 체득한다.

아이의 창의력 계발에 필요한 것은 부모의 일관성이다. 아이가 떼를 쓴다고 정해진 규칙을 바꾸면 아이는 오히려 불안해진다. 특히 아이가 어릴 때는 부모를 가장 강한 사람으로 여기는데, 수시로 규칙을 뒤바꾸는 부모를 보고 아이는 '저 사람은 강하지 않은 사람이야.'라고 생각하게 된다. 조부모와 함께 사는 경우에는 일관성 있는 훈육에 더더욱 신경을 써야 한다. 보통 엄마가 아이에게 못하게 하는 일들을 할머니 혹은 할아버지가 들어주는 경우가 많기 때문이다. 할머니는 "이건 엄마가 정한 대로 하는 거야."라며 아이에게 이것은 엄마와 합의한 것이고, 엄마의 의견을 존중해야 한다는 것을 분명히 알려야 한다. 또 엄마도 할머니를 존중해서 아이가 할머니의 권위 역시 인정할 수 있게 해야 한다.

그렇다면 훈육은 어느 시점에 이루어져야 할까? 훈육은 아이가 잘못을 저지른 그 '즉시' 해야 한다. "손님이 가시면 보자.", "아빠 오시면 보자.", "집에 들어가서 얘기하자."라고 시간을 끌면 후에 아이는 정작 자신이 무엇 때문에 혼나고 있는지조차 모르게 된다. 그리고 똑같은 잘못을 했는데 한 번은 심하게 벌을 주고 어떨 때는 그냥 넘어가서도 안 된다. 그러면 아이는 자신의 잘못된 행동을 반성하기보다 부모의 기분에 따라 달라지는 훈육이 부당하다는 생각을 한다. 그리고 이러한 생각이 아이의 반항심에 자양분이 된다. 또 아이에게 한 번에 여러 개의 잘못을 지적하면 아이는 스스로를 나쁜 짓만 하는 아이라고 여긴다. 아이를 꾸짖을 때에는 아이의 잘못된 행동 하나에 대해서만 지적하는 것이 좋다.

논리적 훈육을 하기 위해서는 아이가 무엇을, 어떻게, 왜 잘못했는지 경고하고 같은 잘못을 반복해서 저지르면 단호하게 혼내는 것이 좋다. 그러나 체벌은 절대 하지 말자. 벌은 몸으로 받는 것보다 부모의 실망이나 슬픔 같은 정서적 표현으로 대신하는 것이다. 아이가 한 잘못에 대해 부모의 실망을 분명히 드러내면서도 아이의 존재에 대해서는 지속적인 사랑을 표현해야 한다.

아이가 창의영재가 되고 혁신가로 꿈을 이루는 것에 지름길은 없다. 그러나 확실한 길은 있다. 바로 부모와 아이가 함께 철저히 계획하고 꾸준히 노력하는 것이다.

아이의 진정한 자신감을
키우는 법

자기 효능 태도

자신이 세운 목표를 위해 열심히 노력해서 그것을 달성하면 누구나 큰 기쁨을 느낀다. 열한 살 지민이는 유년기에 오드리 햅번의 위인전을 읽고 그녀처럼 유니세프 대사가 되겠다는 꿈을 가졌다. 지민이 엄마는 아이에게 유니세프가 어떤 일을 하는지 자료를 찾아 알려주고 전 세계를 다니며 봉사하기 위해서는 영어라는 수단이 필요하다는 것을 알려주었다.

영어 공부에 동기가 생긴 지민이는 열심히 영어를 배웠고, 영어 말하기 대회에 나가 상을 받는 '작은 성취'를 맛보았다. 지민이는 다소 내성적인 아이였는데, 무대에 올라 상까지 받은 경험을 통해 영어 학습에 더 큰 흥미를 느끼게 됐을 뿐만 아니라, '나는 할 수 있다.'라는 자기 효능감을 가지게 되었다.

자기 효능감이란 어떤 과제를 완수하기 위해 필요한 지식과 기술을 어떻게 활용할 수 있는지 정확하게 아는 능력을 말한다. 이는 "나는 정말 중요한 사람이야."와 같은 자존감과 다르고, "난 정말 너무 똑똑해."처럼 자신을 막연하게 믿는 자신감과도 다르다. 근거 없는 자신감이 아닌, 자신이 할 수 있는 것을 영리하게 활용하는 자기 효능감은 '창의력 계발'의 핵심이다.

작은 것이라도 성취해본 경험이 있는 아이는 그 성공 경험 덕분에 자신감을 가지고 다음 목표까지 가기 위해 노력한다. 그렇게 스스로 문제를 해결하는 일을 반복하면 곧 습관이 되고, 아이의 자기 효능감이 높아지면 지민이의 경우처럼 문제를 해결하는 과정이 만만해진다. 그리고 그 자체를 하나의 즐거운 활동으로 느끼게 된다. 심화된 학습으로 알아서 빠져드는 것이다.

반면에 성취의 기쁨을 경험해본 적 없는 아이는 문제를 풀기도 전에 포기를 생각한다. 보람이 없으니 '내가 이걸 왜 하고 있지?', '시간 낭비잖아! 이 시간에 만화영화 하나라도 더 보겠어.'라는 생각이 절로 든다.

모든 엄마들은 아이 스스로 공부하기를 바란다. 그러나 그 스스로 학습의 '동기부여'는 작은 성취를 맛보면서 자기 효능감이 높아질 때 생긴다. 다만 아이의 '자기 효능 태도'가 지나치면 자칫 오만하게 느껴질 수 있다.

119

많은 혁신가들 역시 '오만하다.'라는 꼬리표를 달고 살았다. 그러나 혁신가들은 자신이 만든 혁신이 '무'에서 '유'를 창조한 게 아니라 이미 있던 것에 가치와 색다름을 더한 것이라는 사실을 알고 있고, 자신이 누구보다 많은 실패를 겪었다는 사실을 겸허히 받아들인다. 그들은 자기 효능감이라는 진정한 의미의 자신감을 가졌던 것이다.

창의력 계발을 위해서는 진짜 자신감 즉, 자기 효능 태도가 필요하다. 다음의 내용을 따라 아이의 자기 효능감을 키워주자.

결과보다 과정에 대해 구체적으로 칭찬하기

아이가 어떤 과제를 완성했을 때는 결과보다 아이가 보여준 끈기, 집중력, 아이만의 전략, 방법, 개선 노력과 같은 '과정' 중에서 구체적으로 무엇이, 왜 좋았는지를 칭찬하는 것이 좋다. 이렇게 어떤 과제에 대한 구체적인 의견이나 평가를 받으면 아이는 그 일의 성공과 실패가 자기 자신에게 달렸음을 알게 되고, 스스로 더 많은 노력을 기울이게 된다.

반대로 부모가 아이의 시험 점수나 행동의 결과에 대해서만 평가를 내리면 아이는 그것을 해나가는 과정을 빠져나올 길이 없는 '어두운 상자 속에 갇힌 것'처럼 느낀다. 그리고 자기 능력으로는 좋은 결과를 만들어낼 수 없다고 생각하고 일찍 포기한다.

아이에게 "잘했어!"라며 결과만을 가지고 칭찬하지 말고 "사소한 것까지 신경을 많이 썼구나." 또는 "이런 부분을 아주 열심히 했구나."와 같이 아이가 들인 노력을 칭찬하자. 또 "최선을 다하렴.", "착하네!"라고 말하거나 그저 똑똑하다고 칭찬하기보다는 "이번 수행평가에서 네가 조원들의 의견 정리 역할을 맡은 건 네가 리더십이 있는 사람이라는 이야기네.", "조원들이 잘 따라올 수 있도록 과제에 어려움이 없는지 먼저 물어보는 것도 좋겠다!"와 같이 명확하게 칭찬하거나 조언하자. 만약 아이에게 지적을 해야 하는 경우라면 거짓말하거나 다른 사람에게 상처를 입히는 경우에 한해서 지적하는 것이 좋다. 아이 자체가 아닌, 행동에 대해서만 평가하는 것이다.

아이에게 복잡한 내용에 관한 의견을 줄 때는 더 주의를 기울여야 한다. 아이가 복잡하고 수준 높은 자료를 이용해 과제를 하거나 그런 내용을 가르칠 때는 더 자주, 오래 대화하고 많은 질문을 해야 한다. 그 과정에서 아이의 의견에 고개를 자주 끄덕여주고, 아이가 말하는 동안에는 귀 기울여 기다려준다. 또 아이에게 의견을 줄 때는 아이가 말한 것을 요약하거나 응용하면서 부모가 아이의 생각을 아주 신중하게 여기고 있다는 것을 보여주어야 한다. 이때 아이의 말에 곧바로 맞고 틀림을 얘기해주지 말고, 시간을 충분히 가지고 아이에게 답이 왜 맞거나 틀렸는지 설명해야 한다.

또한 아이가 낸 결과를 평가할 때는 다른 사람 앞에서 하지 말고 역할놀이 같은 수단을 이용해 재미있게 평가해주는 것이 좋다. 혹은 구체적인 사례, 그래프, 영상 같은 시각 매체를 이용하면 아이에게 더욱 건설적인 의견이나 평을 줄 수 있다.

다른 사람의 의견을 듣고 아이가 새로운 방법을 시도하려고 할 때는 '과연 내가 잘할 수 있을까?'라는 의심 없이 시작하게 격려해주는 것이 중요하다. 그러기 위해서 아이가 다양한 경험을 할 수 있게 도와야 한다. 여러 가지를 경험해본 뒤에야 아이는 자신이 무엇을 잘하고, 어떤 과정에서 빛을 발하는지 알아갈 수 있고, 이를 통해 스스로를 자랑스럽게 여길 수 있기 때문이다.

아이가 지금까지 잘해왔던 일이나 스스로 생각해도 내세울 만한 것을 발견해서 창의력 계발에 사용하게 하자. 아이가 스스로에게 다음과 같은 질문을 하고, 한 달에 한 번 이상 자신을 칭찬하게 하는 것이 좋다. 그리고 칭찬한 내용을 기록해두었다가 목표에 대한 의지가 약해졌을 때 다시 읽어보게 하자.

- 힘든 일을 극복했던 경험에는 어떤 것이 있었지?
- 목표를 이루기 위해 한걸음 더 나아간 일은 어떤 거였지?
- 비판적으로 생각한 일은 뭐지?
- 철저하게 몰입해서 끝까지 해낸 일은 뭐지?

무조건적인 칭찬은 해가 된다

요즘에는 허용적 훈육을 하는 어른들이 점점 늘어나면서 아이의 자만심이 높아지는 경향이 있다. 예를 들어, 어떤 대회에서는 보통 수준이거나 참가만 한 아이에게도 기를 살려준다는 이유로 상장이나 트로피를 준다. 물론 이것이 아이들의 기분을 일시적으로 좋게 만들어줄 수는 있다. 하지만 아이들도 본인이 잘해서 받은 상이 아니라는 것은 본능적으로 안다. 이렇게 아이가 노력 없이 받는 칭찬이나 상에 익숙해지면 아이는 나중에 목표가 생겨도 노력해야 할 필요성을 느끼지 못하게 된다. 또 일회성 칭찬과 상을 받으면 아이는 자신이 무엇으로 상을 탔는지 알지 못해서 자신이 잘하는 분야에 대한 정확한 지식이나 기술을 학습하기 어려워진다.

그러므로 부모는 구체적인 이유가 없을 때는 칭찬을 자제하고, 아이가 기대하지 않을 때 칭찬하는 것이 좋다. 너무 쉽거나 노력이 필요하지 않은 과제에 대해서는 칭찬을 아끼고 아이가 그 과제를 위해 얼마나 노력했는지 확실히 알 때 아낌없이 칭찬해주는 것이다. 그리고 칭찬을 한다면 막연히 칭찬하기보다는 감동 어린 말과 표정으로 칭찬해야 한다.

아이를 칭찬하기 전에 아이의 반응과 칭찬의 효과에 대해서도 한 번 더 생각해야 한다. 예를 들어, 외향적인 아이보다 내향적인 아이에게 더 많은 칭찬이 필요하고 내향적인 아이에게는 칭찬에 앞서 관심을 표하며 따뜻한 애정을 보여주는 것이 좋다. 만약 아이에게 완벽주의 성향이 있다면 아이가 자신이 한 일에 만족해할 때 칭찬하도록 하자. 아이 스스로 성에 차지 않았을 때 칭찬하게 되면 아이는 '엄마가 나에게 빈 말을 하고 있는 거야.'라고 생각하기 때문이다. 또 아이가 스스로 훨씬 더 잘할 수 있다고 느낄 때는 "더 잘할 수 있다고 생각해? 정말 대견하다!"라고 칭찬해서 아이의 의지를 북돋아주자. 더불어 다음의 네 가지 방법으로 아이를 칭찬해보자.

첫째, 미소, 포옹, 쓰다듬기와 같이 신체적인 애정을 표현한다. 둘째, 솔직하게 칭찬한다. 아이의 불평을 피하거나 아이와 화해하기 위해 칭찬하지 말자. 아이를 혼낸 뒤 미안한 마음으로 칭찬하거나 아이의 기를 살려주기 위해 칭찬해서도 안 된다. 부모가 잘못 말하거나 생각한 것을 시인하기 위해, 아이의 행동을 조종하기 위한 칭찬 또한 금물이다. 셋째, 아이의 과제나 프로젝트가 학습 목표나 기대치를 넘었을 때 그 과제물 혹은 창작물을 아이의 눈높이에 맞는 곳에 걸어두거나 어딘가에 전시하면서 칭찬한다. 넷째, 한 과제에서 뛰어난 아이가 어쩌다 그것을 잘 해내지 못했을 때는 무엇을 어떻게 못했는지 구체적인 의견을 준다.

긍정적 행동과 정서에 집중하기

어떤 부모는 아이가 한 좋은 일에는 인색하고, 낮은 시험점수를 받아오거나 잘못을 하면 큰 소리로 나무란다. 하지만 아이가 잘못했을 때에만 "이렇게 하지 마.", "저렇게 되지 마."라고 하면 결국 아이는 '나는 뭐든지 하면 안 되는 거구나.'라는 것을 배운다. 부모가 아이의 부정적인 행동만 두드러지게 해서 아이가 스스로를 나쁘게 보도록 만드는 것이다.

반대로 아이가 좋은 행동을 했을 때 구체적으로 관심을 표현해주면 아이는 자신이 어떻게 행동해야 하는지 정확히 알게 된다. 또 칭찬을 통해 아이는 스스로를 좋은 사람이라고 생각하게 된다. 아이를 긍정적인 아이로 자라게 하려면 학업보다는 아이의 사회적, 정서적인 면에 더 많은 관심을 쏟아야 한다.

만약 아이가 사소한 잘못을 했거나 처음 실수를 저질렀다면 조용한 목소리로 타일러야 한다. 처음 실수한 일을 가지고 호되게 야단을 치면 아이의 반발심이 생길 수 있기 때문이다. 그리고 아이의 나쁜 행동을 바로잡기 위해서는 아이가 하지 말아야 할 것뿐만 아니라, 앞으로 해야 할 바람직한 행동에 대해서도 가르쳐야 한다. 또 아이가 "어떻게 하면 남들보다 더 잘할까?" 대신에 "어떻게 하면 어제의 나보다 더 괜찮아질 수 있을까?"를 스스로 묻게 하자. 남의 인정을 받으려고 노심초사하는 대신 자기 자신의 인정을 받도록 하는 것이다.

아이의 근거 있는 자신감과 자존감, 나아가 자기 효능감을 키우기 위해서는 일단 부모와 아이가 함께 당당해져야 한다. 그런 태도의 8할은 부모의 칭찬과 피드백을 통해 이루어진다. 부모가 아이를 받쳐주는 든든하고 폭신한 등받이가 되어 아이가 비난에 의기소침해 하거나, 칭찬에 흥분하지 않고 당당한 태도로 비난과 칭찬을 받아들일 수 있게 도와주자. 비난하는 사람은 사라지게 마련이고, 열성적인 지지자도 언젠가는 돌아설 수 있다.

아이의 독립성을
키우는 법

독립적 태도

아이에게 크고 작은 시련을 주는 바람 풍토는 아이의 독립심을 키우는 데 중요한 역할을 한다. 엄마가 "너 이거 못하잖아, 엄마가 해줄게."라는 이야기를 자주 하면 아이는 끝없이 엄마에게 의지하고 사소한 일에도 "이런 건 엄마가 하는 일인데…, 엄마가 해줘야 하는데…."라며 불안해한다.

간혹 아이에게 따뜻한 온실 같은 환경만 제공하는 부모가 있다. 예를 들어, 숙제나 수행 평가를 대신 해주는 것처럼 부모가 하나부터 열까지 다 해주는 것이다. 엄마 '딕분에' 좋은 성적이나 결과를 얻은 아이는 독립적으로 문제를 해결하는 창의영재가 아닌, 엄마 품에서 벗어나지 못하는 아이로 자란다.

목적지까지 아이를 안고 가는 대신 조금 오래 걸리더라도 아이 혼자 걷게 하거나, 작은 짐은 아이가 스스로 들게 하고, 자신의 학교 가방은 자신이 챙기게 하자. 이렇게 하면 아이는 어떤 일이든 조금만 노력하면 충분히 혼자 할 수 있다는 것을 깨닫게 된다.

아이의 독립심을 키워준다고 스스로 하게 해놓고는 계속해서 아이만 지켜보는 부모가 있다. 그러면 아이는 '엄마는 내가 하게 해놓고 왜 자꾸 지켜보지?'라는 생각에 부담을 느낀다. 따라서 아이의 '독립적 태도'를 길러주기 위해서는 부모가 먼저 독립적인 사람이 되어야 한다. 부모도 스스로에게 투자하는 사람이고, 자신의 삶을 자랑스럽게 여긴다는 것을 아이에게 보여주자. 이런 부모의 모습을 통해 아이는 자기 삶의 주인이 되어 살아가는 법을 배울 수 있다.

어느 부모든 자식이 자라서 자신의 손을 벗어나면 공허감이나 허탈감을 느낀다. 자식을 삶의 중심에 두고 살아온 부모는 자신의 삶을 오롯이 쏟은 아이에게 집착 아닌 집착을 할 수밖에 없다. 그러다 보니 훗날 자식과의 관계가 틀어지면 '너 때문에 내 삶을 희생했는데, 네가 어떻게…!'라는 배신감이 폭풍처럼 덮쳐오는 것이다. 만약 자진해서 아이를 위해 살고자 결정했다면 자식에게 '사랑'이라고 포장된 대가를 요구하지 말아야 한다. 그러나 그러지 못할 것 같다면 지금이라도 아이와 부모의 삶을 모두 존중하는 쪽으로 마음을 바꿔 먹자.

부모와 아이의 관계는 생산적인 '주고받기'가 되어야 한다. 부모가 아이에게 무언가를 주면 아이는 어떤 것을 줄 것인지 편하게 물을 수 있는 관계 말이다.

한국은 유난히 아이의 말이라면 모두 들어주거나 아이가 원하지도 않았는데 다른 아이들은 다 가지고 있다는 이유로 무언가를 사오는 부모가 많다. 그러나 결핍을 모르고 자라는 아이는 고마움을 알기 힘들고 무언가를 할 의욕이 잘 생기지 않는다. 뿐만 아니라 어떤 일에 몰입하기도 어렵고 즐거움을 덜 느끼는 경향이 있다. 모든 것이 다 주어진 환경에서는 아이가 결핍에서 오는 간절함을 모르고 자라기 때문이다.

그래서 아이를 창의적인 사람으로 키우기 위해서는 때때로 아이에게 결핍을 안겨줄 필요가 있다. 아이는 결핍을 견디며 사소한 것에도 감사한 마음을 가지고, 결핍이 충족되었을 때 행복을 느낀다. 이렇게 아이는 스스로 무언가를 쟁취해가는 독립적인 태도를 기를 수 있다. 독립적 태도는 지적, 정신적, 재정적, 정서적 독립 모두를 포함한다. 독립적 사고와 행동 없이는 창의력의 기본인 비판력을 계발하기 힘들다. 어떻게 하면 아이에게 독립성을 심어줄 수 있을지 아이와 함께 생각하고, 실천해보자.

아이에게 발언권을 주어 책임감을 키워주기

부모는 아이에게 선택할 기회를 주지 않고, 아이와 상의 없이 정한 규칙을 순순히 따르기를 기대해서는 안 된다. 아이의 독립적인 태도를 위해서는 아이가 스스로 생각하고 다른 사람의 눈치를 보지 않으며, 자신의 의사를 분명히 표현하도록 해야 한다. 그리고 원하는 것이 있으면 징징거리거나 남이 해주기를 기다리는 대신 스스로 요구하게 해야 한다. 예를 들어, 식당에 가서 아이가 종업원에게 물을 가져다달라고 부탁하게 하는 것처럼 말이다.

솔직하고 논리적인 양방향의 대화로 아이에게 발언권을 주는 것도 아이의 독립적인 태도를 키우는 데 중요한 역할을 한다. 부모가 조용하고 편안한 어투로 "너의 의견을 말해볼래?", "너는 어떻게 생각하니?"라는 질문을 던짐으로써 아이가 자신의 의사를 밝히다 보면, 아이의 주관이 명료해지고 자신이 한 말에 대한 책임감을 가지게 되기 때문이다.

만약 아이가 어른의 의견에 반대한다면, 야단치기보다는 일단 귀담아 듣고, 아이에게 그렇게 생각한 이유를 설명하게 해야 한다. 그러면 아이는 부모님은 나의 의견을 잘 들어주는 사람이라고 생각해 다른 사람 앞에서 차마 하지 못하는 이야기도 부모에게는 스스럼없이 하게 된다. 그렇게 아이는 어른을 두려워하기보다는 '어른은 나의 꿈을 지지하는 사람'이라고 여길 수 있다.

아이가 가장 많은 말을 할 수 있는 집에서는 중요한 사안들을 아이와 함께 토론해보는 것이 좋다. 그러면서 아이에게 '일요일에는 신발장 정리하기', '집으로 오는 전화 받기', '장난감 정리하기' 등 어떤 일에 대한 역할을 분담해주어야 한다. 처음에는 이렇게 일상적이거나 짧은 시간 안에 끝나는 활동을 주고, 점점 중요한 결정이 필요하거나 시간이 오래 걸리는 활동으로 책임의 범위를 늘려가는 것이 좋다. 이렇게 자신의 의사를 말함으로써 아이가 얻는 책임감은 장차 아이 혼자서 시련을 극복해나가는 힘의 원천이 된다.

아이 스스로 선택하게 하기

아이에게 말할 때는 권위적인 말투보다는 존중하는 말투를 사용해서 아이의 선택을 유도하는 것이 좋다. 어떤 일을 하거나 물건을 살 때 아이에게 먼저 선택할 기회를 주고, 무엇을 먹을지도 스스로 정하게 하자. 나아가 아이가 자신이 하고 싶은 일이나 과제도 스스로 계획하게 해야 한다. 예를 들어, 집안일을 할 때에도 "청소하는 것 좀 도와줄 수 있니?"라고 먼저 물어보고 "어떤 일을 하고 싶어?"라고 질문하는 것이다. 그 뒤에는 반드시 고마움을 표현하는 것도 잊지 말자.

만약에 아이가 위험한 활동을 하려고 한다면, 부모는 그것이 왜 위험한지 설명해주고 아이 스스로 자신이 그 일을 할 수 있을지 없을지 생각해보게 해야 한다. 그런데 다소 위험한 일을 해보려는 의지가 너무 강하면 어떻게 해야 할까? 다음 경우를 따져보고 아이에게 기회를 주자.

- 정말로 위험한 상황이라면 분명하게 경고해서 경각심을 준다. 주의만 기울이면 괜찮은 활동은 스스로 경험하게 한다.
- 아이에게는 위험한 놀이라고 생각해서 "안 돼." 또는 "안 된다고 하면 안 되는 줄 알아!"라고 소리치기보다는 "좀 다칠 수도 있어, 그렇지만 한 번 해볼래?"라고 아이가 체험할 수 있게 도와주고 응원한다.

아이가 혼자 하는 활동이 많아지면 평소에 하던 일에 색다름을 더할 수 있다. 자신만의 색을 좀 더 반영해서 과제나 수행평가, 공부, 집안일, 봉사활동 등을 하게 되고 자신의 장점을 살리는 것을 편안하게 느끼게 된다. 지금까지 설명한 독립적인 태도를 기르는 풍토는 부모가 아이를 위해 충분히 할 수 있는 것들이다. 하지만 이를 통해 궁극적으로 아이가 얻어야 하는 것은 '나를 위해 무엇을 할 수 있을까?'와 '나는 혼자서 어떤 일들을 해낼 수 있지?'라는 물음에 대한 답이다.

아이의 회복탄력성을
키우는 법

불굴의 태도

세계에서 가장 유명한 농구선수인 마이클 조던(Michael Jordan)은 말했다.

"나는 선수 생활을 하면서 9,000개가 넘는 슛을 놓쳤다. 거의 300회에 달하는 경기에서 패배했다. 승패를 가를 수 있었던 슛 기회에서 26번이나 실패했다. 나는 사는 내내 계속해서 실패하고 또 실패했다. 이게 바로 내가 성공한 이유다."

남과 다른 생각을 하거나 전에 없던 어떤 것을 만드는 과정에는 불확실성과 위험이 따를 수밖에 없다. 자신의 생각을 현실로 만들기 위해서는 그 생각에 반대하는 사람들을 설득해야 하고, 그 과정에서 비난, 거절, 조롱을 겪게 될 수도 있다. 그러나 아이 마음의 상처가 모두 병이 되는 것은 아니다. 그 상처를 어떻게 받아들이느냐에 따라 아이는 오뚝이처럼 일어설 수도, 그대로 좌절하게 될 수도 있다.

아이에게는 오뚝이 같은 정신력이 필요하다. 그리고 그것을 가능하게 하는 것이 바로 '불굴의 태도'다. 불굴의 태도는 아이가 고난과 역경을 일시적인 것이며 곧 사라질 일이라고 여기게 한다.

다시 일어서는 힘은 실패에 비례해서 생긴다. 그렇기에 불굴의 태도를 기르는 과정에서 아이는 스트레스를 받을 수밖에 없다. 그러므로 이때 부모는 아이의 스트레스를 생산적인 방향으로 해소시켜주어야 한다. 부모가 자신이 겪은 좌절과 발전의 경험을 아이와 함께 공유하거나, 아이가 공상, 독서, 예술 등 재미있는 활동을 하면서 스트레스를 풀게 하자. 또 아이가 자신이 꿈꾸는 미래에 대한 글을 쓰면서 실패의 느낌을 떨쳐내기도 하고, 맛있는 음식을 먹거나 영화를 보는 것으로 아이의 심신을 안정시켜주는 것도 좋다.

물론 아이가 모든 일에 꿋꿋하고 어떤 비난에도 고개를 숙이지 않으면 지나치게 전투적이라고 생각될 수 있다. 하지만 창의영재는 다른 사람이 하지 않은 것을 시도하고 남보다 앞서 창의적인 생각을 만들어낸다. 그렇기 때문에 아이의 이러한 전투적인 태도는 오히려 좋은 징조라고 볼 수 있다.

건설적인 의견을 주기

부모는 아이가 다른 사람의 부정적인 의견 속에서 자신에게 도움이 될 만한 부분을 찾아 개선하는 습관을 기를 수 있게 도와야 한다. 아이가 어릴 때부터 너무하다 싶을 정도로 솔직하면서도 영양가 있는 의견을 주자. 그러면 아이는 자신의 과제나 행동에 대해 쓴소리를 들었을 때 그것을 건설적으로 받아들이는 자세와 자신만의 대응법을 만들어나갈 수 있다.

만약 부모가 아이에게 오랜 기간 조언을 해야 하는 경우라면 조언을 하는 데 얼마의 시간을 할애할 것인지, 어떤 행동 변화에 주목할 것인지 등을 고심해본 다음에 진행해야 한다. 부모가 계획도 없이 중구난방으로 조언을 하면 아이는 그 의견에 거부 반응을 보이거나, 개선의 의지를 잃게 된다.

아이에 관한 조언을 계획할 때에는 다음과 같은 사항을 고려하는 것이 좋다. 먼저 아이와 일대일 대화를 나눌 충분한 시간을 잡는다. 편안하고 사적인 시간과 장소를 택하고 아이가 집중할 수 있는 환경을 찾는다. 그리고 대화를 시작할 때에는 아이의 눈을 다정하게 바라보며 아이와 가깝게 앉는다. 마지막으로 아이가 하는 이야기에 귀를 기울여 아이의 마음을 헤아리면서도 조언을 줘야 하는 부분에 관해서는 객관적인 입장을 취한다.

아이에게 의견을 줄 때는 아이의 노력이나 진척된 상황들을 먼저 칭찬한 뒤에 아이에게 꼭 필요하고 실행 가능성이 있는 것을 제시해야 한다. 아이가 바꿀 수 있는 것만 이야기해서 아이 스스로 개선하게 만드는 것이다. 이때 한 번에 너무 많은 의견을 주기보다 처음에는 작은 것 몇 가지만 이야기하고 다음 시간에 이어서 말해주는 것이 좋다.

이러한 과정에서 받는 비판을 아이가 자신에 대한 공격으로 여기고 맞서 싸우지 않도록 아이에게 "이 비판은 네가 아닌 네가 한 일에 대해 하는 거야."라는 말을 해주어야 한다. 이에 아이가 자신이 받은 비판을 부당하다고 생각한다면, 동의할 수 없는 부분을 하나하나 따져 그 이유를 밝히는 글을 쓰게 하는 것이 좋다. 그리고 그 글을 한 번 더 검토해본 다음, 비판을 준 사람에게 보내게 한다. 이 과정을 통해 아이는 자신이 느끼는 부당함을 반대로 비판한 사람이 틀렸음을 보여주는 논리적인 근거로 이용할 수 있다.

아이는 힘든 상황이나 시련에 대비해 믿을 수 있는 사람들과 지속적인 관계를 유지할 수 있어야 한다. 아이가 스스로 문제를 해결하기 위해 노력하면서 자신의 문제를 다른 사람에게 내보이는 훈련을 하는 게 좋다. 그런 훈련이 되어 있지 않으면 아이는 곤란한 상황이나 난관에 처했을 때 마치 자신에게 문제가 있는 것처럼 여기기 때문이다. 대신 아이가 자신의 실패를 가까운 사람들에게 화풀이 식으로 풀거나 투정부리지 않도록 지도해주어야 한다.

부모는 절대 눈에 보이는 몇 가지 특성만으로 아이의 능력을 한정하지 말아야 한다. 아이는 아직 포기하지 않았는데 부모가 먼저 "이번에 실패했으니, 너는 이걸 못하겠구나."라고 말하면 어떻겠는가! 아이가 걸어갈 창의영재의 길은 실망스러운 일투성이일 것이다. 아이가 자신의 안전지대에서 벗어나 해보지 않았던 일을 경험해보고, 그 두려움을 창의력의 연료로 삼아야 한다. 이를 위해서는 아이의 선택을 존중하는 부모의 태도와 역할이 너무나 중요하다. 섣불리 자신의 의견을 말하기 전에 아이의 마음을 한 번 더 헤아리고 먼저 이해하려는 노력이 절실히 필요한 것이다.

작은 위험을 감수하는
대담함을 키우는 법

위험 감수 태도

윌리엄 퍼킨(William Perkin)은 말라리아 치료제를 개발하지 못했지만, 그것을 이용해 머리카락을 선명하게 염색할 수 있는 최초의 합성염료를 만들어냈다. 존 펨버튼(John Pemberton)은 두통약을 개발하는 데 실패했지만 그것을 코카콜라 제조에 이용했다.

스펜서 실버(Spencer Silver)는 강력 접착제를 발명하는 것에는 실패했지만 그것을 일시적인 접착제로 만들어 포스트잇에 이용했다.

마르크 샤반(Marc Chavannes)과 알프레드 필딩(Alfred Fielding)은 플라스틱 벽지를 발명하는 데는 실패했지만 그것을 에어캡으로 발전시켰다.

세상을 뒤바꾼 발명가들은 실패의 위험을 받아들여서 실패를 혁신으로 바꾼 사람들이다. 이들은 실패에 대한 두려움이 없던 것이 아니라, 자신의 열정이 위험을 감수할 만큼 가치 있는 것이었기 때문에 용기를 냈던 사람들이다.

창의영재로 자랄 우리 아이에게도 바로 이런 대담함이 있어야 한다. 아이가 창의력을 통해 떠올리는 생각들은 일반적인 이해관계로는 설명할 수 없는 것이 많다. 그렇기에 남들의 비웃음을 사거나 저항을 받을 수도 있다. 이때 아이에게 필요한 것이 바로 위험 감수 태도이다. 위험 감수 태도는 아이가 남들의 조롱, 멸시, 비난에 연연하지 않도록 돕는다. 또한 안정적인 것에 만족하지 않고 새로운 기회와 가능성을 추구하게 만드는 위험 감수 태도가 아이의 원칙, 이상, 신념과 만나면 그것이 곧 창의력의 원천이 된다.

다만 아이는 경제적 이득이나 사회적 지위를 위해 위험을 무릅쓰기보다는 자신의 꿈이나 열정을 위해 도전해야 한다. 그러려면 아이가 어떤 일을 너무 오래 계획하기보다는 일단 시작하게 하는 것이 좋다. 머릿속으로는 누구나 계획을 세운다. 그러나 생각만으로 이루어지는 계획은 없다. 아이가 안전지대에만 머물면 앞으로 나아가는 추진력을 상실하고, 어제의 결심이 오늘의 현실로 나타나지 못하면 미래를 향한 상상은 한낱 공상에 그친다. 기회는 늘 준비하고, 노력하고, 행동하는 자에게 주어진다.

일을 저지르면 그 일을 수습하기 위한 방법을 찾게 되지만, 저지르지 않으면 내일도 어제와 똑같은 하루가 될 뿐이라는 것을 아이에게 알려주자.

실패에 너그러운 마음을 가지게 하기

아이가 엄청나게 큰 잘못이나 다른 사람에게 폐가 되는 행동, 위험천만한 일을 저지르지 않는 이상 적당한 위험에는 '괜찮아, 그럴 수도 있지.'라는 마음을 가지게 하자.

실패나 실수를 대담하게 받아들이는 위험 감수 태도가 지나치면 무모하게 보일 수 있다. 그러나 큰 꿈이나 열정에서 우러나온 대담함은 반항하는 마음에서 시작되는 무모한 행동과 전혀 다르다. 다만 아이가 뚜렷한 목적도 없이 단지 스릴을 느끼기 위해 위험을 즐기는 경향이 있다면 아이와 함께 대화를 나눠보는 것이 좋다. 아이에게 "네가 진짜 가치 있다고 생각하는 것은 무엇이니?"라고 물어보자.

만약 아이가 무언가를 잃을 위험이 있는 상황이라면 그 상황이 지속되었을 때 좋은 점과 나쁜 점을 아이에게 찾아보게 하자. 어떤 행동을 했을 때 치러야 할 대가를 미리 조사해서 만일의 사태에 어떻게 대처할지 적절한 계획을 세우고, 적당한 자료와 자원을 미리 찾아서 성공 확률을 높일 수 있게 하자. 자신이

치를 대가의 장단점을 점점 더 명확하게 파악하면서 아이는 위험에 대한 두려움을 줄여나갈 수 있다. 그리고 두려움이 줄어들면 긍정적인 결과를 만들 가능성은 저절로 높아진다.

포기하지 않는 아이로
키우는 법

끈기 있는 태도

"나는 똑똑한 게 아니라 단지 더 오래 연구했을 뿐이다."

아인슈타인은 자신은 천재가 아니라 남보다 끈기 있게 문제와 씨름한 사람이라고 말했다. 창의력에도 끈기가 중요하다. 많은 사람이 창의력을 타고난 재능으로 여긴다. 그러나 사실 창의력을 위해서는 끝없이 생각하고 고민하는 인고의 시간과 노력이 필요하다. 창의력의 반대말은 표절이나 모방이 아니라 '중도포기'다. 그러므로 아이의 창의력을 위해서는 '끈기 있는 태도'를 길러주어야 한다.

아이가 집중할 수 있는 것에 몇 시간이고 몰입할 수 있도록 도와주자. 예를 들어, 동물원에 갔을 때 아이가 기린만 하염없이 바라보고 있다면, 다른 동물도 보라고 다그칠 것이 아니라 만족할 만큼 관찰할 수 있게 기다려주는 것이다. 아이의 호기심은 촛불과 같아서 방해하면 금세 꺼져 버린다. 그리고 아이에게 기린의 어떤 점 때문에 그토록 오래 지켜봤는지 묻고, 아이의 구체적인 대답을 들어보자. 집중과 몰입의 경험이 곧 열정을 만드는 원료가 된다. 또 이미 만들어진 상황을 누리는 것에서 벗어나 그게 몇 시간이 걸리든 방해하지 말고 새로 뭔가를 만드는 창작 과정에 몰두하게 하자.

단, 한 가지에 극도로 집중할 경우에는 사고가 유연해지기 어렵고, 세세한 것들만 보다 보면 전체적인 그림을 놓치기 쉽다. 아이의 창의력을 키우려면, 어떤 목표에 한동안 집중한 뒤 즉흥적인 태도를 기르는 햇살 풍토를 조성해서 끈기와 즉흥의 균형을 맞춰주어야 한다.

좋아하는 음악을 듣는 것처럼 또 다른 재미 요소를 추가하거나 평소와는 분위기가 전혀 다른 장소로 이동해서 과제를 하게 해보자. 문제가 버겁게 느껴지면 잠시 덮어두고, 쉽거나 단순한 작업을 하는 것도 좋다. 어려운 일과 쉬운 일을 번갈아 하되, 두 가지 일을 동시에 하지 않도록 해야 한다. 이런 습관을 들이면 멍을 때리거나 휴식을 취할 때도 무의식적으로 문제 해결의 열쇠를 찾을 수 있다.

과제 수준을 점차 높이기

처음에는 쉬운 과제나 실패할 가능성이 적은 과제를 주고 점차 도전적인 과제를 주어 점진적인 성공을 이룰 수 있게 하는 게 좋다. 그리고 처음에는 과제를 명확하고 구체적으로 지시한 다음 점차 이런 틀이나 지시를 줄여나가야 한다. 이렇게 아이가 작고 쉬운 과제를 완수하면서 성취를 즐길 수 있도록 하자. 그런 다음 점점 어려운 과제를 주면 아이는 이전의 성취감을 바탕으로 포기하지 않고 매진한다. 이런 과정을 통해 아이는 원래 할 수 없다고 여겼던 것도 끈기 있게 파고들면 가능해진다는 것을 깨닫는다.

처음에는 아이가 좋아하는 과제를 제시하고 점차 덜 좋아하는 것을 계획하게 하는 것이 좋다. 좋아하는 과제를 마친 뒤 긴 시간 동안 놀이나 휴식을 허락하고, 아이가 더 오래 집중할 수 있게 되면 과제 수행 시간을 늘려가보자.

일상에서 집중력을 높이는 연습

어떻게 하면 아이의 집중력을 키워줄 수 있을까? 일상에서 아이의 집중력을 높여주기 위해서는 아이가 혼자 할 수 있을 때까지는 과제나 독서, 해야 할 일의 시작을 부모가 도와주고 마무리는 아이가 하도록 하는 것이 좋다. 또 아이와 함께 소리 내어 책을 읽으면서 세부 내용을 기억하게 한 뒤 책을 덮고 나서 아이에게 다시 질문해보자. 책 표지의 색, 주인공이 중간쯤에서 입은 옷, 책에 나온 동물이나 식물, 등장인물의 숫자 등에 대해 질문한 다음 다시 책을 펼쳐 답을 확인한다.

과제뿐만 아니라 끈기 있는 태도, 나아가 어떤 일을 하든 고도의 효율을 내며 창의력을 발휘하기 위해서 다음과 같은 방법으로 아이에게 일상적인 집중력을 키워주는 것이 좋다.

- 날개가 빠진 새, 코가 빠진 코끼리, 다리 하나가 없는 책상과 같은 그림을 보여주고 빠진 부분을 찾게 한다.
- 문장 속에서 틀린 말을 찾게 한다.
- 사물의 유사성과 차이점을 구분하는 능력을 길러준다. 예를 들어, 작은 물건, 큰 물건을 구별하거나 색이나 종류별로 나누어 정리하게 한 뒤 칭찬해준다.
- 서너 장의 그림 카드를 이야기 순으로 나열하게 한다.
- 아이가 집중하기 위해 노력하거나 산만해지지 않으려고 노력할 때 칭찬하고, 아이의 집중력에 관심을 주고 산만한 행동에는 관심을 보이지 않는다.
- 아이가 오랫동안 한 가지 장난감을 가지고 놀면 "우와! 아직도 그걸 계속하고 있었네!"라며 끈기를 격려해준다.

아이가 산만해지지 않을 수 있는 환경을 조성하는 것도 중요하다. 아이의 집중력을 높이기 위해서는 먼저 소음을 줄여야 하기 때문에 커튼을 달거나 바닥에 매트를 깔아준다. 아이가 소리에 민감하다면 귀마개나 솜을 사용한다. 여닫이 문이나 가리개가 달린 선반을 이용해 잡다한 물건이 눈에 띄지 않게 정리하는 것도 필요하다. 아이가 과제나 놀이를 끝내면 사용한 물건은 즉시 치우게 하고, 과제나 휴식이 끝났음을 알리기 위해 알람 시계를 사용한다. 알람을 이용해 시작과 끝, 과제를 수행하는 데 걸린 시간을 아이 스스로 기록하게 하는 것이 좋다.

거리를 두고 상상하게 하기

끈기 있는 태도의 가장 큰 목적은 아이가 '나는 할 수 있다.'라는 마음으로 어떤 문제를 대하게 만드는 것이다. 문제를 하나의 나무로 보기보다는 여러 가지가 합쳐진 커다란 숲으로, 전체를 바라보게 해야 한다. 그렇게 하면 그 문제가 다른 것들과 어떤 공통점과 차이점이 있는지 찾아낼 수 있다. 나무가 아닌 숲을 보기 위해서는 '거리 두기' 방법을 이용하는 것이 좋다. 아이가 자신과 지금, 이곳에서 한 발짝 떨어져 사안을 볼 수 있도록 도와주자.

'자신'에게 거리 두기를 위해 내가 아니라 전혀 상관없는 사람에게 어떤 일이 일어났다고 생각하거나 친구나 가족이 아니라 아무런 연고가 없는 사람이 그 문제를 해결하면 어떨지 상상해보게 하자. '지금'과 거리 두기를 위해 같은 문제를 지금 당장이 아니라 5년 후나 먼 미래에 해결한다면 어떨지 생각해보게 한다. '이곳'에서 거리를 두기 위해 어떤 일이 자신의 주변이 아닌, 지구 반대편이나 아주 먼 곳에서 일어났다고 상상해본다. '현실'에서 거리를 두려면 현실이 아닌 상상의 세계에서, 사람이 아닌 동물이나 물건이 해결한다고 상상해보는 것이다. 자신이 위대한 영웅이나 창의적 위인이 되어서 그 과제나 문제를 해결한다고 상상하는 것도 도움이 된다.

사과나무는 바람에 맞서는 강인함과 인내 덕분에 열매를 맺는다. 바람은 아이를 강하게 만들어서 끝까지 일을 완수하게 만든다. 타고난 신동은 남보다 쉽게 과제를 성공적으로 마치기 때문에 창작 과정에서 시련과 좌절에 맞서는 인내와 끈기를 배울 기회가 적다. 또는 부모가 너무 강하게 밀어붙이고, 과잉보호하며, 다른 사람과의 교류를 제한하면 아이가 건강하지 못하게 고립된 채 지낸다. '인내'는 쉽게 주어지는 것이 아니다. 그러나 '인내는 쓰고 열매는 달다.'라는 말을 생각하자. 끈기를 통해 무궁무진한 가능성을 품은 우리 아이들이 얻을 최상의 열매가 무엇일지 나는 언제나 궁금하다.

세상을 바꾸는
혁신가로 키우는 법

불확실 수용 태도

창의력을 발휘하는 과정에는 불확실성이 존재한다. 아이가 뚜렷한 꿈을 좇는다고 해서 필연적으로 성공이 따라오지 않는다. 미래의 성공과 창작 과정은 정해진 대로 평탄한 일직선을 따라가는 법이 결코 없기 때문이다.

　빠른 속도로 변화하며 모든 것이 모호한 오늘날, 가장 확실한 것은 누구나 불확실한 것에 직면한다는 사실이다. 보통 사람들은 창의적인 아이디어가 소개될 때 그것이 창의적이라는 사실을 인식하지도, 좋아하지도 않는다. 사람들은 미지의 것이나 불확실한 상황보다는 현상을 유지하면서 편안함을 느끼기 때문에 불확실한 것을 견디기 힘들어 한다.

창의력이 없는 사람들은 계획적이고 예측 가능한 상황을 좋아한다. 엄격한 시간표와 같은 고정된 것과 기계적인 학습을 선호한다. 또 답이 명확한 문제의 정답을 찾는 것에만 관심을 쏟는다. 전문가와 같은 권위자가 모든 지식과 정답을 만들었기 때문에 무조건 옳다고 믿고 그것이 자신의 생각과 달라도 반박하지 않는다. 이와 정확히 반대로 해야 아이가 창의영재의 길을 걸을 수 있다. 창의영재는 애매모호한 것이나 미지의 상황도 기꺼이 수용할 수 있어야 한다. 이런 '불확실 수용 태도'를 기르기 위해서는 아이가 모호한 것들에 대한 불안을 창작이라는 피난처에 몰입하면서 해결하게 하는 것이 좋다.

창의영재는 결핍을 배우면서 자란다. 스티브 잡스는 친부모에게 버림받았다는 아픔에 시달렸고, 넬슨 만델라는 아버지를 일찍 여의고 가족과 떨어져 살았다. 아인슈타인은 고등학교 때 아버지가 사업에 실패하고 이탈리아로 이민을 가는 바람에 외톨이로 학교를 다니다가 중퇴했고, 조지아 오키프는 아버지의 사업 실패로 재정적 위기를 맞았다. 그러나 그들은 시련에 그대로 빠져버리지 않았다. 그들에게는 독서, 미술, 음악, 문학, 과학, 기술 등 창의 과정이라는 피난처가 있었기 때문이다.

창의영재는 모두 자신이 흥미를 가진 분야에 대한 열정 덕분에 삶의 깊은 의미와 목적을 재발견함으로써 인생의 두려움과 불확실성을 극복했다. 이들은 배움, 독서, 작문, 그림, 발명으로 마음의 평온과 성취를 즐겼다. 그들에게 삶의 불확실성은 창작 과정의 연료가 되었다. 스스로 고난을 극복하면서 일반 아이들과 다른 깊은 생각을 하고, 자신의 결핍으로 인해 다른 사람의 결핍에 공감하며, 다른 이에게 베풀 수 있는 사람으로 자란 것이다.

답이 없는 문제를 풀기

세상에는 답이 없는 문제들이 있다. 답이 여러 개인 문제들도 있다. 정해진 답이 없다는 것은 아이 또한 그 답을 찾을 수 있다는 뜻이라고 말해주자. 새로운 연구결과에 따라 답은 언제나 변할 수 있음을 알려주고 아이가 해당 주제에 관해 더 깊이 질문할 수 있게 하자. 이를 연습하기 위해서는 정답이 없고 불확실하거나 애매모호한 과제를 탐구하게 하는 것이 좋다. 여러 가지 답이 있는 생활 속 문제를 풀면 아이가 어떤 해결책도 완벽하지 않다는 것을 받아들이고 지속적으로 더 나은 해결책을 생각할 수 있기 때문이다.

아이와 함께 아주 복잡한 문제를 어떻게 풀 것인가에 대해 이야기를 주고받은 뒤 그 문제를 실제로 풀어보며 무엇이 안 되는지, 또는 왜 아닌지 대답하게 하는 것도 도움이 된다. 한 문제에 관해 최대한 다양한 답이나 풀이 방법을 생각해보게 하고, 어떤 상황이나 사건에 대해 여러 가지 관점으로 해석하게 하는 활동도 좋다.

고정된 답을 학습하는 것이 아니라 지금은 알 수 없는 답을 찾기 위해 노력해야 아이가 불확실 수용 태도를 연습할 수 있다.

예측할 수 없는 것을 알려주기

아이에게 사람은 어떤 상황이 와도 적응할 수 있다는 것을 알려주어야 한다. '호랑이 굴에 들어가도 정신만 차리면 산다.'는 말이 있다. 탐험에 대한 두려움이 줄어든 아이는 새로운 상황에서 더 많은 것을 배울 수 있다. 낯선 사람들만 모이는 행사에 참석하거나 여행을 통해 아이에게 예측할 수 없는 상황은 계속해서 일어난다는 것을 알려주는 것이 좋다.

또한 어떤 규칙도 절대적이지 않다는 것을 말해주자. 어떤 규칙에도 예외는 있을 수 있고, 시간과 장소, 때에 따라 달라질 수 있다는 것을 알려주는 것이다. 다음 내용을 아이에게 말해주자.

- 1980년대에 있었던 과외금지법처럼, 한때는 법으로 정해졌지만 현재는 없어진 것을 함께 찾고, 왜 그런 법이 만들어졌으며 어째서 없어졌는지를 토론한다.
- 세상이 항상 공정하거나 공평하지 않고, 분명하지 않다는 것을 알려준다. 그리고 어떨 때 불공평하고 헷갈리는 상황에 부딪치

는지 사례를 찾아본다.

- 천동설과 지동설처럼 진실이라고 믿었지만 사실이 아니었던 것들을 찾아서 이야기한다.

불확실을 확신으로 바꾼 사람을 알려주기

부모가 어릴 때 겪었던 어려운 상황이나 문제, 실패에 대해 아이에게 이야기하고, 당시 자신이 왜 불안해하고 무엇을 두려 워했는지 설명하자. 그러면서 그런 불안이나 두려움은 결국 불 확실한 미래 때문이었다는 것을 이해시켜주는 게 중요하다. 또 다음과 같이 불확실하고 불안한 상황에서 뭔가를 시도해 성공 한 사람들의 이야기도 들려주자.

월트 디즈니(Walt Disney)는 신문사에 다니다가 창의력이 없다 는 이유로 해고당했지만, 그는 자신이 창의영재라는 사실을 믿 었기 때문에 '애니메이션'이라는 미지의 산업에 뛰어들었다. 그 는 수차례 파산하면서도 포기하지 않았고 결국 세계적으로 유 명한 영화 제작자가 되었다.

커널 샌더스(Harland David Sanders)는 세상에 없었던 '식당 체 인점'이라는 미지의 사업에 예순다섯 살 때까지 모았던 자신의 퇴직금을 전부 털어 넣고도 투자자들에게 1,000번이 넘게 거절 을 당했다. 하지만 자신의 꿈을 한결같이 믿고 도전했기에 결국 켄터키 프라이드 치킨(KFC)이라는 체인점을 만들어냈다.

헨리 포드(Henry Ford)는 이전에 존재하지 않았던 '자동차 대량생산 회사'라는 미지의 사업을 시작했다. 그는 수차례 회사의 부도를 맞으면서도 계속해서 자신의 꿈을 놓지 않았고 마침내 세계 최초로 대량 생산 방식의 자동차를 만들어냈다.

아이가 이러한 이야기를 전해 듣고 다른 사람들과 대화하거나, 현재 신문이나 텔레비전 뉴스에서 가장 많이 언급되는 이슈에 대해 자신의 견해와 반대되는 사람들의 의견을 읽게 하는 것도 아이에게 불확실 수용 태도를 길러주는 방법이다.

아이의 집중력을 키우는 풍토 만들기

① 소음을 줄이기 위해 커튼을 달거나 바닥에 매트를 깔아주세요.

② 아이가 소리에 민감하다면 귀마개나 솜을 사용하게 해주세요.

③ 여닫이 문이나 가리개가 달린 선반을 이용해 잡다한 물건이 눈에 띄지 않게 정리하세요.

④ 책상 안과 위를 잘 정리하고 자질구레한 물건을 없애주세요.

⑤ 과제나 놀이가 끝나면 사용된 물건을 즉시 치우게 해주세요.

⑥ 과제나 휴식이 끝났음을 알리기 위해 알람시계를 이용하세요.

⑦ 시작과 끝, 과제를 수행하는 데 걸린 시간을 아이 스스로 기록하게 해주세요.

⑧ 차분하게 목소리를 낮추어 지시하세요.

⑨ 성급한 결론을 내리지 말고 아이가 대화를 통해 생각하고 배우게 해주세요.

⑩ 아이의 일상생활이 예측 가능할 수 있도록 규칙적이고 일관성 있는 계획을 짜세요.

부모를 위한
한 장 요약

바람은 아이가 뚜렷한 목표를 설정하고 큰 꿈을 꾸게 할 뿐 아니라 시련으로 단련시켜 창의력을 뿜낼 용기와 힘을 길러줍니다.

1. 논리적 훈육을 해주세요

논리적 훈육은 아이의 행동을 세세하게 지시하는 대신 아이 행동의 큰 틀이나 한계를 미리 정하여 아이에게 이유를 설명하고 아이가 그 논리를 따라오게 하는 훈육입니다.

2. 정리된 환경을 조성해 몰입하게 해주세요

한 번에 한 가지 과제를 집중해서 하고, 하나가 끝나면 주변을 모두 정리한 뒤에 다음 과제나 활동을 시작하게 합니다. 아이가 어떤 과제나 활동을 하는 동안에는 아무리 주위가 지저분해도 간섭하지 말고, 아이가 몰입이 주는 행복감을 충분히 맛보게 해주세요.

3. 철저하게 하는 습관을 길러주세요

가장 좋은 결과는 결국 가장 좋은 습관에서 나옵니다. 시간이 조금 걸리더라도 매사에 꼼꼼하고 철저하게 하는 습관을 길러주세요.
- 하나를 하더라도 자신의 열정을 바칠 수 있는 일을 택해서 제대로 하는 습관

- 어떤 일을 하더라도 대충하지 않고 그에 대해 변명도 하지 않는 습관
- 빨리 해야 한다는 생각에 얽매여 쉬운 방법이나 지름길을 택하지 않는 습관
- 시험점수에 지나치게 연연하는 대신, 실생활에서 활용할 수 있는 지식과 기술을 쌓는 습관
- 상대 평가가 아닌 절대 평가로 지식이나 기술을 얼마나 익혔는지 판단하는 습관

4. 실패하는 능력을 키워주세요

아이가 가진 목표에 대해 부모는 "나는 네가 이걸 할 수 있다고 믿어." 라며 끊임없는 지지를 표현해주어야 합니다. 그러면 결국 아이는 자신이 그것을 할 수 있다고 생각하게 됩니다

5. 결과보다는 과정에 집중해주세요

아이가 어떤 과제를 수행했을 때 결과보다는 아이가 보여준 끈기, 집중, 아이만의 전략, 방법, 개선의 노력 등 그 과정에서 구체적으로 무엇이, 왜 좋았는지를 칭찬해줍니다. 만약 아이에게 지적을 해야 하는 경우라면 아이 자체가 아닌 행동에 관해서만 평가해주세요.

6. 정신력을 키워주세요

아이 마음의 상처가 다 병이 되는 것은 아닙니다. 아이가 실패를 자주

접하고 경험하게 해주세요. 그 상처를 받아들이는 아이의 자세에 따라 아이는 오뚝이 같이 일어서는 힘을 기르고 정신력을 강화할 수 있습니다.

7. 창작을 실패의 피난처로 만들어주세요

시련과 실패를 겪는 아이가 배움, 독서, 작문, 그림, 발명, 모형 등의 창작 과정을 통해 자신의 생각과 정서를 자유롭게 표현함으로써 마음의 평온과 성취를 즐기게 해주세요. 창작 과정에 몰입하는 것으로 아이는 스스로에게 시련과 역경을 피한 안식처를 제공할 수 있습니다.

8. 예측할 수 없는 것을 알려주세요

아이에게 사람은 어떤 상황이 와도 적응할 수 있다는 것을 알려주어야 합니다. 탐험에 대한 두려움이 줄어든 아이는 새로운 상황에서 더 많은 것을 배울 수 있습니다. 낯선 사람들만 모이는 행사에 참석하거나 여행을 통해 아이에게 예측할 수 없는 상황은 계속해서 일어난다는 것을 알려주세요.

3

토양

어려서부터 여러 지역을 옮겨 다니고,

미시시피 강을 무대로 뛰어놀았던 작가 마크 트웨인은 이렇게 말했다.

"경험을 교훈으로 삼을 때,

경험된 것으로 모든 걸 단정 짓지 않도록 조심해야 한다.

아니면 뜨거운 난로 뚜껑에 앉아버린 고양이 꼴이 되어버린다.

고양이는 두 번 다시 뜨거운 난로에 앉지 않을 뿐 아니라

식은 뚜껑에도 앉으려고 하지 않을 것이다.

경험의 '내용'에만 집중하여 그것을 교훈으로 삼는 지혜가 필요하다."

다양한 경험을 하게 하는
토양 풍토

나무가 잘 자라기 위해서는 좋은 땅이 필요하다. 뿌리를 잘 내릴 수 있는, 너무 무르지도 거칠지도 않은 적당한 경도의 땅과 다양한 영양분이 고루 섞여 있는 흙이 필요하다. 한 가지 영양분이 다른 성분의 결핍을 메울 수 없기 때문에 다양한 성분의 토양은 나무의 성장에 필수적이다. 또 나무는 주변의 다른 나무들과 교류해야 더 질 좋은 열매를 맺을 수 있다. 아이도 마찬가지다. '정체성'이라는 뿌리를 확립하고, 다양한 사람, 경험, 관점 등 온갖 종류의 다양성을 접하면서 자라야 훌륭한 창의영재가 될 수 있다.

토양 풍토는 지식, 기술과 같은 물적 자원을 제공하고, 교육에 필요한 멘토나 전문가와 같은 인적 자원도 제공한다. 이 자원들을 활용하는 과정에서 아이는 협력, 배려, 선의의 경쟁을 배우게 된다. 또한 열린 태도로 다양한 것들을 받아들여 융합하는 능력도 키울 수 있다.

다양한 사람들을 만나고, 경험하고, 다양한 견해와 입장을 배우면서 아이는 흑과 백의 이분법적 사고가 아닌 흑과 백 사이에 있는 수많은 톤의 회색과 같은 복합적 사고를 배운다. 또한 다른 사람의 강점으로 자신의 약점을 보완하고, 자신의 강점과 다른 사람의 강점을 연결하는 법도 체득한다. 이처럼 복합적이고 융합적인 사고를 하는 아이야말로 창의영재가 된다.

토양 풍토를 조성하면 아이는 다음과 같은 5가지 태도를 기를 수 있다. 다양한 문화를 접하고, 자신의 것과 융합해서 독특한 나만의 문화를 창조하는 **다문화적 태도**, 자신에게 주어진 자원을 효율적이고 효과적으로 활용할 수 있도록 만드는 **전략적 태도**, 주위 모든 정보를 스펀지처럼 흡수해서 더 넓은 관점을 가질 수 있도록 돕는 **개방적 태도**, 단편적으로 생각하지 않고, 다양한 것을 복합적으로 받아들이는 **복합적 태도**, 자신의 전문성을 기르기 위해 조력자를 찾아 나서는 **멘토를 찾는 태도**다.

이 같은 토양 풍토를 조성하기 위해 부모가 만들어야 할 환경, 함께할 활동에는 어떤 것이 있는지 살펴보자.

다양한 문화를 접하면
특별한 정체성이 생긴다

다문화적 태도

나무가 잘 자라기 위해서는 너무 거칠지도, 너무 무르지도 않은 땅이 필요하다. 땅이 거칠면 뿌리가 넓게 뻗을 수 없고, 너무 부드러우면 깊이 뿌리내리지 못해 바람에 쉽게 쓰러진다. 마찬가지로 아이라는 나무가 뿌리를 넓고 깊게 내릴 수 있는 환경을 조성해주어야 한다. 뿌리는 바로 아이의 '정체성'이다.

아이가 태어난 가족과 사회의 울타리 안에서만 자라면 안정감은 느낄 수 있겠지만, 자칫 다른 문화권에 대한 편견을 가질 수 있게 된다. 그래서 부모는 아이에게 '우리는 같은 뿌리를 가졌다.'는 것을 알려주어 정서적 안정을 유지하면서도 한편으론 다양한 문화를 접하게 만들어 아이의 견문을 넓혀주어야 한다.

다양한 문화를 접한다는 것은 원래 가지고 있던 문화를 유지한 채 다른 문화도 받아들인다는 뜻이다. 이 과정에서 아이의 독립성을 함께 길러주면 다양한 문화를 결합한 자신만의 독특한 정체성을 형성하게 되고, 융합적 사고 능력이 발달하게 된다.

각 문화권은 언어뿐만 아니라 사회 관습, 역사, 예술 등 모든 것이 다르기 때문에 전부 받아들이기 위해서는 융합적인 사고가 필요하다. 아이가 각 문화의 장단점은 무엇인지 깊이 분석하고 평가한 뒤에 서로 다른 장점들을 연결하게 하는 것은 겉보기에는 전혀 관계가 없어 보이는 것을 연결하는 능력인 융합력을 기르는 데 도움이 된다.

이때 기존 문화와 새로 배운 문화 중 어느 것에도 갇히지 않고 자유롭게 사고하는 능력이 필요하다. '로마에 가면 로마법을 따르라.'는 말이 있지만, 다문화적 태도를 위해서는 로마에 가면 로마인이 무엇을 하고, 어떻게 하고, 왜 그렇게 하는지 묻는 자세를 취하는 것이 좋다.

'디아스포라'라고 불리는, 전 세계에 흩어져 사는 유대인들 중에 창의영재가 많은 이유는 자신만의 고유한 문화를 유지한 채 정착한 나라의 문화도 함께 받아들이기 때문이다. 이러한 융합은 색다른 아이디어의 밑바탕이 된다. 요즘 한국에서 유대인 부모의 교육 방식인 '하브루타'가 인기를 끌고 있는데, 방식만 가져오는 것으로는 결코 같은 결과를 낼 수 없다. 유대인처럼 아이들의 정체성을 확립해주는 일이 선행되어야 한다.

그렇다면 어떻게 해야 내 아이만의 특별한 정체성을 길러줄 수 있을까? 아이에게 다양한 문화를 수용한 정체성을 만들어주기 위해서는 가정에서 다음과 같은 '토양 풍토'를 조성해주어야 한다.

뿌리를 굳건히 내리게 하기

아이의 정체성을 단단하게 하려면 먼저 아이가 자신이 누구인지, 어디서 왔는지 그 뿌리를 알아야 한다. 그래야 새로운 문화를 접했을 때 나의 것과 무엇이, 어떻게 다른지 인식할 수 있다. 정체성이란 '나는 누구일까?', '어떻게 살아야 할까?'와 같은 질문에 아이만의 답을 가지고 있는 것이다. 아무리 어린 나이라도 훈련이 되면 이 질문에 진지하게 대답할 수 있다.

아이의 정체성을 위해 가족의 역사에 대한 이야기부터 시작해보자. 엄마 아빠의 고향은 어땠는지, 할머니와 할아버지는 어떤 일을 하셨고, 어떻게 만나게 되셨는지 같은 아이의 배경이 되는 모든 것을 이야기해보자. 아이는 가족의 역사를 배우며 남들과는 다른 우리 가족만의 특징을 알게 된다. 그리고 자신이 다른 친구들과 똑같지 않다는 사실을 체감한다. 남과 다르다는 인식, 이것이 자기 정체성의 출발점이며 아이가 자신의 뿌리를 잘 알고 있을 때 비로소 다른 사람과 구별되는 아이만의 개성이 생긴다.

가족 안에서 자기 정체성을 찾은 다음에는 이것을 확장해서 나라와 문화의 차원으로 넘어가야 한다. 여기서 중요한 것은 정체성은 좋거나 나쁨, 혹은 맞거나 틀림이라는 가치 판단의 대상이 아니라 '다른' 것일 뿐임을 아이가 분명히 알아야 한다는 것이다. 그래야 다양한 문화를 접하게 되더라도 편견 없이 받아들일 수 있다.

외국어는 공부가 아니라 소통의 수단으로 배우기

한국어가 한국인의 의사소통 수단인 것처럼, 외국어도 의사소통의 수단일 뿐이다. 아이가 외국어를 높은 점수를 받기 위한 '공부'로 생각하는 게 아니라 '소통'을 위한 수단으로 배우게 해야 한다는 뜻이다. 긴 시간 미국 대학에서 교수 생활을 하며 깨달은 것이 하나 있다. 어떤 우수한 학생도 영어 문법이 완벽하지는 않다는 것이다. 그럼에도 비영어권 학생들, 특히 동양에서 온 학생들은 언어를 공부할 때 문법에만 매달리는 경향이 강하다. 시험 점수를 위한 영어 공부를 하기 때문이다. 이렇게 되면 시험 점수는 높아지는 반면, 자기 의사를 전달하는 능력은 발전하지 않는다.

나는 그동안 미국에서 성공한 외국인들을 많이 만났는데, 그들에게는 한 가지 공통점이 있었다. 문법적으로 완벽한 문장을 구사하지 못해도 자신 있게 의견을 표현한다는 점이다. 아이가 단어만 많이 외우고 문법 공부에만 집중하면 몇 년을 배워도 원래 외국어의 쓸모인 '의사소통' 능력을 가질 수 없다. 외국어 공부 이전에 먼저 준비되어야 하는 것이 바로 '당당한 정체성'이다. 나는 한국인이고, 나의 제1언어는 한국어이기 때문에 영어 실력이 완벽하지 않은 것은 당연하다고 생각하는 것이다. 이 생각이 바탕이 되면 자신감 있게 영어를 사용할 수 있다.

나는 한국의 언어 교육 풍토가 바뀌었으면 좋겠다. 학교 시험이나 토플, 토익과 같은 어학 시험 성적을 잘 받기 위해 공부하는 것이 아니라, 그 언어로 쓰인 다양한 책을 읽고 말하면서 자기 생각을 다른 사람에게 전달하기 위해 공부하는 것이다. 진정한 언어 실력은 논리적 설득력이나 글쓰기 능력을 포함한 '자기 표현력'에서 나온다. 영어를 포함한 외국어를 문어가 아니라 구어로, 다른 문화권의 사람과 대화를 하면서 배워야 한다.

외국어를 습득하는 과정에서 아이는 새 언어의 구조와 표현 방식 같은 정보를 접하게 된다. 언어를 배운다는 것은 하나의 새로운 문화를 받아들이는 것과 같다. 언어가 문화에 미치는 영향이 크기 때문이다. 때문에 낯선 언어 체계는 사고방식에도 영향을 준다. 이중 언어 혹은 다중 언어를 사용하는 아이는 서로 다른 문화를 융합하면서 창의적 사고력을 기를 수 있다. 이런 창의적 사고력은 독일어나 영어처럼 체계가 비슷한 언어를 사용하는 것보다 한국어와 영어처럼 체계가 전혀 다른 두 언어를 사용했을 때 더 높은 상승효과를 보인다.

다양한 문화를 받아들여 융합하기

이중 언어를 습득한다고 모두가 창의력이 계발되는 것은 아니다. 새로운 문화를 받아들이는 정도를 넘어 그것을 녹여내어 나의 일부로 만들 수 있을 때 비로소 창의력은 발전한다.

미국이 강대국이 될 수 있었던 가장 큰 이유는 다양성을 포용했기 때문이다. 미국 사회를 대변하는 말인 '멜팅 팟(Melting Pot)'은 다양한 문화가 한데 섞여 녹아 있다는 뜻이다. 실제로 미국에서 이루어진 대부분의 혁신은 이민자의 자녀에게서 나왔다. 또한 노벨상 수상자를 비롯한 많은 혁신가들 역시 대부분 두 가지 이상의 문화를 경험한 사람들이다.

한국도 이제 '단일 민족'이라는 환상에서 벗어나야 한다. 국내에는 이미 많은 외국인들이 살고 있고, 국제결혼을 한 가정도 많다. 그들을 우리와 다르다고 배척해서는 안 된다. 다문화 가정의 아이가 자신의 문화를 유지한 채 한국과 융화될 수 있도록 도와야 한다. 이것이 다양한 문화를 받아들이는 사회적 분위기의 첫걸음이다.

아이와 함께 낯선 문화권의 나라를 방문하게 되었다면, 그 나라의 문화적 특징을 스스로 찾아보게 하자. 만약 다양한 문화를 직접 체험하기 어렵다면 인터넷이나 대중 매체를 통해 간접 체험할 수 있다. 세계 여러 나라의 문화를 상징하는 물건들로 주변을 꾸미거나, 아이와 함께 외국영화나 해외 뉴스를 보고 그것과 관련된 상황, 역사, 문화 등을 알아보게 하자. 다양한 문화권의 전통 양식이나 생활을 체험할 수 있는 행사를 찾아가보는 것도 좋은 방법이다.

또 문화의 차이에서 오는 '다름'을 이해하지 못해 생긴 역사적 사건을 아이와 함께 찾아보고 의견을 나누는 것도 좋다. 예를 들어, 《안네의 일기》를 읽으며 편견과 인종차별에서 시작된 역사적 비극을 아이에게 가르치는 것이다.

다문화적 태도로 융합하여 혁신을 만들어낸 사람들을 아이에게 소개해주자. 예를 들어, 넬슨 만델라는 남아프리카 공화국 사람이지만 인도의 해방 운동을 이끌었던 간디와 네루의 사상에 심취했다. 그는 인도의 사상을 자신의 것과 융합해 새로운 리더십을 만들어냈다.

스티브 잡스는 미국에서 태어나고 자랐지만, 인도에 9개월간 체류하고 일본을 여러 차례 방문하며 동양 철학과 정신에서 영감을 받았다. 그리고 동양적인 간결미와 서양 기술의 유용성을 융합해 애플의 혁신적인 제품들을 만들어냈다.

조지아 오키프는 미국에서 살았지만, 일본의 미학에 깊이 빠져 연구했다. 그 결과 틀에 박힌 서양 미술의 화풍을 벗어나 간결한 모양과 상징적인 색깔, 다양한 크기와 형태를 통해 자신의 감정을 표현할 수 있게 되었다.

목표가 있는 아이는
전략을 세운다

전략적 태도

흙의 영양분이 부족하면 열매의 질이 떨어지거나 열매가 아예 맺히지 않는다. 그러나 영양분이 너무 과해도 열매를 맺는 데 어려움이 생긴다. 비료로 얻는 양분과 나무 자체에서 만들어내는 양분이 균형을 이루지 못하기 때문이다. 너무 모자라지도, 넘치지도 않는 양분을 가진 토양이 나무를 건강하게 만든다.

토양 풍토는 이처럼 적절한 자원을 제공해서 아이의 자생력을 키워준다. 자원은 부족해서도 안 되지만 넘쳐서도 안 된다. 특히 아이가 부족함을 모르고 자라면 '전략'을 세우는 법을 익히기 힘들다. 여기서 전략이란 인적·물적 자원이나 기회를 최대한 활용하기 위해 자신의 강점은 돋보이게 만들고 약점은 타인의 강점을 빌려와 보완하는 것이다. 이것이 자원을 효율적으로 활용하여 목표 달성 효과를 높이는 '전략적 태도'다.

한 사람이 가질 수 있는 능력과 자원에는 한계가 있기 때문에 창의영재가 되기 위해서는 전략이 필요하다. 상상력이 좋은 사람은 비판력이 낮을 수 있고, 비판력이 높은 사람은 상상력이 낮을 수 있다. 그러나 약점을 보완하는 것에 집중하면 약점은 개선될지 모르지만, 강점을 단련하기 위한 시간과 노력이 상대적으로 줄어든다. 그 결과 모든 능력이 평균이 되어, 뚜렷한 장점도 단점도 없는 평범한 사람이 될 수 있다.

한정된 크기의 화분에서 자라는 분재와 달리 자연에서 자라나는 나무는 주위 다른 나무들과 '교차 수분'을 한다. 그리고 당연히 교차 수분을 하는 나무가 혼자 열매 맺는 나무보다 더 좋은 결실을 거둔다. 효과적인 교차 수분이 이루어지기 위해서는 비슷한 개화시기를 가진 서로 다른 종류의 나무가 가까이 있어야 한다. 이와 같이 아이가 가진 목표를 달성하기 위해서는 다른 사람과 협력하고 교류하면서 인적 자원을 최대한 활용하여 결과를 만들 수 있어야 한다.

한국 학생들은 시험 성적을 목표로 공부하기 때문에 시험에 나오는 것만 중요하게 생각한다. 그러므로 배움의 과정에서 실험, 탐구, 토론하며 다른 아이들과 협력하는 능력을 기르기 어렵다. 가정에서라도 아이가 다른 사람의 경험과 관점을 배우고 이해할 기회를 만들어주자. 아이가 다른 강점을 가지고 있되 큰 꿈을 꾸는 사람과 교류하도록 도와주어야 한다.

약점에 기울일 노력을 강점에 집중하기

인생은 선택의 연속이다. 잘하지 못하는 일이나 싫어하는 일 대신에 재미있게 잘할 수 있는 일을 선택해서 집중해야 한다. 약점은 아무리 극복하려고 애써봤자 장점으로 바꾸기 쉽지 않다. 약점에 기울일 노력을 자신이 가지고 있는 강점에 100% 쏟아붓는다면 오히려 훨씬 좋은 결과를 만들어낼 수 있다. 이것이 아이의 강점을 찾고 발전시키는 지름길이다.

좋아하는 것에 대한 이해가 깊어지고 잘하게 될수록 주변의 평가에 휘둘리지 않고 밀고 나가는 자신감이 생긴다. 하지만 관심을 가진 모든 분야에서 장점을 보일 수 있다고 생각하는 것은 착각이다. 누구나 약점과 결점을 가지고 있다. 중요한 것은 자신에게 약점이 있음을 인정하고 그 약점이 무엇인지 정확히 파악하는 것이다.

아이와 함께 가족 구성원의 장단점을 이야기해보자. 좋은 점은 칭찬하고, 부족한 부분이 있다면 인정하는 시간을 가져본다. 이때 약점이 있다고 몰아세우거나 비난하지 말고, 누구에게나 부족한 면이 있음을 인식시켜주는 분위기를 만들어야 한다.

한계를 제공해서 전략을 세우게 하기

목적을 달성하기 위해서는 성공에 필요한 자원이 무엇인지 미리 생각할 줄 알아야 한다. 그러려면 주변에 있는 여러 자원과 기회의 가치를 발견하는 능력이 필요하다.

돈만 충분하다면 혁신을 이룰 수 있다고 생각하는 사람들이 많다. 그러나 창작 과정에 필요한 자원을 충분히 가지고 있더라도 전략이 없으면 결코 성공할 수 없다. 전략은 한계를 넘어 새로운 방법을 찾아내는 과정에서 점점 발전한다. 그렇게 발전된 전략을 통해 더 효율적이고 효과적으로 목적을 달성할 수 있게 되는 것이다.

아이 스스로 최대한 많은 자원과 기회를 찾아서 전략을 세울 수 있게 도와주자. 이때 인적 자원을 활용하는 것이 좋다. 창작 과정의 승패는 주위에 어떤 사람들이 있는지가 좌우하기 때문이다. 아이를 긍정적으로 지지해주는 인간관계를 형성하고 발전시켜 나가면 새로운 목표 달성을 위한 자원을 예상하지 못한 곳에서 발견할 수도 있다. 혼자서는 이룰 수 없는 것을 다른 사람들과 협력하고 아이디어를 교류하면 충분히 이뤄낼 수 있게 되는 것이다. 이러한 과정을 통해 아이는 한계를 넘어서는 방법을 자연스럽게 익히게 된다. 그리고 더 좋은 기회가 오기만을 넋 놓고 기다리지 말고 아이가 이미 가진 것들을 활용해서 내 앞에 닥친 문제를 조금이나마 해결할 수 있게 격려해주자.

주변의 것들을 활용해보기

기존의 아이디어를 전혀 다른 분야에 적용해 혁신에 성공한 인물들이 있다. 요하네스 구텐베르크(Johannes Gutenberg)는 포도주 짜는 기계를 인쇄기를 만드는 데 이용했다. 구글을 창시한 래리 페이지(Larry Page)와 세르게이 브린(Sergey Brin)은 논문의 순위를 정하는 데 사용되던 체계를 인터넷 검색 엔진 개발에 사용했다. 이처럼 이미 존재하는 아이디어를 새로운 방식으로 적용하는 방법을 생각해보면 전략적 태도를 키울 수 있다.

먼저 이미 가지고 있는 자원을 최대한 활용해보는 연습이 중요하다. 아이가 스스로 인적 자원을 활용해보는 경험을 하게 하자. 문제에 부딪쳤을 때 곤혹스러워하거나 속상해하지만 말고 다른 사람에게 도움을 요청하게 하는 것이다. 이때 부모는 도움을 요청하는 것이 자신이 약하거나 무지해서가 아니라, 오히려 용기가 있기 때문이라는 것을 아이에게 알려주어야 한다.

주변에 있지만 혹시 놓치고 있었던 자원이 있는지도 주의 깊게 살펴보아야 한다. 정보를 탐색하기 위해 가장 쉽게 사용할 수 있는 것이 스마트폰, 태블릿 PC와 같은 전자기기다. 단순히 재미를 목적으로 전자기기를 사용하게 하지 말고 어떤 과제나 문제를 효율적으로 해결하기 위해 전자기기를 사용하는 습관을 들이게 하자.

이렇게 물적 자원과 인적 자원 모두를 전략적으로 활용하는 연습을 하는 것이 좋다. 예를 들어, 물, 종이, 휴지를 절약하도록 표어를 만들어 집안이나 교실에 붙이는 등 물적 자원의 전략적 사용법을 생각해 실생활에 적용해본다. 또 생활계획표를 만들어 삶에서 가장 중요한 자원인 '시간'을 스스로 관리하는 법을 배우게 하자. 인터넷, 도서관, 서점 등에서 직접 필요한 정보를 찾는 법을 배우고, 고장 난 물건이나 버릴 옷, 장난감, 일회용품을 가지고 새로운 물건을 만들어 보는 활동도 아이에게 도움이 된다.

다른 사람과 협력하고 교류할 기회 만들기

아이가 자신의 약점과 부족한 부분을 발견했다면 그것을 보완해줄 사람을 찾게 만들어야 한다. 뛰어난 능력을 가졌지만 새로운 것을 배우려는 의지가 없는 사람 대신, 배우려는 자세를 가지고 느리더라도 조금씩 성장하는 사람을 곁에 두는 것이 좋다. 그런 사람과 아이가 협력할 기회나 활동을 찾아보자. 처음부터 완벽하게 잘 맞는 상대를 찾으려고 하지 말고, 협력하는 과정에서 호흡을 맞추어가는 것이 좋다. 다른 사람과 협력하는 과정에서 상대방이 잘한 일이 있을 때는 솔직하게 그것을 인정하고 그 결과를 높이 사야 한다. 이를 통해 아이는 능동적으로 협동하는 분위기를 만들 수 있고, 하고자 하는 과제의 효율성 또한 높일 수 있다.

많은 사람이 창의영재는 협력하는 능력이 없고, 타인과 단절된 채 혼자만의 연구에 몰두한다고 오해한다. 그러나 실리콘밸리의 혁신가들은 함께 일하지 않더라도 간단하게 차를 한 잔 하거나 식사를 하면서 최근에 몰두하고 있는 것에 관해 이야기를 나눈다. 그 과정에서 새로운 아이디어를 얻기도 하고, 생각의 전환점을 찾으며 서로의 혁신을 돕는 것이다.

　다양한 분야의 전문가들과 자주 만나서 지식이나 기술, 경험을 교류하는 것은 아주 중요하다. 다른 사람의 전문성을 자신의 것과 결합하고 확장해나가다 보면 더 큰 시야를 가질 수 있기 때문이다. 특히 아주 다른 환경을 가진 다양한 분야의 전문가들이 교류할 때 더욱 가치 있는 아이디어가 나온다. 따라서 경쟁자나 낯선 문화를 가진 사람의 관점까지도 기꺼이 받아들이는 용기가 필요하다. 폭넓은 전문성 교류를 통해 인적·물적 자원을 보다 효율적으로 활용할 수 있게 되니까 말이다.

새로운 것을 담을 수 있는
마음을 기른다

개방적 태도

탁 트인 넓은 들판에 있는 나무는 한계를 모르고 자란다. 이와 같이 부모는 아이가 더 넓은 세상을 보도록 '개방성'을 길러주어야 한다. 개방성에서 이어지는 '개방적인 태도'는 익숙한 것보다 새로운 것을 좋아하며, 주위에 있는 정보를 스펀지처럼 흡수하는 태도를 말한다. 이러한 태도를 갖춘 아이는 고정관념에 사로잡히지 않고 다양한 시각으로 사물을 바라보며 타인의 생각이나 문화, 가치관 등이 자신의 것과 다르더라도 존중하게 된다.

개방적인 태도를 가진 아이는 항상 새로운 것을 배우려고 하기 때문에 삶의 방식이 유연하고 대담하다. 낯선 곳에 가기를 두려워하지 않고, 나와 다른 생각과 관점도 기꺼이 받아들여서 타인의 사고방식의 장점을 배운다. 관심거리가 많고 폭넓은 경험을 한 아이는 공상과 상상을 풍부하게 할 수 있고, 이는 곧 창의력으로 이어진다.

개방적 태도를 가진 아이는 새로운 사고방식으로 문제를 바라본다. 그리고 초반에 나오는 평범한 아이디어는 버리고 더 가치 있고 기발한 것이 나올 때까지 생각을 열어놓고 기다릴 수 있다. 이 태도는 결국 독창적인 아이디어와 문제 해결 방법의 원재료가 될 만한 것을 최대한 많이 저장할 수 있는 지적·정서적 저장소를 만들어낸다. 이처럼 아이의 창의력에 가장 중요한 개방적인 태도는 어떻게 기를 수 있을까?

낯선 것에 대한 두려움을 없애주기

아이가 어려서부터 다양한 경험을 하게 되면 낯선 것에 대한 두려움이 없어지고 개방적 태도가 길러진다. 또래 집단에서 벗어나 연령, 문화, 종교 등 다른 배경을 가지고 있는 사람들을 만나는 것이 '낯섦'을 극복하는 좋은 방법 중 하나다.

아이가 다른 사람을 만났을 때 그들의 출신 배경, 외모, 종교에 관계없이 친해질 수 있도록 이질적인 사람들과 가까워지는 시간을 마련해주자. 이때 여행이 큰 도움이 된다. 건물 모양부터 시작해 날씨, 문화, 볼거리가 생소한 곳으로 여행을 떠나보자.

낯선 것을 두려운 게 아니라 신기하고 재미있는 것으로 느끼는 긍정적인 감각을 키울 수 있다.

또 부모가 사회생활을 하며 만난 사람들이나 친구와의 모임에 아이를 소개하는 것도 좋다. 이는 아이가 어른에 대해 배우고 어른들이 모인 장소에서는 어떻게 예의를 지키고 소통해야 하는지 학습할 기회가 된다. 만약 아이가 평소에 친해지기 힘들다고 생각하는 친구가 있다면 자신의 경험이나 호불호로 친구를 섣불리 판단하지 말고 우선 마음을 열고 가까워지는 노력을 해보게 하자.

때때로 일상에서 벗어나는 경험하기

학교와 집, 학원을 오가는 쳇바퀴 같은 생활 속에서는 개방적인 태도를 기르기 어렵다. 아이에게 때때로 일상에서 벗어나는 경험을 시켜주어야 한다. 거창한 행동이 아니어도 좋다. 먹어보지 않았던 음식에 도전하거나 관심 없던 장르의 책을 읽어보거나, 해보지 않았던 운동 혹은 악기를 배워보는 것으로도 충분하다. 아이에게는 시도 자체가 경험이 되기 때문이다. 스노보드 타기, 서핑하기, 모형 비행기 날리기 등의 동호회에 가입해 새로운 사람들을 만나는 것도 좋은 방법이다. 다소 엉뚱하게 보여도 뒷걸음질로 온 집안을 걸어 다니거나 땅에 손을 짚고 걷는 등 일상적이지 않은 자세를 취해보게도 하자. 이는 평소와 다른 각도로 주변을 볼 수 있게 하고 새로운 시야에도 금방 적응하는 연습이 된다.

아이에게 다른 민족의 문화를 접할 수 있는 축제나 행사에 참여하거나, 영화나 공연, 드라마 등의 매체를 통해 다른 지역 사람들이 사는 방식, 음식, 말투를 느낄 수 있게 하자. 부모가 동행하는 것도 좋지만 아이가 초등학교 고학년 정도 되었다면 멀지 않은 곳에서 열리는 행사는 아이 혼자 찾아가서 참여해보는 것도 좋은 경험이 된다.

더 많은 것을 보고 느끼면서 자신의 생각을 개선해나가는 아이로 만들어야 한다. 지금의 '나'는 그동안의 생각과 경험이 쌓인 결과물이라는 것을 말해주자. 그리고 생각을 바꾸는 것이 부끄러운 게 아니라 생각을 바꿀 용기가 없는 것을 부끄러워해야 한다고 가르쳐보자. 그러면 아이는 지금의 내가 바뀌면 미래의 나도 바뀐다는 것을 알게 될 것이다.

복합성을 키우면
융합사고력이 자란다

복합적 태도

나무가 잘 자라려면 여러 양분이 골고루 섞인 복합적인 흙이 필요하다. 다양한 양분을 얻어야 나무가 건강해지기 때문이다. 마찬가지로 아이는 여러 관점이 존재하는 복합적인 환경에서 자라야 한다. 주변에 부모와 형제, 친척 이외에도 교류하는 가까운 이웃과 친구가 많아야 한다. 주변 사람들의 다양한 성격과 생각을 접할 수 있는 복잡한 환경에서 아이의 창의력이 자란다.

이런 환경에서 자란 아이는 '복합적 태도'를 가진다. 복합적 태도란 다양한 상황이나 관점을 고려해서 어떤 판단을 내리는 것이다. 모든 것에 개방적인 태도를 취해서 바깥세상의 다양성을 경험하는 동시에, 복합적으로 생각해야 한다. 그래야 사고방식 또한 복합적으로 발달되기 때문이다. 복합적 사고 능력이 발달하면 해결하기 다소 복잡한 문제에 직면했을 때, 머리가 아프기는커녕 그 속에서 재미와 흥미를 느낄 수 있다. 해결법을 찾을 수 있다는 자신감이 있기 때문이다.

혁신을 만들어내는 창작 과정은 사실 그 자체로 매우 복합적인 사고가 요구된다. 창작 과정의 어느 단계에 있느냐에 따라 집중력이 필요할 때도 있고, 산만함이 필요할 때도 있다. 자기 안에 깊이 몰입하는 내향성이 요구될 때도 있고, 많은 사람과 전문성을 교류하는 외향성이 요구될 때도 있다. 이렇게 과정에 따라 필요한 창의적 태도 또한 복합적이다. 그러면 복합적 태도를 키워주기 위해서 무엇을 어떻게 해야 할까?

수평적이고 떠들썩한 분위기 만들기

다른 무엇보다 가정에서 복합적인 환경을 만들어주는 것이 먼저다. 아이의 창의력을 키워주는 가장 이상적인 가정 분위기는 수평적 관계의 밝은 분위기다. 부모의 말에 무조건 옳다고 순종해야만 하는 수직적인 분위기가 아니라, 모두가 자기 목소리를 내고 때로는 옥신각신 말을 주고받기도 하는 가정 분위기가 아이를 창의영재로 만든다. 가족 구성원들이 적당한 의견 대립을 보이면 아이는 한 문제를 두고도 다양한 의견이 있다는 것을 피부로 느낄 수 있다. 그러나 논쟁할 때, 자신은 옳고 상대가 틀렸다는 식의 단순한 비난을 하지 말고, 견해가 다를 뿐이라며 각자의 의견을 인정하는 모습을 아이에게 보여주어야 한다. 서로의 견해를 주고받는 것을 긍정적으로 느끼게 해서 아이도 자기 생각을 가감 없이 말할 수 있도록 격려하자. 이와 반대로 말을 마음껏 할 수 없는 조용한 분위기와 단순한 생활방식은 아이의 창의력 발달을 방해한다. 정숙, 예의범절, 순종, 조심성 대신에 눈에 보이지 않는 호기심, 흥미, 꿈과 같은 아이의 가능성을 격려해야 그 안에서 아이의 창의력이 자라난다.

아이는 어른과의 대화를 통해서 복합적인 논쟁의 기술을 배운다. 아이에게 질문할 때는 "예.", "아니요."로 단순한 답이 나오는 질문 대신 "어떻게"를 사용해서 질문하자. 아이 또한 질문할 때 "어떻게"를 사용할 수 있도록 이끌어주어야 한다. 그래야 아이가 한 단계 더 깊은 생각을 할 수 있다. 다른 사람과 의견을 나누는 토론의 중요성은 아무리 강조해도 부족하지 않다. 다양한 의견을 통합해서 새로운 결론을 내는 과정을 체득해야 빛나는 영재성이 길러진다. 늘 집안에 활기찬 말소리가 가득하게 하자. 부모의 사회·경제적 지위보다 이런 가정 분위기가 아이의 창의력 발전에 더 많은 영향을 미친다.

복합적으로 생각하는 법 키우기

많은 양의 지식을 머릿속에 저장해두면 복합적으로 생각하기가 훨씬 쉬워진다. 그런 의미에서 독서는 복합적인 사고력 증진에 가장 효과적이다. 이때 아이와 같은 책을 읽고 토론할 사람이 꼭 필요하다. 또래 친구여도 좋고, 부모님과 같은 어른이어도 좋다. 함께 토론할 책은 권선징악과 같이 단순한 주제의 책보다는 여러 복합적인 요소가 등장인물의 성격과 행동을 결정하는 것이 좋다. 처음부터 끝까지 착하거나 못된 인물이 아니라 사건에 부딪쳐 고뇌하고 고민하는 인물에 관한 이야기를 나눠보자. 예를 들어《레미제라블》의 자베르 경감은 왜 마지막에 장발장을 놓아주고 스스로 센강에 몸을 던져 목숨을 끊었는지, 그 심정에 대해 이야기해보는 것이다.

다양한 등장인물의 복합적인 행동을 설명해주며 어떤 사람이든 상황에 따라 달라질 수 있음을 말해주어야 한다. 등장인물에게서 무엇을 배웠는지 물어보고, 자신이라면 그 상황에서 어떻게 대처했을지 이야기하게 해보는 것도 도움이 된다. 마지막으로 책 속 등장인물이 어떤 창의적 태도를 가졌는지 생각해보게 하자. 그러면 그 인물의 행동 속에서 자연스럽게 창의적 태도를 배울 수 있다. 그 인물이 끈기를 보였는지, 대담함을 보였는지, 개방적인 모습을 보였는지 장면과 대사를 근거로 이야기하는 것이 좋다.

부모가 복합적인 태도를 가졌던 경험을 아이에게 말해주는 것도 도움이 된다. 개방적인 태도를 가지면서도 편협한 사고를 유지했거나, 자기 중심적 태도를 가지면서도 크게 보는 태도를 가지는 것과 같이 정반대의 태도를 한 번에 가졌던 일을 재미있는 이야기처럼 들려주는 것이다. 그러면서 부모도 언제나 틀릴 수 있는 사람임을 설명해야 한다. 새로운 정보를 접한 뒤에 기존의 생각이 틀린 것을 용기 있게 인정하고, 가지고 있던 의견을 바꾼 경험도 아이에게 자세히 설명해주자.

복합적 태도를 길러주기 위해서는 사고하는 재미를 느낄 수 있는 활동으로 복합성에 익숙해지게 만드는 것이 중요하다. 아이와 같이 요리를 해보자. 어떤 순서로 무엇을 해야 요리가 완성되는지 직접 체험하게 하는 것이다. 모든 요리는 처음에는 복잡하게 느껴지지만 순서만 알게 되면 익숙해진다.

또 적극적으로 체스, 바둑, 퍼즐, 추리형 보드게임 등 머리를 쓰고 전략을 세우는 놀이를 하는 것도 도움이 된다. 그 놀이의 규칙을 몰라도 일단 친구와 함께 시도하며 규칙을 배워보게 하자. 놀이 과정에서 아이가 문제를 푸는 데 어려움을 느끼더라도 바로 도와주지 말고, 도움 없이 해결하도록 두어야 한다. 미처 풀지 못해도 상관없다. 아이가 어떻게 문제에 접근하는지 유심히 지켜보고, 생각을 끝낸 뒤에는 조언을 해주어 전략을 수정하도록 하자.

스스로 배움을 찾는
아이로 키운다

멘토를 찾는 태도

농부는 토양의 영양분이 소진되면 흙을 새로 갈아주거나 추가하는 '흙갈이'를 한다. 이렇게 하면 나무가 새로운 양분을 흡수해서 더 건강하게 자랄 수 있기 때문이다. 부모 또한 농부와 마찬가지로 아이가 주위 사람들 이상의 배움이 필요한 단계가 되면 새로운 양분이 될 멘토를 찾아주어야 한다.

새로움과 혁신을 만드는 창작 과정에서 아이는 수많은 실패와 실수를 경험한다. 그러나 실패를 통해 가장 많이 배울 수 있다. 멘토링의 가장 큰 장점은 멘토가 이미 경험한 실수와 실패 그리고 그것을 극복하고 성공을 이뤄낸 비결을 배울 수 있다는 것이다. 자신의 실패 경험과 멘토의 실패 경험을 같이 배우며 아이는 두 배로 성장할 수 있다.

멘토-멘티는 서로 수평적인 관계를 유지하며 믿고 배우고 존중하는 존재다. 멘토는 멘티의 성과를 목표와 비교해서 아이에게 솔직한 의견과 건설적인 비판을 제공하고, 아이가 가진 전문성과 창의력을 지지하고 개선하도록 도와서 목표에 집중하게 만든다. 또 아이가 스스로 흥미를 전문성으로 발전시킬 수 있도록 격려한다.

멘토링 관계는 단순히 멘티에게만 장점이 있는 것이 아니다. 멘토 또한 새로운 자극을 받게 되어 신선한 활력소를 얻는다. 서로의 아이디어와 열정을 흡수하면서 양쪽 모두에게 발전할 기회가 주어지는 게 멘토링의 장점이다.

혁신을 향한 셰르파가 되어줄 멘토를 찾아 아이가 길잡이로 삼을 수 있게 하자. 멘토를 찾는 데는 단계가 있다. 부모가 도와줘야 할 부분이 있고, 아이 스스로 해야 하는 부분이 있다. 멘토를 찾고 그 조언을 따르기 위해 다음 단계를 따라보자.

멘토를 찾는 6가지 단계

준비 단계: 아이의 흥미를 찾는다

먼저 아이가 자신의 흥미를 찾아야 한다. 긴 시간 집중하거나 특별히 궁금해 하는 것을 발견하고, 아이가 그것을 마음껏 탐구할 수 있도록 지켜봐주자. 아이의 장단점, 호불호, 아이가 존경하는 사람, 중요한 물건 등을 유의 깊게 살피면 어느 정도 가닥을 잡을 수 있다. 그리고 흥미 분야에 대한 열정을 키울 수 있도록 도와야 한다. 아이보다 더 잘 알거나 더 잘하는 사람들과 시간을 보내며 자극을 받아 열정에 기름을 부을 수 있도록 돕자.

1단계: 멘토의 눈에 띄도록 준비한다

멘토는 대부분 그 분야에서 이미 큰 성공을 거둔 경험이 있는 사람이기 때문에 멘티를 돕기 위해 어떤 자원을 어떻게 활용해야 하는지 잘 알고 있다. 그러나 멘토는 아무나 도우려고 하지 않고, 오랜 기간 자신의 열정에 시간과 노력을 투자한 사람만을 돕고자 한다. 그래서 멘티는 멘토를 찾기 전에 먼저 자신을 증명해 멘토의 눈에 띄도록 노력해야 한다. 아이가 가진 큰 꿈과 목표를 간결하고 설득력 있게 이야기로 표현할 수 있어야 한다. 아이가 자진의 열정을 충분히 멘토에게 어필할 수 있도록 함께 연습하자.

2단계: 멘토를 찾아 나선다

아이와 많은 시간을 보낼 수 있으면서 아이가 전문적인 지식이나 기술을 익힐 수 있게 도와주는 멘토를 찾아 나서야 한다.

다양한 경로로 미래에 조력자가 될 수 있는 멘토를 찾도록 노력하자. 각종 강연, 행사, 학교, 포럼 등 멘토가 될 사람이 있는 곳이면 어디든 찾아가보자. 아이는 자신이 원하는 멘토의 조건, 멘토가 자신에게 무엇을 해줄 수 있을지, 구체적으로 어떻게 자신을 도와주면 좋겠는지 미리 생각해서 정리해두는 것이 좋다.

3단계: 멘토와 지속적이고 부담 없는 관계를 이어 간다

멘토링이 시작되면 서로 유익한 관계로 발전한다. 멘티는 멘토의 사적인 면에 관심을 둘 것이 아니라 그의 전문성에 존경심을 가지고 대해야 한다. 처음부터 멘토가 되어달라고 부탁하는 대신에 어떤 구체적인 일에 조언을 요청하는 형식으로 가볍게 관계를 시작하는 것이 좋다.

아이가 멘토에게 기대지 않으면서도 멘토를 닮아가게 하자. 그리고 멘토의 시간을 헛되이 쓰지 않도록 배려하자. 아이가 스스로 답을 찾아보지 않은 문제를 먼저 묻게 해서는 안 된다. 아이는 멘토에게 정답을 요구하는 대신에 멘토의 관점과 방향을 물어야 한다.

4단계: 멘토의 비판을 통해 배운다

친구는 자신이 듣고 싶은 것을 말해주지만 멘토는 멘티가 들어야 할 것을 말해준다. 멘티는 듣기 싫은 말이라도 기꺼이 들

고, 가혹하더라도 건설적인 비판을 칭찬으로 받아들일 준비가
되어 있어야 한다. 멘티가 이런 태도를 가져야만 멘토는 정말로
필요한 비판을 할 수 있고 멘티를 위한 투자를 아끼지 않게 되
기 때문이다.

5단계: 멘토에게 감사를 표한다

필요할 때에만 멘토에게 연락하는 것이 아니라 아이가 꾸준
히 발전하고 있다는 것을 그때그때 알리고, 감사한 마음을 분명
히 표현하도록 하자. 말로 하거나 편지로 진심어린 감사와 존경
을 표시해야 한다. 멘토와 아이의 관계는 단기적으로 끝나는 것
이 아니라 평생 동안 유지될 수 있도록 노력해야 한다.

6단계: 멘토에게 의견을 준다

멘토와 멘티는 서로의 아이디어와 열정을 통해 함께 성장한
다. 그러므로 멘티는 멘토의 조언을 받아들이는 동시에 멘토에
게 긍정적 또는 부정적 의견을 제시할 수 있어야 한다. 멘토와
멘티는 서로 비판하고 반대의견을 기꺼이 받아들이는 과정을
통해 더욱 생산적인 관계가 되기 때문이다.

마지막으로 당부하고 싶은 게 있다. 모든 부모가 스스로 다른
아이들의 멘토가 되고자 노력해야 한다는 것이다. 이는 사회 전

체의 창의적 풍토를 위해서 꼭 필요하다. 한국은 정년퇴직이 있는 직업이 많다. 이를 잘 활용해서 각 분야에서 퇴직한 전문가 모두 멘토가 될 수 있는 사회적 풍토가 조성되었으면 하는 바람이다.

융합적으로 사고하는 아이로 키우는 법

① 좋은 사람들을 만나면 나이와 성별, 사회적 위치를 떠나 친구가 되어달라고 부탁할 용기를 기르도록 격려해주세요. 처음에는 가까운 또래 친구부터 시작하는 것이 좋습니다.

② 무엇이든 배우려는 자세를 가지고 조금 느려도 성장해나가는 사람과 관계를 맺게 해주세요.

③ 나와 처음부터 잘 맞는 사람을 찾는 대신 함께 알아가는 과정에서 최고의 호흡을 만들어낼 수 있도록 도와주세요.

④ 아이와 같은 관심 분야를 가진 사람들과 서로 신뢰할 수 있는 공동체를 만들도록 하세요.

⑤ 혁신은 능력보다 여러 사람과 교류하여 자신의 부족함을 채우는 사람이 만들어냅니다. 아이의 주위를 아이의 성공을 바라는 사람으로 채울 수 있도록 지지해주세요.

⑥ 아이가 상대방과 대화할 때 주로 답하고 말하는 사람보다는 묻고 들어주는 사람이 될 수 있도록 이끌어주세요.

부모를 위한
한 장 요약

토양 풍토는 물적, 인적 자원을 제공하고, 아이는 이 자원들을 활용하는 과정에서 협력, 배려, 선의의 경쟁을 배웁니다.

1. 다양성을 추구하고, 그것을 융합할 수 있도록 도와주세요

하나의 문화만 배울 것이 아니라 다양한 문화를 열린 태도로 받아들이는 것이 중요합니다. 다른 문화권의 가치관이나 사상, 이념에 대해서 심층적으로 배우고, 내가 가지고 있던 것과 융합하면 새로운 것을 만들어낼 수 있고 이는 혁신으로 이어집니다.

2. 외국어를 소통을 위한 수단으로 배우게 해주세요

한국인이 한국어로 의사소통하듯 외국어도 의사소통의 수단이기 때문에 아이는 외국어를 시험을 위해서가 아니라 '소통'을 위해 익혀야 합니다. 진정한 언어 실력은 논리적 설득력이나 작문력을 포함한 자기 표현력에서 나옵니다.

3. 약점에 기울일 노력을 강점에 집중하게 도와주세요

약점은 장점으로 바꾸기 쉽지 않습니다. 그러나 약점에 기울일 노력을, 가지고 있는 강점에 100% 쏟는다면 훨씬 좋은 결과를 만들어낼 수 있습니다. 이것이 아이의 강점을 찾고, 발전시키는 지름길입니다.

4. 전문성을 교류할 수 있도록 도와주세요

다른 사람들과 같은 목표를 위해 협업하거나 선의의 경쟁을 하면 전문성을 교류할 수 있습니다. 전혀 관련 없어 보이는 분야의 전문가들이 전문성 교류를 했을 때 더욱 가치 있는 아이디어가 나올 수 있습니다. 창의영재는 나 홀로 탄생하는 것이 아니라 다른 사람의 지식과 경험을 자신의 것으로 받아들여서 만들어집니다.

5. 수평적이고 떠들썩한 가정 분위기를 만들어주세요

아이의 창의력 계발에 가장 이상적인 가정 분위기는 수평적 관계의 밝은 분위기입니다. 자기 의견을 낼 수 없는 조용하고 수직적인 분위기는 창의력에 방해됩니다. 어른 아이 할 것 없이 의견을 자유롭게 나누고 토론하도록 해주세요.

6. 멘토를 찾을 수 있게 해주세요

멘토가 이미 경험한 실수와 실패, 시련과 성공을 통해 배울 수 있는 것이 멘토링의 가장 큰 장점입니다. 아이에게 길을 안내해줄 멘토를 찾아주세요. 목표를 달성하고 앞으로 나아가기 위해 아이에게 건설적인 조언을 시의적절하고 객관적으로 해줄 사람이 필요합니다.

4

공간

초현실주의 화가 살바도르 달리는 자신을 괴짜라고 여기는
사람들에게 이렇게 말했다.
"나는 이상하지 않다. 다만 평범하지 않을 뿐이다."
창의력의 가장 큰 원천은 평범함 바깥에 있다.

개성 있고 당당한 아이를 만드는
공간 풍토

사과나무가 밝고 따뜻한 햇살을 받고, 세찬 바람을 이겨내고, 다양한 영양분을 가진 토양에 뿌리를 안정적으로 내린 다음에는 마음껏 자랄 시간과 공간이 있어야 한다. 마찬가지로 아이가 큰 꿈에 대한 따스한 격려를 받고, 전문성을 쌓고, 정체성을 확립한 뒤에는 그것을 마음껏 펼칠 수 있는 여유와 자유, 즉 '공간'이 있어야 한다. 공간 풍토 없이 바람 풍토와 토양 풍토만 있으면 평범한 지식과 기술을 머릿속에 저장할 수는 있어도, 자신만의 상상력으로 그 전문성에 새로움을 더하지는 못한다. 이렇게 되면 혁신가로 성공하지 못하고 전문가가 될 뿐이다.

분재를 만들 때는 화분이라는 한정된 공간에서 원하는 모습과 크기를 만들기 위해 뿌리와 줄기, 꽃봉오리를 잘라낸다. 성장을 막아서 어느 정도 이상 자라지 못하게 만드는 것이다. 반면에 농부는 사과나무가 무럭무럭 자라 많은 열매를 맺을 수 있도록 알맞게 물을 주고 해를 보게 하면서 마음껏 뿌리와 줄기를 뻗게 한다. 사과나무는 품종마다 꽃을 피우거나 열매를 맺는 시기가 다르다. 그 시기를 아는 농부는 나무에게 충분한 시간을 주고 좋은 열매를 수확할 거라 믿으며 기다린다. 부모는 아이에게 농부와 같은 존재가 되어야 한다.

공간 풍토 속에서 아이는 다른 사람들과 친밀함을 형성하면서 정서적으로 독립할 수 있다. 혼자 깊이 생각하고, 자신의 감정을 바라볼 뿐만 아니라 그것을 제대로 표현할 줄도 알게 된다.

공간 풍토에서 길러지는 창의적 태도에는 8가지가 있다. 정서적으로 예민하고 주위의 자극을 스펀지처럼 흡수해서 진짜 나를 발견하고 내 감정과 마주할 수 있도록 하는 **감성적 태도**, 다른 사람을 배려하고 도와주는 **공감하는 태도**, 배우고 경험한 것을 다시 돌이켜 보고 생각해서 완전히 내 것으로 만드는 **재고하는 태도**, 내 인생의 주인이 나라는 것을 깨닫고, 자신의 결정에 책임을 지는 자율적인 아이로 만드는 **자기 주도적 태도**, 현실의 한계를 벗어난 터무니없는 것들을 머릿속에 그리고 더 큰 꿈을 꾸게 만드는 **공상하는 태도**, 눈치 보지 않고 마음 편히 행동하여 자기 정체성이 분명한 아이로 만드는 **튀는 태도**, 성별은 한계가 되지 않는다는 것을 인식하는 **양성적 태도**, 자신의 의견이나 주장을 말하고 기존 질서에 비판적인 시각을 갖게 하는 **당돌한 태도**이다. 이러한 8가지 태도를 기르는 공간 풍토를 어떻게 만들 수 있을지 알아보자.

진짜 '나'를 발견하는 아이는
감성이 자란다

감성적 태도

BTS는 어떻게 세계적인 인기를 끌 수 있었을까? 여러 가지 이유가 있겠지만 그들이 가진 스토리와 색깔이 중요한 역할을 했다. BTS를 비롯한 케이팝의 세계적 인기는 다른 나라에서는 쉽게 찾아볼 수 없는 춤과 노래와 콘셉트에서 나온다. 이처럼 남들이 가지지 못한 나만의 색깔이 새로운 시대의 영재에게 꼭 필요하다. 그러기 위해서는 아이의 '감성'을 찾아주어야 한다. 감성적 태도를 가진 아이는 정서적으로 예민해 주위 자극을 스펀지처럼 흡수한 다음, 느낀 바를 그대로 표현할 줄 안다. 앞에서 나온 긍정적 태도, 유머러스한 태도, 열정적 태도, 크게 보는 태도는 머릿속에서 의식적으로 만들어지는 것이 아니라 마음속에서 자연스럽게 발생하는 좋은 감정에서 출발한다. 행복, 기쁨, 즐거움, 사랑과 같은 긍정적인 감정을 느끼고 이해하게 되면 걱정에서 자유로워져서 상상력의 폭이 넓어지고 진짜 내 모습을 발견할 수 있기 때문이다.

빈센트 반 고흐(Vincent Van Gogh)나 니콜라 테슬라(Nikola Tesla) 같은 혁신가들은 다소 감정적이고 정서적으로 불안한 모습을 보였다. 특히 고흐는 자신의 정서적 불안과 고통을 예술로 승화한 대표적인 인물이다. 이처럼 창작자들은 자신의 열정에 끝도 없이 몰입해서 충동적인 표현을 하기도 한다. 그래서 예술가적 성향을 가진 아이의 감수성이 너무 풍부하거나, 감정 표현이 격렬하면 다소 걱정이 될 수 있다. 그러나 아이가 그 감정을 창작 과정에 활용할 수 있게 되면 자신의 열정을 위한 에너지로 전환할 수 있다. 아이는 목표를 이루기 위해 스스로의 감정을 다스릴 줄 알게 되고, 생산적인 창작물을 만들어낼 수 있게 된다.

자신을 알고 사랑하게 해주기

한국사회는 '나'보다는 '우리'를 더 중요하게 생각한다. 공동체를 중시해서 타인과의 관계 안에 내가 존재한다고 가르치는 것이다. 하지만 그 이전에 아이는 '나'에 대해 정확히 알아야 한다. 아이가 딸, 아들, 누나, 동생 같은 가정에서의 역할이나 반장,

짝꿍, 친구와 같은 학교에서의 역할에서 벗어나 '나'에 초점을 맞추어 바라보게 하자. 여기서 찾아야 할 진짜 나의 모습은 외적인 특징이 아닌 내적인 특징이다. 외적인 것에 집중하면 당연히 남의 시선을 신경 쓰게 된다. 외적인 가치는 남에게 어떻게 보이는지에 따라 흔들리기 때문이다. 아이가 '저 사람이 나를 어떻게 생각하지?', '어떻게 하면 저 사람 마음에 들 수 있지?' 같이 외부로 향하는 질문을 하는 대신 '나는 나의 어떤 모습을 가장 좋아하지?', '나는 무슨 일을 할 때 가장 기분이 좋지?' 같이 자신에게로 향하는 질문을 던질 수 있도록 이끌어 주는 것이 좋다.

아이가 자기 자신에게 초점을 맞추게 하는 가장 좋은 활동은 바로 '2분 자기소개서'를 써보는 것이다. 나에게 중요한 것, 나를 기쁘고 즐겁게 만드는 것, 나를 설레게 하는 것들에 대해 나열하고 그것을 표현하는 활동을 하게 해보자. 이 활동을 하면서 아이는 자신을 알아갈 수 있고, 남들과 다른 점이 무엇인지 직관적으로 파악할 수 있다.

나를 정확히 아는 것에 자신감이 생긴 사람은 겉과 속이 다르지 않고, 타인을 위해 자신의 감정을 속이지 않는다. 외모의 매력을 떠나서 늘 좋은 에너지를 주위에 뿌리기 때문에 남을 끌어당기는 힘을 가지게 된다. 이 모든 것은 '나'에서 출발한다. 아이에게 모든 사람에게 사랑받기를 꿈꾸는 대신 스스로를 먼저 사랑하라고 말해주자.

자기 기분을 이해하기

아이에게 감성적 태도를 심어주기 위해서는 부모가 먼저 감정적으로 성숙한 모습을 보여야 한다. 감정에 휩쓸리거나 감정을 폭발시키는 모습 대신 차분하고 정확하게 감정을 표현하는 모습을 보여주자. 또 아이가 감정적으로 격한 모습을 보였을 때는 아이의 기분을 차분히 감싸 안을 줄 알아야 한다. 아이가 왜 그런 기분을 느꼈는지 돌이켜 생각해보게 하고, 원인을 분명히 찾아내 자신의 느낌을 정확하게 인식하도록 가르쳐야 한다.

감정이 쌓이고 쌓여서 폭발하게 내버려두지 말고, 그 감정이 생기기 시작한 순간부터 아이 스스로 알아차리게 해야 한다. 감정의 근원을 찾고 인정하면, 건강하게 표출할 수 있기 때문이다. 그러려면 어떤 감정을 느꼈을 때 그것을 있는 그대로 받아들일 것이 아니라 '왜' 그런 감정을 느꼈는지 들여다보고 생각할 시간을 가져야 한다. 느낌이나 기분은 생각과 관점에 영향을 미쳐서 개인적인 판단의 근거가 될 때가 많기 때문에 항상 자신의 기분을 살피게 하자.

감성은 이성보다 창작 과정에 더 큰 영향을 미친다. 창작 과정은 오랜 시간 쌓아온 전문성을 느낌이나 생각을 통해 밖으로 드러내는 자기표현이다. 그러므로 아이가 늘 자기 마음을 들여다볼 수 있게 하자. 자기 기분을 잘 이해하고 표현할 수 있어야 나만의 색깔도 드러낼 수 있다. 일상생활 속에서 아이에게 "무슨 생각을 했니?"라고만 묻지 말고, "어떤 것을 느꼈니?", "어떤 기분이 들었니?"와 같은 질문을 자주 하는 것이 좋다.

감정을 표현하는 법 익히게 하기

인간에게는 자신의 감정을 표출할 수 있는 자유가 있다. 감정을 솔직하게 표현하는 게 약점을 드러내는 것이라거나 철없는 짓이라고 가르치면 아이는 점점 소극적인 감정 표현을 하게 된다. 자칫하면 자신의 느낌이나 생각을 무의식적으로 억제해서 감정을 차단하게 될 수도 있다. 이렇게 되면 아이는 뚜렷한 특징이나 개성이 없는 무색무취의 인간이 되어 다른 사람들에게 쉽게 휩쓸린다.

따라서 아이에게 감정을 '표현하는' 법을 가르쳐야 한다. 말이나 글, 그림, 몸짓과 같은 다양한 방식을 통해 자신의 감정을 표현하고 나타내는 연습을 시키자. 아기와 같이 울고 떼를 쓰는 부정적인 방법으로 남의 관심을 끌지 않고도 타인을 설득하는 기술을 배우도록 이끌어주어야 한다. 악기를 배우거나 춤이나 미술 같은 예술을 배우는 것도 도움이 된다. 다양한 감정 표현 방식은 배우면 배울수록 자신의 감정과 마주하기 쉬워진다.

아이가 만들어낸 창작물이나 자기표현에 대해서는 좋고 나쁨을 가르는 가치판단을 하거나 다른 사람의 결과물과 비교해서는 안 된다. 가치 비교는 아이를 위축되게 만든다. 아이가 강아지를 진한 초록색으로 색칠하거나 고양이를 보라색으로 칠하고 있더라도 아이만의 표현이라 인정해주고 지지해주자. 그리고 결과물보다 '과정'이 중요하다는 것을 아이에게 충분히 인지시켜야 한다. 글이나 그림, 만들기에 집중할 때 결과물의 완성도보다는 그 과정에서 자신의 기분이나 생각을 어떻게 표현하느냐에 집중하게 하자. 아이가 언제나 주저하지 않고 무엇이든 표현할 수 있게 해주는 것이다.

기분을 도구로 이용하기

좋은 기분이 창작 과정에 항상 도움이 되는 것은 아니다. 좋은 기분은 상상력을 넓혀주는 장점이 있는 반면, 너무 큰 것을 보게 하기 때문에 작은 부분에 집중하는 계산력이나 분석력 같은 비판적인 능력을 떨어트린다.

마찬가지로 두려움, 불안, 분노, 슬픔과 같은 나쁜 기분이 늘 쓸모없는 것은 아니다. 부정적인 감정은 상상력의 폭을 좁게 만들지만, 오기로 전환되면 오히려 끈기와 집중력이 강해진다. 또 뒤에 나올 비판력에 도움이 되기도 한다.

그러므로 기분을 적절하게 사용하는 방법을 익혀야 한다. 좋은 기분은 아이디어를 낼 때 사용하고, 나쁜 기분은 아이디어를 분석하거나 평가할 때 사용하는 것이다. 아이디어를 생성하는 단계에서는 영화를 보거나 좋아하는 음악을 듣거나 맛있는 음식을 먹어 행복감을 높이는 게 좋다. 그러면 호기심과 상상력을 향상시킬 수 있다. 반대로 기분이 좋지 않을 때는 아이디어나 창작물을 발전시키고 개선하는 일에 집중하는 게 좋다. 나쁜 기분을 끈기와 집중력, 비판력으로 바꿔 창작에 활용하는 것이다.

공감능력을 통해
배려심을 키우는 법

공감하는 태도

분재를 만드는 사람은 자신의 미적 즐거움을 위해 나무의 가능성을 차단한다. 그렇게 고립된 채 자라는 나무는 이기적일 수밖에 없다. 반면에 농부는 사과나무가 열매는 물론이고 시원한 그늘이 되거나 목재로 쓰일 수 있도록 아낌없이 주는 이타적인 나무로 키운다. 공간 풍토가 조성되면 아이는 그 안에서 타인에게 공감하고 배려할 줄 아는 사람으로 성장한다. '공감'한다는 것은 타인의 경험이나 상황을 고려하고, 마음속 깊이 이해해서 행동으로 돕는 것이다. 공감은 동정과는 다르다. 동정은 다른 사람을 안쓰럽다고 느끼면서도 그의 경험과 거리를 유지한다. 그러나 공감은 타인의 관점이나 상황을 머릿속에 그려보고, 그 느낌을 마음속에 받아들여서 심리적 유대감을 형성하는 것이다.

공감이 생기면 유대감에서 한걸음 더 나아가 '배려'할 수 있다. 공감으로 느낀 것을 표현하는 적극적인 행동이 바로 배려다. 배려는 이기적인 관점에서 벗어나 상대의 처지를 다양한 관점에서 이해하려고 하며, 상대방의 입장에서 생각한 결과를 행동으로 옮기는 것이다. 이렇게 베푼 배려가 퍼져나가 사회가 바뀌면 결국 나에게로 다시 돌아온다. 배려는 세상을 아름답게 바꾸는 적극적인 행동이다.

공감과 배려는 아이에게도 큰 도움이 된다. 더 많은 사람을 만나 좋은 관계를 유지하면서 생각과 행동이 성숙해지고, 삶에 큰 만족감을 느끼게 된다. 이는 아이의 정서적인 안정을 돕는다. 공감하는 태도가 길러지면 아이는 자신의 능력으로 더 많은 사람을 돕고자 하는 열정이 생겨서 상상력과 융합력을 발휘할 수 있다.

창작 과정에는 정서적인 공감과 다른 사람을 감동시키는 표현력이 필요하다. 그러나 정서적 차원에서만 공감이 일어나면 감정에 치우치거나 편견이 생길 수 있다. 때문에 타인의 관점을 받아들이는 관점적 공감도 필요하다. 이 두 가지의 공감이 있으면 자신의 느낌과 생각을 더 분명하게 표현할 수 있고, 상대를 쉽게 설득할 수 있다. 아이에게 공감하는 마음과 배려하는 방법을 어떻게 가르쳐줄 수 있을지 알아보자.

사람에 대한 관심을 가지게 하기

다른 사람에게 공감하기 위해서는 무엇이 필요할까? 바로 다른 사람을 향한 '관심'이다. 늘 다른 사람을 궁금해 하고, 배우려는 자세를 가지고 있어야 한다. 아주 작은 공감과 배려도 관심에서 나온다는 것을 아이에게 가르치고, 이를 습관처럼 할 수 있게 이끌자. 그러기 위해서는 아이가 자신의 공감과 배려를 타인에게 효과적으로 전달하는 방법을 익혀야 한다. 이는 의사소통의 기술과도 같은데, 대화할 때 솔직하게 자신의 의사를 말하되 타인의 기분을 상하게 하지 않도록 주의를 기울여야 한다. 관심의 출발은 바로 주의 깊게 듣는 것이다. 아이가 상대의 말을 집중해서 듣는 연습을 하게 하자. 상대의 말은 물론, 몸짓, 표정 같은 비언어적 표현을 함께 이해하는 연습과, 다른 사람의 장점을 찾는 버릇을 들이도록 한다. 의도적으로 다른 사람의 장점을 찾아내고, 그것을 꼭 말로 칭찬하게 하자.

아이와 부모가 함께 재미있게 공감 연습을 할 수 있는 방법이 있다. 문학 작품이나 영화, 그림 등의 예술작품을 통해서 간접적으로 다른 사람의 기분과 처지를 이해해보는 방법이다. 특히 책을 통한 공감 연습은 아주 효과적이다. 다른 상황에 처한 여러 등장인물들이 느낄 감정을 말로 표현하게 해보자. 그들이 느낀 감정에 대해서 대화하다 보면 아이의 공감력이 길러진다. 이렇게 간접적으로 다른 사람의 상황을 생각하다 보면 아이는 자신이 지금까지 가졌던 공감에 대해 다시 생각해보고, 더 많은 이들에게 공감하려는 의지도 강해진다.

또한 아이에게 학교에서 유난히 힘이 없어 보이거나 우울해 보이는 아이가 있거든 먼저 말을 걸어보라고 권유하자. 사소한 농담과 칭찬으로 친구의 기분이 점차 나아지는 것을 아이가 눈으로 보면, 자기의 관심이 어떤 긍정적인 결과를 낳는지 알게 된다. 만약 친구가 아이에게 고민이나 문제를 털어놓는다면 아이가 무턱대고 해결책을 제시하거나 그 문제를 대신 풀어주려고 하지 않도록 해야 한다. 아이는 친구가 스스로 문제를 해결할 수 있도록 옆에서 도와주는 '조력자'가 되어야 한다. 사람들은 대부분 누군가가 자기의 이야기를 들어주고 공감해주기를 바랄 뿐 해결책을 제시해주길 바라지는 않는다. 중요한 것은 '가르침'이 아니라 '공감'이다. 이를 위해서는 부모가 먼저 아이의 이야기에 적극 공감해야 한다. 예를 들어, 아이가 날이 추워졌는지 모르고 얇게 입고 나갔다가 추워서 혼이 났다며 속상함을 말할 때, "다음부터는 두껍게 입고 다니렴."이라고 이야기하지 말고, "진짜 추웠겠다. 감기 기운은 없니? 다음에도 그러지 않으려면 어떻게 해야 좋을까?"라고 해주는 것이다.

아이에게는 다음과 같은 소통의 기술을 가르치고, 부모를 대상으로 먼저 연습해보게 하자.

- 상대방이 하고 싶은 말을 충분히 할 수 있도록 들어주고 눈을 보며 "그래.", "맞아."라고 맞장구를 쳐준다.
- 상대방의 이야기가 끝날 때까지 기다렸다가, 그 내용을 정리하면서 "이렇다는 말이네?", "그렇게 했구나?"처럼 자신이 대화에 충분히 집중했음을 보여준다.
- 상대의 이야기를 들은 뒤에 "더 이야기해줄래?", "함께 이야기해보자."와 같은 격려의 말을 던지는 것이 좋다. 그러면 상대는 더 속 깊은 이야기를 털어놓을 수 있다.

배려의 기술을 가르치기

배려는 저절로 생기지 않는다. 배려는 연습과 노력을 통해 얻어지는 후천적인 능력이다. 아이에게 자신이 베푸는 작은 배려로 누군가 도움을 받는다는 사실을 기억하게 하자. 작은 선행일지라도 그것이 다른 사람에게는 큰 도움이 될 수 있고, 절박한 상황에서 한줄기 빛이 될 수도 있다는 사실을 알려주어야 한다. 다른 사람이 자신의 도움을 통해 시련을 극복하고, 작은 성취를 이루는 것을 경험하면 아이는 자부심과 자기 효능감을 얻게 된다.

배려의 핵심은 '실천'과 '행동'이다. 아이와 함께 사회에 도움이 되는 일들을 꾸준히 해보자. 처음에는 집 앞의 쓰레기나 담배꽁초를 줍는다거나 마을 벽화를 그리는 활동에 참가하는 것이 좋다. 주변에서 시작해 점차 배려의 영역을 확장해나가자. 이런 봉사활동을 통해서 배려심은 거창한 것이 아니라 자투리 시간을 활용해서도 충분히 할 수 있다는 사실을 아이가 배울 수 있다.

공감과 배려는 무조건 맞춰주는 게 아님을 알려주기

공감이나 배려는 옳고 그름에 대한 뚜렷한 기준 없이 상대방의 관점에 무조건적으로 동의하는 것이 아니다. 타인의 개성을 인정하는 것과 자신이 그 색에 동화되는 것은 분명 다르다. 나와 상대, 둘 다를 존중하는 것이 올바른 공감과 배려다. 아이가 다른 사람의 기분을 과하게 살피거나 눈치를 보며 상대는 옳고 나는 틀리다고 생각하는 것을 경계해야 한다. 이는 스스로를 억압하고 소외시키는 행동이다.

또한 남이 자신을 무시하도록 방치하지 말고, 잘못된 행동은 잘못되었다고 짚어주는 것이 진정한 공감이고 배려라는 것을 알려주어야 한다. 특히 배려한답시고 무작정 자신을 희생해서는 안 된다. 상대가 부당한 공격을 해올 때 그것을 그냥 당하거나 참아서도 안 된다. 수평적인 관계일 때 진정한 배려가 나온다. 남의 눈치를 보고 상대의 기분에 자신의 모든 것을 맞추는 것은 상대와 나의 관계를 수직적으로 만드는 일임을 아이가 깨닫게 하자.

마지막으로 아이가 공감하고 배려하는 마음을 키울 뿐만 아니라 다른 사람의 궁핍함에 대해서도 공감하고 베풀 수 있도록 가르쳐야 한다. 물론 아이에게 "공부 열심히 해서 너 혼자 잘 먹고 잘 살아야 해."라고 말하는 부모는 없을 것이다. 그렇지만 경쟁이 너무나도 치열한 교육의 전쟁터에서 자신의 아이가 아닌 다른 아이들에게까지 신경 쓸 여유가 있는 부모는 많지 않다. 부모가 먼저 주위를 돌아보고 어려운 사람들에게 공감하고 진정으로 베풀 수 있을 때 아이들도 공감 능력과 배려심을 키울 수 있다는 것을 기억하자.

혼자 깊이 생각하는 힘을 가진
아이로 키우는 법

재고하는 태도

사과나무의 뿌리, 줄기, 잎이 자라려면 혼자만의 시간이 반드시 필요하다. 태양의 도움을 받아 광합성을 하고 토양의 도움을 받아 양분을 얻지만 그것을 성장하는 에너지로 바꾸는 것은 온전히 사과나무의 몫이기 때문이다. 아이에게도 자신이 경험한 것, 배운 것을 다시 생각해보면서 스스로 사고하는 힘을 기르는 시간이 필요하다. 즉, '재고하는 태도'가 필요한 것이다. 창작 과정에서 읽고, 쓰고, 연습하고, 상상하고, 아이디어를 도출해서 분석하고 평가하려면 이 태도가 있어야 한다. 누구나 어떤 것에 대해 깊게 생각하면 그것에 대한 분석과 평가를 내릴 수 있고 판단할 수 있다. 마찬가지로 내향적인 아이, 외향적인 아이 상관없이 재고하는 태도를 가지고 있으면 창의력을 기를 수 있다. 혼자서 자기만의 색깔을 만드는 일에는 내향성이 필요하고, 자기만의 것을 남들에게 소개하고 평가를 듣기 위해서는 외향성이 필요하기 때문이다.

홀로 사색하기 위해 혁신가들이 즐겨 하던 활동이 있다. 바로 자연과 가까워지는 것이다. 그들은 자연의 위대함을 우러러보며, 거대하고 신비한 자연 속을 홀로 산책하면서 내면에 집중하는 연습을 했다. 식물을 키우는 것도 좋아했는데, 넬슨 만델라는 자신이 수감되어 있던 교도소 옥상에 밭을 만들기까지 했다. 내가 창의력 계발을 사과나무 키우기에 비유하는 이유는 혁신가들이 식물을 키우는 일에 열정을 보였기 때문이다.

아이와 함께 자주 산책하고 작은 화단이라도 가꿔보자. 만약 그럴 수 있는 환경이 안 된다면 화분 하나라도 아이가 스스로 돌보고 키울 수 있게 만들자. 아이는 그 식물의 성장을 지켜보면서 많은 것을 배울 수 있을 것이다. 이외에도 재고하는 태도를 기르는 여러 가지 방법을 살펴보도록 하자.

혼자를 두려워하지 않게 하기

재고하는 태도를 위해서는 아무에게도 방해받지 않는 아이만의 공간이 필요하다. 아이의 집중력을 흩어지게 만드는 전자기

기가 없고 주변의 소음이 차단된 공간 말이다.

아이가 혼자 생각하는 시간이 길어지면 혹시 아이가 너무 내성적인 것은 아닐까 걱정하는 부모들이 있다. 그러나 창의력이 있는 아이라고 무조건 활발하기만 한 것은 아니다. 오히려 창작 과정에서 전문성을 쌓거나 비판력을 이용할 때는 홀로 차분히 있는 시간이 필요하다. 이때는 혼자 자신의 일에 집중해야 하기 때문에 외로울 수밖에 없다. 그리고 그 외로움을 극복해야 성공할 수 있다.

아이가 혼자서도 자유롭게 생각하고 놀면서 많은 시간을 보낼 수 있도록 돕자. 혼자 있는 게 두렵거나 사랑을 받지 못한다고 느끼거나 지루하다고 생각하는 게 아니라 혼자로도 충만하다는 마음을 길러주자.

이를 위해서는 뜨개질을 하거나 그림을 그리거나 글을 쓰거나 예술 작품을 만들면서 혼자서도 충분히 즐거울 수 있다는 사실을 아이가 경험하게 해야 한다. 아이가 다소 내성적이라면 그 성격의 강점을 살리는 데 집중하자. 내성적인 아이들은 보통 분석적이고, 자세한 부분까지 관찰하는 능력을 가졌다. 이런 장점을 발휘할 수 있는 활동을 아이와 함께 찾아보자.

하루를 되돌아보는 습관을 기르기

아이에게 복잡한 문제가 주어졌을 때는 그것을 깊게 생각하고 몰입할 수 있는 물리적인 시간이 필요하다. 다소 느리고 천천히 진행되는 것 같아 보여도 이 시간을 거치면 아이에게 들어오는 지식의 깊이가 달라진다. 수집한 정보를 그대로 받아들이는 것이 아니라 그것을 여러 각도로 다시 생각해보고, 기존에 알고 있던 정보와 연결해보고, 반대로 생각해보는 과정이 아이의 창의력에 큰 영향을 끼친다. 그러니 학습을 재촉하지 말자.

학습에 관련된 것뿐만 아니라 매일 경험하는 일상도 재고하는 습관을 들이는 게 좋다. 숙제처럼 일기를 쓰기보다는 혼자 있을 때나 잠들기 전에 그날 무슨 일이 있었는지 생각해보고 오감으로 느낀 모든 것들, 특히 아름답고 긍정적인 것들을 떠올리는 습관을 기르는 것이다. 그중 한 가지에 집중해서 그때 기분이 어땠는지, 왜 그런 기분을 느꼈는지 차분히 들여다보도록 하자. 혹은 엄마와 함께 이부자리에 누워 오늘 하루가 어땠는지 이야기 나누는 것도 좋다.

엉뚱하거나 단순한 것에 집중하게 하기

엉뚱하거나 단순한 것에 집중하면 상상력뿐만 아니라 생각의 인내심이 길러진다. 무엇에 관한 것이든 끈질기게 생각하는 힘이 커지는 것이다. 아이에게 슈퍼마켓에 계산하려고 줄을 서 있을 때 모든 계산대가 한 번에 고장 나면 어떻게 될지, 줄 선 사람들 모두가 물건을 사서 돌아갈 수 있는 기발한 방법에는 무엇이 있을지 상상해보게 하자.

아이에게 여유를 선물하기

깊이 생각한 뒤에는 반드시 휴식을 취해야 한다. 생각이 긴장이라면 휴식은 이완이다. 편안하게 휴식을 취하는 방법에는 무엇이 있을지, 어떻게 하면 스트레스를 받지 않을 수 있는지 아이와 함께 고민해보자. 이때 부모가 자신만의 방법을 공유해주면 아이에게 큰 도움이 된다. 머리를 식히기 위해 일상과 실내에서 벗어나 야외나 자연에 머무는 시간을 정기적으로 갖는 것이 좋다. 산책을 통해 아이는 걸음을 멈추어 길가에 피어난 들꽃과 풀을 보며 작은 것의 소중함을 알게 되고, 거대한 자연 앞에서 겸허한 마음을 배울 수 있다.

아이의 자기 주도성을
키우는 법

자기 주도적 태도

거름을 아무리 많이 줘도 충분히 자라지 않은 나무는 꽃을 피우거나 열매를 맺을 수 없다. 농부는 이 사실을 알기에, 그저 나무가 잘 클 것이라고 믿으면서 나무 스스로 꽃을 피워 열매를 맺을 수 있는 조건과 환경을 묵묵히 제공해준다.

아이도 마찬가지다. 부모가 환경을 조성해주고 지지해주면서도 아이가 스스로 해낼 수 있다는 걸 믿어줄 때 아이는 자기 주도적이 될 수 있다. 자기 주도성은 타인의 기대에 구애받지 않고, 자신이 가진 목적을 추구하는 것이다. 목적을 달성하려고 노력하는 과정에서 아이는 재미, 기쁨, 뿌듯함 같은 긍정적인 기분을 느낀다. 자신이 하고 싶은 일을 스스로 선택하는 것이기 때문에 '내 삶의 주인은 나'라는 느낌도 온전히 받게 된다. 이것이 바로 '자기 주도적 태도'다.

반대로 바깥으로 향하는 외재적 목적을 추구하는 것은 좋은 학교, 돈, 명예, 지위 같은 물질적인 보상이나 혜택을 얻기 위한 일을 하는 것이다. 외재적 목적은 그 보상과 혜택이 달콤하기 때문에 사람의 행동을 쉽게 지배한다. 그래서 시험 점수와 같은 단기적인 목표는 달성할 수 있을지 모르지만 창의력 계발과 같은 장기적인 목표를 달성하는 것에는 아무런 효과가 없다.

아이가 자기 주도적으로 하고 싶은 일을 찾으면 그것은 고스란히 열정으로 바뀐다. 길고 험난한 창작 과정에서 지치지 않고 달릴 수 있는 에너지를 얻는 것이다. 그리고 열정 자체가 정체성의 일부가 되면 아이는 창의영재가 될 수 있다. 그렇다면 자기 주도적 태도를 길러주기 위해 부모는 무엇을 해야 할까?

아이의 자율성을 지켜주기

자기 주도적인 태도를 키우기 위해서는 무엇보다 아이의 자율성이 보장되어야 한다. 우선 하나부터 열까지 해야 할 일을 전부 알려주는 것을 지양하자. 전체적인 맥락만 제시해주고, 그 맥락 안에서 아이가 스스로 모든 것을 알아서 선택할 수 있도록 도와주는 것이다.

물론 아이가 모든 것을 제멋대로 하도록 두라는 말은 아니다. 예를 들어, 텔레비전을 보거나 게임을 하는 시간은 정확히 정해 두고 이를 지키게 해야 한다. 처음에는 일상적으로 하는 작은 활동에 아이 스스로 책임을 지게 하고, 점차 장기적으로 하는 큰 활동으로 책임의 영역을 넓혀나가도록 하자. 자신이 선택한 것에 책임이 따른다는 것을 알아야 자기 주도성을 기를 수 있다.

어떤 활동을 할 때 그것이 왜 중요한지를 충분히 이해하게 하고 그 활동의 전체적인 틀만 설명하자. 나머지는 아이가 혼자 힘으로 채워나갈 수 있도록 해야 한다. 만약 전문성 계발이나 목표 달성을 위한 과제라면 자율성을 주는 것이 특히 중요하다. 아이가 그저 시간을 낭비하고 있는 것처럼 보여 답답할지라도 자유롭게 하도록 놓아두는 자세가 필요하다.

아이는 부모가 원하는 삶을 살기 위해 태어나지 않았다. 자기 주도적 태도를 가진 아이는 부모와의 건강한 분리를 통해 자신만의 느낌과 생각을 가진다. 그러려면 부모가 아이를 소유물이 아니라 인생을 함께 살아가는 동반자로 인식해야 한다. 그래야 아이는 부모의 꿈을 떠안는 대신 자신이 하고 싶은 일을 행복하게 할 수 있다.

아이만의 속도를 존중하기

나무마다 열매 맺기까지 걸리는 시간이 다 다르다. 심지어 같은 나무에서 나온 씨앗들조차 자라나는 모양이 다르다. 아이의 창의력 사고도 마찬가지다. 창의적 사고가 자라는 데에도 시간이 필요하고, 어떤 분야의 전문성이나 창작물을 만들어내려면 더 긴 시간이 있어야 한다. 똑같은 부모, 가정환경, 이웃을 가진 형제자매도 개성과 특성, 배우는 속도와 흥미 등 내적인 요소가 모두 다르다. 게다가 사람들과 맺는 관계, 자원을 활용하는 방법, 좋아하는 친구 등 외적인 요소 또한 다르다. 부모는 이러한 아이의 모든 차이를 존중해야 한다.

아이의 잠재력은 보물과 같다. 소풍을 가서 보물찾기를 했던 경험을 떠올려보자. 보물이 숨겨져 있다고 확실히 믿어야 전력을 다해 찾게 된다. 부모와 아이 모두 아이 안에 보물과도 같은 가능성이 있다는 것을 믿어야 한다. 부모가 믿으면 아이도 자신의 잠재력을 믿게 된다. 이런 믿음을 가지고 있으면 당장 눈에 보이는 결과를 내놓아야 한다는 조바심이 줄어든다. 부모가 아이만의 속도를 인정하고, 아이가 자신만의 속도로 과제에 집중하면서 참여감, 만족감, 즐거움 등을 느끼게 되면 자기 만족감과 자부심이 커진다.

선택의 자유를 누리고, 그것에 책임지는 방법을 반복적으로 연습하는 것도 아이의 자기 주도적 태도를 키우는 데 도움이 된다.

1부 창의력을 키우는 햇살, 바람, 토양, 공간

아이와 관련이 있는 것에 대한 의사결정을 할 때는 반드시 아이를 참석시켜서 적극적으로 의견을 말하게 하자. 이런 경험을 통해 아이는 '나에 대한 결정권이 나에게 있다.'는 사실을 알 수 있다. 뭔가를 결정하면 항상 대가가 따라온다는 것을 가르치면서 그것을 감수할 용기도 함께 북돋아주어야 한다.

남에게 휩쓸려서 한 선택이 아니라 오랜 고민 끝에 얻은 선택과 결론만이 끈질긴 집념으로 이어진다. 아이가 뭔가를 성취하기 위해 무엇을 하면 좋을지 스스로를 감독하도록 해야 한다. 만약 결과물을 만들어냈다면 어떤 방식으로 사람들에게 그것을 선보일지도 부모의 도움 없이 결정하게 해보자. 그리고 그 과정과 결과에 대해 아이와 함께 이야기를 나눠보자.

고집 있는 아이로 키우기

대체로 부모들은 고집 센 아이는 키우기가 힘들다며 다소 부정적으로 생각하는 경향이 있다. 그러나 어른의 말에 무조건 순응하는 아이는 수동적인 어른으로 자랄 확률이 크다. 아이에게 있어 고집이란 자의식이 발달하면서 독립심이 생기고 홀로서기를 시작하는 중이라는 표시다. '내 것', '내가 하고 싶은 것'을 분명히 하면서 아이는 배짱과 의지를 키우게 되고, 이것들은 창의력 계발에 가장 필요한 능력이 된다. 혁신가들은 어릴 때부터 주관이 뚜렷한 고집쟁이였다. 자기만의 관점이 명확해서 그것이 부모의 말일지라도 자신의 기준에 부합하지 않으면 거역할 줄 아는 아이가 창의영재가 된다.

고집은 아이의 자기 주도적 태도와 연결되어 있다. 고집 있는 아이들은 남의 것을 그대로 모방하지 않으며, 타인의 정서적 지지를 받아도 그것에 오롯이 의존하지 않는다. 그래야 자신의 행복이 남에 의해 좌지우지되지 않기 때문이다. 인간의 행복은 스스로 원하는 것을 선택할 수 있는 자기 결정권이 얼마나 많으냐에 따라 결정된다. 아이가 스스로 생각할 수 있는 능력을 키워서 자기 결정권을 가질 수 있도록 도와주자. 이것이 진짜 행복한 아이를 키우는 방법이다.

고집은 '생떼'가 아니라 '자기 주장'과 감정을 표현하는 수단이다. 그러니 무조건 부정하거나 무시하지 말고 아이가 왜 그것에 고집을 부리는지 이유를 물어야 한다. 애초에 받아줄 수 있는 고집과 그렇지 못한 것을 구분해서 아이에게 알려주는 것이 좋다. 새로운 경험이나 도전을 위한 고집은 허용하지만 그것이 아닌 경우 단호하게 '아니'라고 말해주자. 고집을 무조건 나쁘게만 여기거나 꺾으려고 하면 아이는 엇나가게 된다. '말을 안 듣는 아이', '나쁜 아이'라는 꼬리표를 붙이지 말고, '주관이 뚜렷한 아이', '의사 표현을 잘 하는 아이'로 바꾸어 생각하자.

원하는 것을 찾아 스스로 나아가게 하기

모든 아이에게는 자신이 잘하는 것을 찾아 그것을 향해 달려갈 권리가 있다. 아이의 재능을 발견하고 그것을 기를 수 있도록 도와주는 것이 부모가 해줄 수 있는 가장 큰 선물이다. 아이가 원하는 것을 하겠다고 나섰을 때는 그 결정을 지지해주고 대견하게 생각해야 한다. 부모가 먼저 유심히 아이의 능력과 재능, 강점과 약점, 호불호 등을 관찰하고 길을 제시해주는 것도 좋다. 아이가 창의영재로 자라기 위해서는 부모의 든든한 지지가 꼭 필요하다.

자기가 진심으로 하고 싶은 것을 찾으면 열정이 생기기 마련이다. 그러면 스스로 방향을 정해 주도적으로 나아갈 수 있는 힘이 만들어진다. 또 아이가 가진 흥미를 더 넓은 차원으로 꺼내주면 흥미가 열정으로 발전할 수 있다. 관심이 있는 분야가 여러 가지인 경우 서로 다른 흥미를 결합하도록 이끌어주는 것이다. 예를 들어 시와 무용, 두 분야에 흥미가 있으면 춤이나 무용에 관련된 시를 짓게 한다. 동물을 좋아하고 그림과 사진을 좋아한다면 동물 그림을 그리거나 동물 사진을 찍게 한다. 이처럼 아이가 자신이 가진 다양한 흥미를 서로 연결할 수 있게 도와주자.

또한 아이가 피아노에 관심이 있다면 단순히 피아노 치는 법을 배우는 수준에서 끝내지 말고, 관객 앞에서 공연을 한다든가 친구와 함께 작은 연주회를 열어보는 경험이 도움이 된다. 다른 분야도 마찬가지다. 좋아하는 것을 어떻게 하면 행동으로 옮길 수 있을지 아이가 스스로 생각하고 그것을 이루다 보면 자기 효능감과 자기 주도성이 함께 길러진다.

아이의 상상력을
키우는 법

공상하는 태도

모든 나무는 겨울 동안 휴식하며 다가올 봄을 준비한다. 농부는 겨울이 지나는 동안 봄에 꽃피울 사과나무를 기다리며 병충해를 방지하고 냉해에서 보호하는 등 나무의 성장을 지지해준다. 그러나 분재를 만드는 사람은 나무에게 쉴 틈을 주지 않는다. 끊임없이 줄기나 뿌리를 가위로 자르고 철사로 묶어서 모양을 만들어낸다.

아이에게도 휴식이 필요하다. 창의적 과정에서 휴식은 바로 '공상'이다. 잠시 자기 주변의 현실적인 한계에서 벗어나 터무니없는 상상을 하며 머리를 쉬게 하는 것이다. 이런 휴식을 헛된 공상에 빠져 있는 것이라 생각하는 부모들이 있다. 그러나 공상은 창의력의 꽃인 상상력을 기르는 아주 좋은 수단이다. 머릿속에 있는 지식이나 기술, 경험은 한계가 분명하지만 공상의 범위는 정해져 있지 않기 때문이다. 그러므로 부모는 농부와 같은 태도로 아이에게 시간적, 정신적 여유를 제공하고, 방해요소를 제거해주면서 마음껏 상상의 나래를 펼 수 있도록 지지해주어야 한다.

공상이란 정확히 무엇일까? 존재하지 않거나 다소 말이 안 되는 것을 시간과 공간을 초월해서 머릿속으로 그려보는 것이다. 공상은 머릿속에 입력되어 있는 지식이나 기술, 경험을 재료로 이용한다. 아이가 아는 만큼 상상하게 되는 것이다. 세상을 바꾼 위대한 발명품의 시작도 머릿속의 아이디어였다. 허무맹랑한 아이디어를 떠올리는 것이 그것을 현실로 만드는 첫 번째 단계다. '전선 하나로 멀리 떨어진 사람과 대화할 수 있을까?', '지구 반대편에 있는 사람과 얼굴을 마주보며 대화할 수 있을까?' 같은 공상이 전화기와 화상통화의 시작이었던 것을 기억하자. 사람들은 비현실적이라고 비웃었을지 몰라도, 이 생각이 시초가 되어 전 인류의 삶을 개선했다.

공상이 집중에 방해되는 것이 아닌가 생각할 수도 있다. 물론 집중을 요하는 작업에는 공상이 방해가 된다. 어려운 책을 읽으면서 공상을 하면 정확한 내용을 이해할 수 없고, 깊은 전문성이 필요한 창작 과정에서 공상은 방해가 될 수 있다. 그러나 아이디어가 필요한 창작 과정에서 공상은 꼭 필요하다. 창작 과정의 핵심이 되는, 남들과 다른 아이디어는 어떤 목표에 집중하고 있을 때 떠오르지 않고, 자유롭게 공상할 때 즉흥적으로 나타나기 때문이다.

이전까지의 연구에서는 혁신을 달성하기 위해 '과제 집착력'이 필요하다고 했다. 그러나 최근 뇌를 연구한 결과에 따르면 지나친 과제 집착력은 상상력을 마비시켜서 창의적인 아이디어를 낼 수 없게 만든다고 한다. 많은 혁신가들의 일화를 보더라도, 목표를 향해서 끈기 있게 집중하고 노력한 뒤에 벽에 가로막히거나 뚜렷한 해결 방안을 찾지 못했을 때는 잠시 목표를 내려놓고 공상을 즐겼다. 공상을 하는 동안 의식이 유연해지고 과제 집착력 때문에 바짝 긴장했던 잠재의식이 상상력을 발휘할 여지를 가지게 되어서 마침내 새로운 방법을 찾아낼 수 있다.

물론 창작 과정에서 끈기 있는 태도로 목표에 집중하는 집요함은 중요하다. 그러나 너무 지나치게 하나에 몰두하다 보면 전체 맥락을 볼 수 없게 된다. 그러므로 중간중간 공상으로 뇌의 휴식을 취하면 더 좋은 결과를 만들어낼 수 있다. 의식이 쉬는 시간을 가져야 잠재의식이 머릿속을 활발하게 돌아다니며 목표 달성을 위한 정보와 생각들을 모으고 연결할 수 있다. 이것이 '아하! 착상' 즉, 독특한 아이디어가 갑자기 떠오르는 순간을 만들어낸다.

'유레카!'와 같은 '아하! 착상'은 천재들의 전유물이나 신이 내려준 영감으로 생각하기 쉽다. 하지만 사실 이것은 두 가지 노력에서 나온다. 첫째, 어떤 목표를 이루기 위해 온 의식을 모아 집중하기. 둘째, 그 이후에 끈질긴 태도를 '공상하는 태도'로 바꾸어 의식이 쉬게 하는 대신 잠재의식이 일하도록 하기. 아이가 이 두 가지를 반복하면 새롭고 기발한 착상을 만들어낼 가능성이 높아진다.

흥미로운 질문으로 아이의 공상을 자극하기

창의력 계발을 위한 공상은 무작정 멍하게 있는 것이 아니라 비현실적이지만 목표가 있는 생각을 즐기는 것이다. 앞에서도 말했다시피 공상은 의식이 쉬는 동안 잠재의식이 목표 달성을 위해 활발히 활동하도록 만든다. 어른의 눈으로 보기에 아무리 그 공상이 터무니없어 보이더라도, 아이가 목표를 잊은 것이 아니기 때문에 묵묵히 지지해주어야 한다.

아이가 주의력이 부족하고 집중력이 떨어지면 걱정이 될 수 있다. 이런 아이들은 공부나 과제에 집중하기 어렵다는 단점이 있지만 오히려 창의영재가 될 가능성이 높다는 것을 알아두자. 하나에 진득하게 집중하지 못하는 이유는 아이의 흥미를 끄는 것이 금방금방 바뀌기 때문이다. 이런 아이는 어떤 새로운 요소가 주변에 나타날 때마다 순식간에 포착하는 능력이 있다. 그러면 남들보다 더 많은 것을 느끼고 경험하게 되고, 폭넓은 상상으로 인해 엉뚱하고 색다른 아이디어를 낼 수 있는 가능성이 높아진다. 이런 아이에게는 그저 공부에 집중하라고 다그치는 대신 "만약에~라면 어떨까?", "만약에~가 아니라면 어떨까?"라고 질문해서 공상을 자극하는 것이 좋다.

아이에게 다음 질문을 해보자. 최대한 많이 답하게 하고, 그 중 가장 흥미로운 한 가지에 집중해서 가상의 이야기를 만드는 활동을 해보자.

- 노래 부르는 것이 법으로 금지된다면 세상이 어떻게 변할까?
- 매주 토요일마다 비가 온다면 사람들의 생활에 어떤 변화가 있을까?
- 세상에서 가장 신나고 완벽한 하루는 어떤 것일까?
- 하루 동안 투명인간이 된다면 무엇을 하고 싶니?
- 사람들이 코나 귀를 만지거나 눈을 깜빡여서 날씨를 바꿀 수 있다면 세상이 어떻게 될까?
- 모든 사람들이 원하는 곳으로 날아갈 수 있다면 어떤 세상이 될까?
- 동물로 변한다면 어떤 동물로 변하고 싶어? 그 동물은 어떻게 살고 무엇을 먹고 어디에서 잘 수 있을까?

활자를 통해서 상상력의 문을 열게 하기

영상의 시대가 왔다. 텔레비전과 영화는 물론이고 유튜브의 비약적인 발전으로 어른, 아이 할 것 없이 모두 유튜브를 시청한다. 그러나 영상에는 치명적인 단점이 있다. 바로 상상이 끼어들 여지가 없다는 것이다. 영상 안에서는 모든 것이 살아서 움직이기 때문에 아이가 스스로 머릿속에 어떤 상황을 그리거나 상상을 할 기회를 잃어버린다. 그래서 대중매체와 밀접하게 연결되어 있는 한 상상력을 계발하기 어렵다.

그러므로 영상을 최대한 멀리하거나 역으로 상상을 위한 도구로 이용하자. 먼저 온 가족이 함께 텔레비전을 시청하는 것을 가족 활동으로 생각해서는 안 된다. 텔레비전이나 유튜브를 아이가 집중할 수 있게 만들어 부모를 편하게 만들어주는 편리한 수단이라고 생각하지도 말자. 지금 이 순간은 편할지 모르지만 장기적으로 보았을 때 아이에게 별 도움이 되지 않는다. 비디오 게임도 마찬가지다. 아예 끊을 수 없다면 정해진 시간에만 하도록 제한해야 한다.

교육용 영상이라고 하더라도 영상으로 배우는 대신 책으로 배울 수 있게 하는 것이 좋다. 글자를 읽을 수 없다면 부모가 읽어주거나, 오디오북을 이용해 귀로 듣게 하자. 활자는 상상력을 여는 문이 된다. 아이가 글자로 받아들인 이야기를 머릿속에서 상상해서 영상화할 수 있게 도와주어야 한다.

만약 영상물을 접한다면 그것을 활용해서 더 넓은 상상을 펼치도록 유도하는 것이 좋다. 예를 들어, 〈스파이더맨〉, 〈원더우먼〉 같은 비현실적인 영화를 본 뒤에 더 기발한 것은 무엇이 있을까 상상하고 이야기를 만들어보면 상상력을 키울 수 있다. 공상과학 소설, 판타지 소설같이 비현실적인 이야기를 만들면 더 풍부하게 공상할 수 있다. 착한 사람은 상을 받고 나쁜 사람은 벌을 받는다는 단순한 권선징악 차원의 이야기가 아닌, 그 누구도 생각해보지 않았을 것 같은 이야기로 상상의 나래를 펴보자. 혹은 이미 만들어진 이야기, 그리스·로마 신화나 전설, 불가사의 등을 수집하고 내용을 고쳐보는 것도 도움이 된다. 이미 본 책이나 영화 속의 등장인물들을 서로 바꿔본다거나 일어난 사건을 바꾸거나 더해보는 것도 아이의 흥미를 끌 것이다. 예를 들어, 〈겨울 왕국〉의 엘사가 《해리포터》에 등장한다면 어떤 일이 벌어질지 아이와 함께 이야기해보자. 신기한 꿈을 꾸었다면 일어나자마자 기록하고, 어떤 꿈을 꾸었고 무엇을 느꼈는지 말하는 것도 좋다.

상상력을 높여주는 놀이를 하기

활발한 야외 활동을 하는 것이 상상력과 창의력 계발에 좋은 영향을 미친다. 마음껏 밖에서 뛰어놀면서 자연을 탐험하고, 그

곳에서 발견한 새로움으로 상상력을 넓히며, 미래를 향한 긍정적인 생각을 하도록 만들어야 한다. 야외를 탐험하고 발견하며 여러 식물이나 동물, 곤충의 삶을 관찰하고, 때로는 말도 걸어보며 그들이 어떤 삶을 살고 있는지 생각하게 하자. 이렇게 하면 스토리텔링 능력뿐만 아니라 공간지각 능력도 발달한다.

부모는 놀이를 정해주지 말고 아이 스스로 놀이를 찾을 수 있게 옆에서 도와주는 역할을 해야 한다. 그리고 아이의 눈높이에 맞추어 가장 좋은 놀이 상대가 되어주자. 함께 흙에서 뒹굴고, 잔디밭을 뛰어다니며 아이와 즐거운 시간을 보내라. 이는 아이에게 부모가 아이의 놀이 시간을 중요하게 생각하고 있다는 것을 보여주는 좋은 증거가 된다. 다양한 친구들, 강아지와 같은 동물, 공과 함께 땀이 날 정도로 몸을 마구 움직이게 하는 것이 좋다.

실내에서 놀 때에도 상상력을 증진시킬 수 있는 놀이를 하자. 컴퓨터 게임처럼 수동적인 놀이가 아니라 퍼즐, 보드게임과 같이 다양한 방법으로 전개될 수 있는 능동적인 놀이를 하는 것이 좋다. 또 내가 아닌 다른 사람이나 존재가 되었다고 상상하는 것도 도움이 된다. 이를 위해 아이와 작은 연극을 기획해보자. 함께 읽었던 이야기책으로 연극을 구성해도 좋고, 그 내용을 바꾸어도 좋다. 아이가 스스로 전혀 새로운 세계의 문을 열고 들어가도록 만들어야 한다. 그 외에도 다음과 같은 공상적인 놀이들이 아이에게 즐거움과 상상력을 선물한다.

- 스스로 원숭이, 공룡, 용, 기계가 되었다고 생각하고 어떻게 행동할지 몸으로 표현해본다.
- 숲에서 신기하게 생긴 나무 막대기를 찾아 요술 지팡이라고 생각하고 그것과 관련된 이야기를 만들어본다.
- 펭귄의 가발, 독수리의 머리핀같이 존재하지 않는 것을 그린다.
- 새로운 규칙의 카드게임을 만들어서 그것을 가지고 논다.
- 얼굴 없는 인형, 타이어가 없는 자동차 등 구체적인 특징이 나타나 있지 않은 장난감을 가지고 놀면서 상상으로 빈 부분을 채운다.
- 산타클로스나 달에 사는 토끼 같은 이야기를 해주고, 그들로 변신할 수 있는 가면이나 옷을 함께 만들어 변장해보자. 그리고 그렇게 변한 것처럼 행동하거나 이야기를 만들어 연극을 해본다.
- 인형극, 연극을 이용해서 극의 전개가 여러 가지로 전개될 수 있도록 이야기 구성을 짜본다.

상상력에 비판력이 뒤따르게 하기

아이는 늘 상상의 여지를 열어두어야 한다. 다만 폭넓은 상상력에서 나온 아이디어는 비판력이 뒷받침될 때 가치 있는 창작물이 된다. 그래서 전문성을 쌓으며 상상과 비판에 고루 사용할 수 있는 지식과 기술을 머릿속에 저축해야 한다. 지식과 기술이 있어야 새로운 기회와 가능성을 만났을 때 그것을 잡을 수 있다.

이를 위해서 아이에게 남들이 당연하게 받아들이는 것, 자신이 실제로 본 것이나 책에서 읽은 것에 대해서 '만약 그것이 달라진다면'이라고 상상해보게 하자. 미래에 있음직한 일에 대해 호기심을 가지고 질문하고, 미래 세계를 상상해 글로 써보고, 미래에 생길 수 있는 문제와 그 해결책을 생각해보는 것도 좋다. 또한 방이나 어떤 공간의 한가운데 서서 자신이 벽이나 천장을 걸어 다닐 수 있다고 상상하고, 그런 능력을 가진 자신이 30년 후 어떤 모습으로 무엇을 하고 있을지 생각해보게 하자. 거울이나 그림액자, 컴퓨터 화면을 미래로 가는 문으로 생각하고, 그 문으로 들어가 미래에 필요한 새로운 것이 무엇일지 발명을 시도하는 것도 즐거운 놀이가 된다.

1부 창의력을 키우는 햇살, 바람, 토양, 공간

개성 있는 아이로
키우는 법

튀는 태도

나무가 자랄 때 공간이 부족하면 줄기와 잎들 사이로 오가는 공기 흐름이 막혀 크게 성장하지 못하거나 곰팡이가 생겨 병들게 된다. 그래서 농부는 나무들 사이에 적당한 공간을 확보해준다. 이처럼 부모도 아이에게 충분한 공간을 만들어주어야 한다. 부모와 지나치게 가까운 관계가 아니라 정신적으로 건강한 거리를 두어서 스스로 생각하고 행동할 수 있게 하는 것이다. 그래야 아이가 자기만의 색깔을 찾아 그것을 마음껏 표현할 수 있다.

타고난 개성은 저마다 다른데 사회는 사람을 표준화시킨다. 한국 사회에서는 개성을 드러내면 '튀는 행동'을 한다며 부정적으로 보는 경향이 있다. 그러나 창의영재는 튀는 사람이다.

'튀는 태도'는 다른 사람을 따라하거나 눈치를 보지 않고 정해진 틀과 다르게 생각하고 행동하는 것이다. 기존의 지식이나 기술을 대체하는 특별하고 기발한 아이디어는 틀에 박힌 생각만 해서는 절대로 나오지 않는다. 또 튀는 사람은 성공의 개념이 남들과 다르기 때문에 다른 사람의 기대에 부응하거나 자신의 성공을 남에게 증명하려고 애쓰지 않는다. 튀는 태도를 갖춘 사람은 자신만의 길을 걸으면서 규칙을 만들어나가고, 그에 따른 결과를 책임질 준비가 되어 있다.

튀는 아이들은 어떤 아이들일까? 어른에게 고분고분 순종하기보다는 의문이 들거나 옳지 않다는 생각이 들면 자신의 생각을 솔직하게 말할 수 있는 아이다. 이를 버릇없다거나 건방진 태도로 보아서는 안 되지만, 다양성을 허용하지 않는 풍토에서는 튀는 태도 그 자체가 건방진 것으로 여겨진다. 한국 사회는 말로는 아이의 창의력을 발견해서 격려해야 한다고 주장하면서도, 실제 어른들의 행동을 보면 아이의 창의적 생각이나 튀는 태도를 나무라거나 비웃는 경우가 많다.

아이가 남의 눈치를 많이 보게 되고, 남과 다르게 생각하거나 행동하기를 기피하게 되는 시기가 있다. 초등학교 고학년부터 중학교 저학년까지다. 호기심과 상상력은 이때 가장 많이 떨어진다. 이를 방지하기 위해서는 가정과 학교에서 자신만의 색깔을 가진 사람을 인정해주고 존중해주는 풍토가 만들어져야 한다. 다른 출신 배경, 사고방식, 관점, 기술 등 다양한 경험을 바탕으로 자신만의 색깔을 가진 사람들이 공존해야 그 가운데에서 가치 있는 아이디어가 나오며, 혁신을 달성할 수 있다. 우리 아이를 튀는 태도를 가진 사람으로 키우기 위해 부모가 할 수 있는 일을 알아보자.

스스로를 사랑하는 법 가르치기

다른 사람의 기준에 맞추기보다는 스스로의 선택과 그에 따른 책임감을 강조하면서 남과 다른 생각이나 행동을 하도록 격려해야 한다. 또 자신의 행복과 불행의 기준을 남에게 두지 않도록 미리 교육하자. 그래야 아이가 심리적으로 건강하게 자랄 수 있다. 아이가 친구들에게 인기가 있다고 그것을 자랑하게 해서는 안 된다. 이러한 자랑이 지나치면 인기가 행복의 기준이 될 수 있기 때문이다. 또 다른 사람의 인정을 좋게 하지 말자. 개성 있는 아이나 튀는 아이는 다른 사람이 낯설게 여길 수 있고, 싫어하는 사람도 있을 수 있다.

아이는 홀로 하늘 높이 날면서 세상을 누비는 독수리와 같이 다른 사람의 눈에서 벗어나 크게 세상을 보고 상상력을 넓히는 데 집중해야 한다. 그래야 색다른 아이디어나 창작물을 만들 수 있다. 아이가 남과 '다른' 생각을 하는 것을 지지해주자. 남과 똑같은 생각을 하면 이미 존재하는 물건을 다시 만들어내는 재미 없는 전문가에만 머무르게 된다. 남과 다르게 생각하고, 기존의 것을 개선해서 색다른 것을 만들어내야 창의영재가 될 수 있다. 그렇게 되려면 남들과 다른 시각을 가져야 한다.

- 유행을 알고는 있되, 그 유행을 따라야 한다는 생각을 버리게 하자. 유행인 신발, 가방, 옷, 액세서리 등 남이 다 사는 것을 의도적으로 사지 않도록 한다.
- 남들이 아이를 괴짜처럼 생각하거나 별나다고 생각한다면 그것을 자랑스럽게 여기도록 말해주자. 괴짜들이야말로 스마트폰과 페이스북 같은 혁신을 이루어서 세상을 바꾼 주인공이라는 것을 알려준다.
- 자기만의 색깔을 찾기 위해 홀로 시간을 보낼 필요도 있다. 그렇게 발견한 자신의 성격, 개성, 특기를 창작 과정에 활용하면 색다른 아이디어가 된다.

틀을 벗어나는 행동을 격려하기

창의영재가 많이 만들어지는 사회는 어떤 분위기일까? 그것은 '우리'라는 개념을 강조해서 어른에게 순종하고 남과 잘 어울리는 것을 칭찬하는 게 아니라 '나'라는 주체를 인지하며 자신만의 색깔을 찾을 수 있도록 격려하는 분위기다.

'튀는 아이가 세상을 바꾼다.'라는 것을 기억하고 아이가 튀게 생각할 수 있는 자유와 여유를 가지게 하자. 부모도 아이가 남과 다른 사고와 행동을 하는 이방인이 되는 것을 두려워하지 말고, 튀는 것을 오히려 자랑스러워해야 한다. 가끔 아이가 어른의 눈으로 보기에는 이해가 안 되는, 틀 바깥의 행동을 할 때가 있다. 그때 그 행동을 야단치거나 부모의 기준에서 상식적인 행동으로 바꾸려고 하지 말고, 그 모습 그대로를 지지하고 따뜻한 눈으로 바라봐주어야 한다. 그리고 아이가 좋아하는 색깔, 음식, 노래, 책, 롤모델 등 일찍부터 호불호나 취향을 분명히 찾게 해서 자신만의 색깔을 살리게 하자.

- 색칠 놀이를 할 때 종이에 주어진 선을 벗어나서 색칠할 때 그 행동을 칭찬하고, 왜 그렇게 칠했는지 이유를 묻는다.
- 쌀이나 음식물을 그림 그리는 데 이용했을 때 나무라지 말고 기발한 생각이라며 오히려 칭찬한다.
- 어떤 일을 반대로 하거나, 앞뒤 순서를 바꿔서 하거나, 모든 것을 완전히 뒤집어서 보거나 거꾸로 바라보도록 격려한다.
- 쓰레기, 빈 상자 등 남이 가치 없다고 생각해서 버리는 것을 가치 있는 것으로 만들어보도록 격려한다.

모든 색을 합치면 검은색이 된다는 것을 알게 하기

많은 혁신가들은 스스로가 이방인이라는 것을 알고 있었다. 아인슈타인은 초등학생 때 유일한 유대인이었기 때문에 이질감을 느꼈다. 조지아 오키프는 당시 남자들만의 독무대였던 곳에서 보기 드문 여자 예술가였기 때문에 스스로를 이방인으로 느꼈다. 그리고 갈릴레오는 그 시대의 모든 사람에게 손가락질을 받았다. 지구가 둥글다는 갈릴레오의 말을 아무도 믿지 않았고 어떤 사람들은 그가 미쳤다고 생각했지만 그는 끝까지 지구가 둥글다고 믿었고, 그의 믿음은 옳았다.

아이가 꿈, 말투, 생활방식, 종교 등 삶 전반에서 다른 사람을 따라가거나 단체의 구성원들과 똑같이 되려고 애쓰기보다는 자기만의 것을 선택하게 하자. 그리고 그 선택에 마음이 불편해지지 않게 돕자. 어떤 단체에 소속감이나 연대감을 느끼지 못한다고 해도 그게 이상한 것이 아니라고 말해주어야 한다. 자신이 미운 오리 새끼처럼 느껴진다면, 그것에 대해 걱정하는 대신 오히려 남과 다른 지점을 찾아서 그것을 살리게 하자. 전학을 가거나 새로운 것을 배우거나 봉사 활동을 시작하는 등 낯선 환경에 처했을 때는 무리에 빨리 끼려고 노력하기보다는 한발 떨어져 그 구성원들이 서로를 어떻게 대하고 행동하는지 최대한 관찰하도록 하는 것도 좋다.

자기만의 색깔을 가진 아이가 더 넓은 세상을 누빌 수 있다.

1부 창의력을 키우는 햇살, 바람, 토양, 공간

아이가 튀는 생각이나 행동을 하는 것을 주저하고 망설이며 불안해하지 않도록 안심시키자. 아무리 아이가 황당한 발상으로 이상해 보이는 창작물을 만들어도 그것을 환영할 사람들이 어딘가에는 분명히 있으며, 부모는 항상 그럴 것이라고 알려주는 것이다.

아이가 주눅 들지 않고 의견을 말할 수 있도록 다음과 같이 알려주자. 첫째, 자신의 의견을 작은 목소리로 말하거나 속삭이는 대신에 목소리를 크게 해서 누구나 다 들을 수 있게 한다. 둘째, 옷차림에 대해 그 누구도 참견하거나 명령할 수 없게 한다. 자기 눈에 좋아 보이는 대로 입으면 된다. 자신이 느끼는 기분이나 감정에 자신감을 가져야 한다. 셋째, 기분이 나쁘거나 주체할 수 없는 감정을 느낀다고 해서 비합리적인 것이 아니다. 오히려 아무 느낌도 없는 상태가 비합리적인 것이다.

모든 색깔을 다 가지고 있는 사람은 없다. 모든 색의 합은 결국 검은색이 될 뿐이다. 뚜렷한 자기만의 색은 내가 가장 잘하는 것에서 나온다. 이를 위해서는 선택과 집중을 할 필요가 있다. 아이가 가장 잘할 수 있는 것에 집중해서 스스로 의미를 만들고 가치를 창조하게 하자.

남자와 여자라는 틀을
뛰어넘는 아이

양성적 태도

창의영재가 되어 혁신을 이루기 위해서는 남자와 여자라는 성별에 갇혀서는 안 된다. 아이가 창의적인 생각을 하기 위해서는 '양성적 태도'를 가져야 한다. 양성적 태도는 성별에 따른 편견 없이 남성과 여성 둘 다의 특성과 강점을 받아들여 활용하는 것이다. 양성적 태도를 가지게 되면 성별에 따라 기대되는 역할이나 고정관념에 얽매이지 않고 자기가 가지고 태어난 개성과 강점을 자유롭게 표현할 수 있다.

남자아이에게도 감성적 태도가 필요하고 여자아이에게도 위험 감수 태도가 필요하다. 여자와 남자는 비슷한 창의적 잠재력을 지니고 있으며, 어느 쪽도 다른 쪽의 성별보다 더 창의적으로 태어나지 않는다. 그런데 아이의 성별에 따라 어떤 생각을 하고 어떤 행동을 해야 하는지 어른이 말해주거나 행동으로 보여주면 아이는 자신이 가지고 있는 가능성의 절반은 잃어버리게 된다. 아이가 성별에 따른 기대에 맞춰 다른 성에 어울린다고 생각하는 직업을 일찍부터 포기하게 만들기 때문이다. 이런 고정관념에서 벗어나는 것이 삶 전반에 지대한 영향을 끼친다.

성별에 따라 기대되는 역할이나 고정관념을 거부하고, 여자든 남자든 관계없이 호기심과 흥미에 따라 자신의 강점을 키우는 공간 풍토를 조성하자. 성별에 따른 그 어떤 편견도 가지지 않을 것을 자녀 양육의 제1원칙으로 삼아야 한다. 주변 사람들의 "여자 아이가 얌전해야지.", "남자애가 울면 안 되지." 같은 편견으로 가득 찬 말을 아이가 무시할 수 있도록 가르치자. 특히 골목대장같이 활발하고 센 여자아이를 드세다고 기를 죽이거나 예민하고 여린 남자아이를 소심하다고 나무라서는 안 된다. 태어난 기질 그대로를 지지해주어야 한다. 그리고 성별과 무관하게 미래의 꿈을 정하도록 하자. 자기에게 의사, 교사, 무용가, 소방대원, 경찰, 축구선수, 디자이너, 메이크업 아티스트 등 존재하는 모든 직업을 선택할 자유가 있다는 것을 아이가 분명히 알아야 한다.

성별에 관한 고정관념에서 자유로워지기

여자는 어떻게 해야 한다, 남자는 어떻게 해야 한다는 주위의 기대를 무의식적으로 받아들이는 것은 창의력을 키우는 데 걸림돌이 된다. 그렇기 때문에 부모가 적극적으로 나서서 아이가 가지게 될 성 고정관념을 없앨 수 있도록 도와주어야 한다. 아이와 함께 이 주제로 대화해보자. 내가 가지고 있는 성별에 따른 고정관념이 무엇인지, 왜 그것이 생겼는지 그 원인을 찾아가는 것이다. 원인을 찾아야 편견을 없앨 수 있다. 주변 사람들의 말이나 방송매체 등에서 성 고정관념을 접했다면 부모가 꼭 정정해주어야 한다.

일상생활에서 성별에 따라 달라지는 걸 당연하게 생각했던 것이 있는지 찾아보고, 그것을 의도적으로 다른 성이 할 법한 행동으로 바꿔서 해보자. 또 성별에 따른 제약을 극복한 사람들의 이야기를 찾아보고, 어떻게 그것을 극복했는지도 알아보자. 아이가 나도 그렇게 할 수 있다는 자신감을 가지도록 만들어야 한다.

또한 남녀에 관계없이 꽃을 사서 선물하거나 요리를 하는 등 주변 어른이 나서서 성에 따른 역할 기대와 반대되는 행동을 아이에게 의도적으로 보여주는 것이 좋다. 아이의 개성을 살려서 다양한 형태나 색깔의 옷을 스스로 고르게 하자. 남자아이가 치마를 입어보고 싶다고 하면 입어보게 하고, 여자아이가 치마 대신 바지만 입겠다고 하면 그 의견을 들어주는 것이다.

해보고 싶은 일에 성별의 제한을 두어서는 안 된다. 남자아이도 봉숭아물을 들일 수 있고, 여자아이도 RC카나 장난감 트럭, 레고 등을 좋아할 수 있다. 만약 아이가 여자들만 인형을 가지고 놀아야 한다거나 남자만 로봇을 가지고 놀아야 한다고 주장하면 그것을 나무라거나 성급하게 고쳐주려고 하기보다는 왜 그렇게 생각하는지 대화를 시도하자. 그리고 그런 생각은 주변 사람들의 선입견이 만든 것임을 이해시키자.

여자아이를 창의영재로 가르치기

가부장제는 여성이 가진 가능성과 잠재력을 뿌리째 뽑아버린다. 여자의 모성애를 강조해서 아이를 낳으면 사회적인 성공을 위해 노력하는 것보다 아이를 돌보고 남편을 잘 내조하는 것이 더 낫다고 주장한다. 그 결과 성공한 남성은 자신의 직업적 성공을 가장 큰 성취로 여기는 반면 성공한 여성은 자식들의 성공을 가장 큰 성취라고 여긴다.

많이 달라졌다고는 하지만 여전히 그런 인식이 남아 있는 것 같다. 워킹맘들도 남편이나 자식이 성공하도록 지원해주지 못하고 있다는 죄책감을 느끼는 경우가 많다. 그리고 의식적 혹은 무의식적으로 딸보다 아들에게 장차 큰 인물이 될 거라는 기대를 하고 더 많은 지원을 하는 부모도 있다.

또한 여자아이를 볼 때 잠재력과 가능성 계발보다 아름다운 외모에 중점을 두는 경우가 많다. 심지어 부모가 자기 딸에게 "딸이 이렇게 통통해서 어떻게 해.", "너는 쌍꺼풀만 하면 참 예쁘겠다.", "살 좀 빼면 참 예쁠 텐데."와 같은 말을 아무렇지 않게 하기도 한다. 아름다움에 대한 기준이 획일화되면 그것은 결국 사고의 획일화로 이어진다. 그러면 여자아이들이 자기만의 색깔을 찾아 튀는 사람이 되기 어려워진다. 이는 창의력 계발을 떠나 아이의 삶에 매우 부정적인 영향을 끼친다. 아이의 자신감을 키워주고 믿음을 주어야 할 주변 사람들에게 이런 지적을 계속 받다 보면 아이의 자존감과 자기 효능감이 떨어진다.

어떻게 하면 여자아이를 창의영재로 키울 수 있을까? 이를 위해서는 부모가 조금 더 노력해야 한다. 부모가 먼저 자신의 딸이 훌륭한 사람, 큰 사람이 될 수 있다는 것을 믿어야 한다. 딸에게 그런 생각을 심어주려면 단순히 외적으로 아름다운 롤모델보다는 자기가 이루고 싶은 꿈을 이룬, 사회적으로 성공한 롤모델을 찾아보게 하는 것이 좋다.

여자아이의 창의력 계발은 사실 엄마보다 아빠에게 달려 있다. 오빠가 있는 여자아이는 오빠가 없는 여자아이보다 성별에 따른 편견을 더 많이 받고 자란다. 그래서 이런 경우에 부모, 특히 아빠가 의도적으로 딸을 아들과 똑같이 키우려고 노력해야 한다. 아빠가 딸에게 연장이나 도구를 쓰는 법을 알려주고 바깥에서 어떤 것을 함께 짓거나 만들어야 한다. 또 딸과 캐치볼을 하거나 축구를 하는 등 몸으로 하는 놀이도 아들과 똑같이 하는 것이 좋다.

세상의 규칙에
당당하게 소리치는 아이

당돌한 태도

농부는 사과나무가 뿌리를 마음껏 펼치며 자랄 수 있게 돕는다. 그러면 병균에 강한 면역체가 형성되어 뿌리가 튼튼해지고 나무를 지탱하는 기반이 된다. 부모도 아이가 타고난 끼를 발산하고 현실의 한계나 압박, 권위에 눈치 보지 않고 자기 주장을 하도록 키워야 한다. 이를 위해서는 '당돌한 태도'를 길러줄 필요가 있다.

당돌한 태도는 기존의 권위나 수직적 서열을 무시하고 거부하면서 자기 주장을 하는 태도를 일컫는다. 당돌한 태도를 가진 아이는 규칙을 따르면서도 그 규칙이 합당한지에 대해 늘 생각하고 이의를 제기한다. 만들어진 규칙을 따르기보다는 새로운 규칙을 만들어가며, 자기만의 색을 가진 창작물을 만들어낸다. 어떤 생각이 기발할수록 사람들의 반감도 커진다. 따라서 창의영재가 될 우리 아이들은 다소 반항적인 태도로 권위나 기존질서에 맞설 수 있어야 한다.

당돌한 태도 없이 어른의 말을 잘 듣고 시키는 대로 공부하는 아이들은 창의영재가 되기 어렵다. 이런 아이는 자기가 좋아하는 것을 잘하기 위해 한 우물을 파지 않는다. 한 분야에서 전문성을 쌓는 대신에 모든 과목을 잘하려고 노력하고, 배운 것을 응용하고 실제로 적용하기보다는 암기 위주의 학습을 한다. 만약한 분야에서 전문성을 쌓았다고 하더라도 규칙을 무시하거나 깰 수 없어서 권위와 선입견의 한계를 벗어나기 힘들다.

여기에 주목할 점이 있다. 아이의 태어난 순서가 당돌한 태도에 영향을 줄 수 있다는 사실이다. 일반적으로 맏이는 암기력, 이해력과 같은 틀 안 사고력이 더 높고, 부모의 기대를 충족하려고 애쓰며 동생보다 규칙을 잘 지키는 경향이 있다. 맏이는 보통 학업 성적이 더 우수하며, 사회적으로 인정받는 직업에 종사하는 경우가 많다. 이와 달리 동생들은 맏이보다 상상력이 뛰어나고, 규칙을 덜 지키며, 조금 더 당돌하고 반항적인 성격을 가질 확률이 높다. 이러한 성향을 바탕으로 아이에 따라 부모가 어떤 면을 조금 더 길러주어야 하는지 파악해보자. 어떻게 하면 아이에게 당돌한 태도를 길러줄 수 있을까?

능동적인 아이로 키우기

수직적 서열이 존재하는 풍토에서는 당돌함을 반항적인 것으로 본다. 그러나 창의력을 키우려면 세상을 남과 다른 눈으로 바라보아야 하고, 기존의 것들을 과감하게 무시할 줄도 알아야 한다. 세상을 변화시킨 혁신가들은 미친 사람, 사회 부적응자, 말썽꾸러기, 모난 사람 등으로 불리기도 했다. 예를 들어, 스티브 잡스와 스티브 워즈니악은 무료로 장거리 전화를 할 수 있는 불법적인 기계장치 '블루박스'를 발명해서 팔았다. 이 당돌한 모험은 그들에게 아이디어로 새로운 것을 발명하는 힘을 가르쳐줬고, 이는 애플의 창업으로 이어졌다. 아인슈타인은 대학을 졸업한 뒤, 같은 물리학과 졸업생들 중에서 혼자만 2년 동안 직장을 구하지 못했다. 평소 그가 남과 다르게 행동하고 교수들의 권위에 도전해서 그 어떤 교수도 추천서를 써주지 않았기 때문이다.

이런 혁신가들의 공통점은 무엇일까? 자신을 좋게 보지 않는 상황에서도 묵묵하게 자기의 길을 걸어갔다는 것이다. 아이에게 이들의 이야기를 전해주고, 자기만의 길을 감으로써 이룰 수 있는 큰 일에 대해 이야기해보자. 남이 자신을 거절하거나 싫어할까봐 두려워서 꿈을 포기하는 것이 아니라 오히려 그 두려움을 꿈을 달성하는 일의 연료로 사용하도록 가르치자.

자신이 제일 좋아하는 것을 하면서 계속 그것에 몰입하면 언젠가는 기회의 문이 열리고 보상을 받게 된다. 그러나 기회를

'능동적'으로 기다려야 한다. 손을 놓고 자리에 가만히 앉아서 기다리는 것이 아니라 목표 달성을 위해 행동하면서 기회의 문을 찾아 나서는 아이로 자라게 하자.

규칙을 깰 줄도 알게 하기

사회가 정한 울타리 안에서 공부를 열심히 해서 전문직이 되면 남들보다 성공한 삶으로 받들어주는 시대는 지났다. 규칙을 깨는 괴짜나 반항아가 창의영재가 되어 세상을 지배하는 시대다. 규칙을 깨고 새 규칙을 만드는 과정이 창작 과정의 일부분이기 때문이다.

그런데 가정 내에 규칙이나 금기 사항이 너무 많으면 아이가 눈치를 보게 되고 당돌한 태도를 키우기 힘들다. 뿐만 아니라 사춘기가 지나면서 부모의 손이 닿지 않게 되어 갑자기 주체할 수 없을 정도의 자유를 가지게 되면서 엇나가는 경우도 있다. 그래서 절대로 양보할 수 없는 가장 중요한 몇 가지 규칙만 아이와 함께 만들고, 그 규칙이 왜 필요한지 정확히 이해시켜야 한다.

이유를 설명해주지도 않은 채 그냥 그것이 나쁘니까 하지 말라며 따르기를 강요하면 아이는 남에게 들키지만 않으면 괜찮다고 믿게 될 수도 있다. 아이의 눈높이로 설명하면 아이도 충분히 이해할 수 있다. "시키는 대로 해."라며 복종을 강요하는 대신에 이유를 설명해서 이해시켜주는 부모가 되자.

아이가 정해진 규칙을 따르지 않았을 때는 반드시 아이의 설명을 먼저 들어야 한다. 예외를 두지 않고 규칙을 무조건 따르게 강요하는 것은 좋지 않다. 아이가 자기만의 새로운 규칙을 만들기 위한 과도기적 행동으로 규칙을 어겼을 수도 있기 때문에 일단 이유를 물어봐야 한다. 규칙을 벗어난 아이의 탐구나 탐험을 격려하고 때로는 규칙을 넘어서서 자유롭게 아이디어를 낼 수 있게 하자.

당돌한 태도를 위해서는 누군가가 정해놓은 것에 이의를 제기하게 하는 것이 좋다. 이것이 남다르게 생각하거나 행동하는 방법 중 하나다. 서열이나 권위에 "왜?"라고 질문하면서 도전하는 태도도 좋다. 모든 사람들이 다 당연하게 생각하는 규칙이나 이론, 지식, 제도, 관습, 전통에 대해서 의문을 제기해서 왜 필요한지 함께 토론해보자. 마지막으로 어른의 눈을 똑바로 바라보면서도 정중하게 어른의 의사결정에 이의를 제기하고 건설적인 대안을 제시할 수 있도록 한다.

부모의 의견에 반대하는 연습하게 하기

어릴 때부터 아이가 자신의 의견을 이성적으로 표현하도록 가르쳐야 한다. 어떤 상황이든 화난 채로 의사소통하는 것보다 이성적으로 대화해야 상대를 더 효과적으로 설득할 수 있다는 것을 알려주자. 그러려면 아이가 떼를 쓰거나 소리를 지르거나 욕설을 하거나 막무가내일 때 의도적으로 무시해야 한다. 아이가 잘못된 말이나 행동으로 의견을 표현했는데, 부모가 거기에 귀를 기울이거나 주목하면 나쁜 표현을 오히려 장려하는 꼴이 된다. 아이가 침착하고 신중하게 의사표현을 할 때만 부모가 귀를 기울여야 한다. 부모의 입장을 아이에게 제시할 때도 이와 같은 방식을 써서 아이가 존중을 배울 수 있도록 해야 한다.

효율적으로 자기 주장하는 법을 아이와 함께 연습해보자. 시작은 부모의 의견에 대한 것이 좋다. 아이가 부모와 반대되는 의견을 가지고 있다면 사실에 근거한 증거를 제시하며 침착하게 자신의 입장을 말해서 부모를 설득하도록 연습시키자. 이때 부모는 귀를 기울여서 듣고, 아이의 의견에 피드백을 해주어야 한다. 아이가 논리정연하게 이야기했는데 부모가 정확한 대응을 하지 않고 무시한다면 아무 의미가 없다.

부모와 아이는 수평적인 의사소통을 하며 신뢰와 존중을 쌓아야 한다. 가정에서 시간을 정해놓고 대화와 토론을 지속적으로 해보는 것이 좋다. 물론 부모 입장에서는 아이에게 비판을 듣거나 논쟁하는 것이 힘들고 지칠 수 있다. 자신이 커온 방식과는 다르기에 낯설 수도 있다. 그렇지만 우리가 배우지 않았던 창의력 교육을 아이에게 선물하기 위해서는 이런 낯선 감정이 필수적이다. 아이가 어릴 때부터 수평적인 의사소통을 시작해야 더 쉽게 신뢰와 존중을 쌓을 수 있다. 이 과정을 통해서 아이는 일찍부터 자기만의 색깔을 찾아서 그것을 당당하게 표현하게 된다. 그리고 이런 아이는 자기 주관이 뚜렷해져서 또래집단이나 친구에게 쉽게 휩쓸리지 않는다.

틀 밖 놀이터 4

즐거운 상상을 위한 질문

① 춤을 추는 것이 법으로 금지된다면 세상이 어떻게 변할까?

② 월요일마다 비가 온다면 사람들의 생활에 어떤 변화가 있을까?

③ 강아지에게 가장 신나고 완벽한 하루는 어떤 것일까?

④ 하루 동안 초능력을 쓸 수 있다면 어떤 능력을 가지고 싶니?

⑤ 모든 사람들이 물속에서 숨을 쉬게 된다면 세상은 어떻게 바뀔 수 있을까?

⑥ 책이나 영화 속의 등장인물이 될 수 있으면 누가 되고 싶니? 네가 그 인물이 되면 무엇을 바꿀 수 있을까?

부모를 위한
한 장 요약

공간 풍토 속에서 아이는 다른 사람과 친밀함을 형성하면서도 정서적
으로는 홀로 서서 자신만의 색을 빛낼 수 있습니다.

1. 나에게 집중하게 해주세요

'저 사람이 나를 어떻게 생각하지?' 같은 외부를 향하는 질문이 아니
라 '나는 나의 어떤 모습을 가장 좋아하지?' 같은 자기를 들여다보는
질문을 던질 수 있도록 도와주세요.

2. 공감하는 아이로 만들어주세요

학교에서 유난히 힘이 없어 보이거나 우울해 보이는 아이가 있다면 먼
저 말을 걸어보도록 가르쳐주세요. 사소한 농담과 칭찬으로 점차 친구
의 기분이 나아지는 것을 아이가 눈으로 보면, 자기의 관심이 어떤 긍
정적인 결과를 낳는지 깨닫게 됩니다.

3. 혼자 생각할 수 있는 공간을 만들어주세요

깊은 생각을 하기 위해서는 아무에게도 방해받지 않는 아이만의 공간
이 필요합니다. 아이의 집중력을 떨어지게 만드는 전자기기가 없고 소
음이 차단된 공간을 만들어주세요.

4. 스스로 결정하고 책임지게 하세요

아이와 관련이 있는 것에 대한 의사결정을 할 때는 반드시 아이를 참석시켜서 적극적으로 의견을 내도록 해주세요. 이 경험이 자기 삶에 대한 결정권이 나에게 있다는 사실을 알 수 있도록 만듭니다.

5. 고집 있는 아이로 키워주세요

고집은 아이의 자기 주도적 태도와 연결되어 있습니다. 고집은 '생떼'가 아니라 '자기 주장'이나 감정 표현의 수단입니다. 아이의 고집을 무조건 무시하지 말고, 왜 그것에 고집을 부리는지 이유를 먼저 물어주세요.

6. 이야기를 만들어보게 하세요

활자는 상상의 문을 여는 열쇠입니다. 그 누구도 생각해보지 않았을 것 같은 특이한 이야기로 상상의 나래를 펼칠 수 있도록 격려해주세요.

7. 남과 다른 행동을 지지해주세요

아이의 튀는 행동들을 응원해주세요. 남과 다른 생각이나 행동을 하는 것을 주저하거나 불안해하지 않도록 안심시켜주세요.

8. 성별에 따른 제한에서 자유롭게 해주세요

남자아이는 파랑색 옷, 여자아이는 분홍색 옷과 같은 고정관념에서 벗어나게 해주세요. 남자아이가 치마를 입어보고 싶다고 하면 입어볼 수 있도록 하고, 여자아이가 치마 대신 바지만 입겠다고 하면 그 의견을 들어주세요. 해보고 싶은 일에 성별의 제한을 두지 말고 어떤 것에든 가능성을 열어주세요.

9. 거리낌 없이 자기 주장을 하게 해주세요

아이가 기존 질서나 남의 말에 순응하기보다 당당하고 논리적으로 반론을 제기하게 해주세요. 이성적으로 자신의 의견을 말하고 사실이나 증거에 근거해 상대방을 설득하게 해주세요.

10. 규칙을 이해하게 해주세요

가정에 규칙이나 금기 사항이 너무 많으면 아이가 눈치를 보게 되고 당돌한 태도를 키우기 힘들어집니다. 가장 중요한 몇 가지 규칙만 아이와 함께 만들고, 아이가 정해진 규칙을 따르지 않을 때는 반드시 아이의 의견을 먼저 들어주세요.

part

2

멀리 보는 아이로 자라는
ION 사고력

창의력은 IQ와 상관이 없다. 자신이 아주 잘 할 수 있는 한 가지만 있으면 된다. 대단히 가치 있는 상상은 어느 날 갑자기 마법처럼 떠오르는 것이 아니라 한 분야의 전문가가 되었을 때, 그 지식을 바탕으로 터져 나오기 때문이다.

다른 사람을 따라하는 방식으로는 혁신을 이룰 수 없다. 혁신을 이루기 위해 기존의 지식이나 기술을 활용해서 가치 있고 색다른 것을 만드는 사고 기술이 이번 장에서 소개하는 ION 사고력이다. ION 사고력은 창작 과정에 응용되는 전문성 및 비판력을 포함한 틀 안 사고(Inbox thinking), 틀 밖 사고(Outbox thinking), 새 틀 사고(Newbox thinking)를 뜻한다.

ION은 틀 안(Inbox), 틀 밖(Outbox), 새 틀(Newbox)의 앞 철자를 따왔다. ION 사고력은 연습을 통해 개선되고 향상될 수 있는데, 이 사고력이 기능하기 위해서는 앞서 소개한 햇살, 바람, 토양, 공간 풍토에서 배울 수 있는 27가지의 창의적 태도가 먼저 길러져야 한다. ION 사고력은 '틀 안 전문성', '틀 밖 상상력', '틀 안 비판력', '새 틀 융합력'의 4가지로 구성된다. **틀 안 전문성**은 틀 안, 즉 관심 분야 안에 있는 철저하고 심오한 지식이나 기술 그리고 경험이다. 이는 교육과 훈련을 통해 특정 지식이나 기술을 익힌 다음 그것을 응용하거나 다른 상황에 적용해보는 등 풍부한 경험을 쌓으면서 해당 분야를 마스터하는 것이다. **틀**

밖 상상력은 어떤 느낌이나 형태를 시공간을 초월해서 머릿속에 그려보는 과정으로 '색다른 것'을 만드는 힘이다. **틀 안 비판력**은 자신의 의견만 감정적으로 앞세우는 것이 아니라 정확한 분석과 평가를 통해 정보를 이해한 뒤 문제 해결력을 키우는 힘이다. **새 틀 융합력**은 여러 아이디어를 크고 넓은 시각으로 바라보고 새 틀 안에 결합해 더 나은 결과물로 정제하고 홍보하는 힘이다.

흔히 IQ나 시험 점수가 높고, 정확한 기억력을 가졌거나 백과사전 같은 지식이 있는 아이를 영재라고 부른다. 그러나 이런 아이는 오히려 지식의 벽을 허물기가 힘들어 창의력으로 무언가를 이루기가 어렵다. 설령 이룬다 하더라도 주로 기존의 지식이나 기술을 개선시켜서 점진적 또는 진화적인 혁신을 달성하는 편이다.

ION 사고력은 아이의 영재 교육에 IQ보다 훨씬 큰 도움이 된다. 따라서 어릴 때부터 자신의 흥미 분야에 관한 전문성을 키우면서 ION 사고력을 계발하면 앞으로 펼쳐질 세상에서 요구하는 혁신적인 아이, 즉 창의영재로 자랄 수 있을 것이다.

5
틀 안 전문성

피카소에게 한 여성이 다가와 원하는 대가를
기꺼이 지불할 테니 그림을 그려달라고 요청했다.

피카소는 그림을 다 완성하고 나서 이렇게 말했다.
"1만 달러입니다."

여자가 깜짝 놀라 "당신은 이 그림을 그리는 데
30초밖에 안 걸렸는데요?"라고 말하자 피카소는 이렇게 대답했다.

"천만에요. 나는 이 30초의 그림을 그리기까지 40년이 걸렸습니다."

전문성을 키우는
사고력

전문성의 개념을 오해하는 사람이 많다. 아이는 전문성을 기르기에는 어린 나이라고 생각하거나 대학원에서 석·박사 과정을 밟아야지만 전문성을 갖추었다고 생각한다. 하지만 실제로 전문성의 뿌리는 어릴 때 형성된다.

전문성이란 광범위한 지식을 가지거나 공부를 특출나게 잘하는 게 아니라 하나의 영역에 아주 깊은 지식을 가지는 것이다. 그런데도 많은 사람들이 박사나 교수는 모든 분야의 전문가라고 생각한다. 그 단적인 예가 창의력이나 영재 교육 연구를 해본 적 없는 수학, 과학 교수가 영재 교육이나 창의력 교육 프로그램을 개발해서 판매하거나 또 대학 부설 영재원의 원장이 되거나 하는 것이다. 이런 비전문가들이 아이들에게 주입식 선행학습을 시켜 오히려 수학이나 과학에 완전히 흥미를 잃어버리게 만드는 경우가 비일비재하다.

전문성은 유전적으로 가지고 태어나는 것이 아니고, 하룻밤 만에 높이 쌓을 수 있는 것도 아니다. 비록 아이의 상상력이 성인보다 더 풍부하고 흥미롭다고 해도 지속 가능한 상상력은 개인이 가진 지식과 경험을 통해 만들어진다. 그래서 지식과 경험이 제한된 상태로 자란 아이의 전문성은 정도가 깊지 않고, 상상력의 폭도 더 넓어지지 않는다.

선천적인 능력을 창의력의 원천으로 여기는 통념에서 벗어나자. 일찍부터 주위 환경이나 사람을 통해 자연스럽고 재미있게 배운 아이의 두뇌는 독특한 패턴으로 신경이 발달하여 생리적 적응을 이뤄낸다. 이것이 바로 아이의 잠재된 재능을 이끌어내는 방법이다. 아이가 스스로 특별한 재능과 재주를 보일 때까지 기다리고, 만 세 살이 되기 전부터 자신의 호기심을 따라 재미있게 배우도록 아이의 영감을 자극하자. 이때 나오는 아이의 거대한 상상력이 청소년기에 발달하는 추상적 사고력과 결합하면 아이는 세상을 바꾸는 창의영재가 될 수 있다.

아이들은 저마다 흥미와 적성 등에 개인차를 보인다. 이런 개성을 무시하고 똑같은 시험을 위해 전력을 다하게 하면 아이의 전문성은 계발되기 힘들다. 그런데도 대부분의 부모가 '남들은 다 하는데 우리 아이만 하지 않아도 괜찮을까?', '나중에 우리 애만 바보처럼 보이거나 성공하지 못하면 어떡하지?'라는 불안으로 아이의 파란만장한 미래를 평범한 내일로 바꾸는 선택을 한다. 어른들은 "공부가 재미있어서 하는 사람은 없다. 해야 되니까 하는 거지."라고 말하고, 아이는 하기 싫은 공부를 왜 해야 하는지 이해하지 못한 상태로 끝없이 내몰린다. 한치 앞의 결과만을 중시하는 환경에서는 선행학습을 열심히 하고 암기 요령을 일찍 터득한 아이들이 '똑똑해' 보일 수 있다. 그러나 한 번에 너무 많은 것을 배우는 아이는 한 가지에 집중하는 능력이 떨어진 채 자란다.

아이가 학교에서 배운 교과 내용을 실생활에도 적용해보고, 자기표현이나 글쓰기도 자유자재로 할 수 있도록 아이를 치열한 경쟁의 늪에서 빠져나오게 하는 '부모의 용기'가 필요하다.

아이들이 자라날 앞으로의 사회는 어떤 직업이 생기고 없어질지 아무도 모른다. 아이가 가질 직업이 무엇일지 알 수 없다는 것은, 역설적으로 아이가 좋아하고 행복해하는 것을 찾다 보면 새로운 길이 열릴 가능성이 무한하다는 것을 의미하기도 한다.

아이는 틀 안에 존재하는 기존 규칙을 따르거나 모방하는 동시에 암기력, 이해력, 응용력을 적용해 전문성을 쌓을 수 있다. 아이의 개성과 적성에 맞춘 전문성을 교육하는 과정은 다음 단계를 따른다.

- 한 주제에 대한 호기심 가지기
- 그 주제에 대한 지식과 기술을 배우는 것에 재미 느끼기
- 집중력과 체계적으로 정리하는 방법을 이용해 암기력 키우기
- 배운 것을 다른 사람에게 완전히 설명할 수 있을 정도로 이해력 키우기
- 자기 것으로 만든 지식과 기술을 새로운 실제 상황에 적용 또는 응용하기

암기력 키워주기

암기력은 지식이나 기술을 접한 후 머릿속에 잘 정리하는 능력으로 가장 낮은 수준의 사고력이다. 하지만 더 높은 전문성을 갖추기 위해 반드시 필요한 자질이기도 하다. 암기력에서 가장 중요한 것은 배운 것을 그전에 배운 것과 연결하는 작업이다. 암기력을 높이기 위한 방법으로는 3가지가 있다.

첫째, 어떤 것을 잘 외울 수 있는 '방법'을 아이 스스로 찾게 하는 것이다. 그러기 위해서 어릴 때부터 첫 글자만 이용해서 재미있는 말, 문장, 노래를 만드는 놀이를 자주 시켜주는 것이 좋다. 또 자신이 읽었거나 듣고 경험한 것을 다시 말해보게 하는 놀이도 좋다. 유치원에서 하는 '언어 전달' 숙제 같은 놀이도 암기력을 기르는 데 도움이 된다. 아이가 초등학생 이상일 경우 배운

것을 공책에 간단히 기록해서 체계적으로 정리하고 전체를 보는 습관을 들여보자. 노트 왼쪽에는 중요한 핵심어를 쓰거나 핵심이 되는 그림을 그리고, 오른쪽에는 상세한 내용을 적어 정리하는 방법을 알려주면 사건이나 정보를 전체적으로 보고 기억하는 연습을 할 수 있다. 아이에게 지금 눈앞에 보이는 구체적인 것에 집중해서 하나하나 기억해보라고 하거나, 어떤 말의 뜻, 사실, 정보를 기억하기 위해 반복해서 말하거나 글로 쓰는 법을 알려주는 것도 좋다.

둘째, 시간 관리 능력과 목표를 체계적으로 정리하는 방법을 아이에게 가르쳐야 한다. 우선 아이로 하여금 3년, 1년, 6개월 단위로 장기적 목표를 정한 다음 한 달, 일주일 단위의 단기 목표를 세우게 한다. 그리고 일주일 목표를 세웠다면 주말에, 매일의 목표를 세웠다면 자기 전에, 자신이 정한 목표를 최소 3가지 이상 적거나 그리게 한다. 그것을 눈에 보이는 곳에 두거나 스마트폰에 저장한 뒤 일주일 동안 보게 하는 것이 좋다. 글자보다는 그림이나 사진을 보는 것이 암기에 효과적이므로 목표가 '책 읽기'라면 책 그림을 그리거나 책 사진을 넣어두자.

또한 주변 환경이나 물건 등을 해야 하는 일의 순서대로 정돈하게 한다. 이때 정리하는 데 도움이 되는 도구를 한 장소에 모아두는 것이 좋다. 일에 방해가 되는 것은 눈에 보이지 않게 치우고, 과제가 끝날 때마다 청소하는 습관을 들이도록 해야 한다.

이런 학습법을 실행하기 전에 매일 해야 하는 일, 정리하는 방법 등을 아이와 미리 상의해서 규칙을 정해보자.

셋째, 다양한 경험을 통해 서로 다른 정보를 어떻게 기록하고 외우는지, 어떻게 하면 다른 경험과 연결시킬 수 있는지 알려줘야 한다. 아이가 다양한 주제를 접하기 위해서는 예술이나 과학·기술 분야처럼 서로 다른 분야의 역사적 사건이나 현재 일어나고 있는 일들을 들여다보고 그들이 어떤 연관성을 갖고 있는지 배우게 하는 것이 좋다.

이해력 키워주기

이해력은 지식이나 기술을 습득하면서 얻은 모든 정보를 온전히 알아가는 능력이다. 이는 어떤 사물이나 일이 과연 무엇인지, 어떻게 진행되거나 작동하는지, 왜 그런지에 관해 항상 물음표를 가지고 답을 찾아내는 과정을 포함한다. 유아기부터 아이가 배운 것이라면 무엇이든, 이를 아이에게 중요하고 의미 있는 형태의 말, 글, 그림 등으로 바꾸어 설명해 주자. 이를 통해 아이가 어떤 일의 원칙이나 절차를 철저하게 이해해서 다른 상황이나 새로운 것에 적용할 수 있어야 한다.

아이와 카드나 체스 같은 게임을 해보는 것을 추천한다. 이때 아이가 이기는 것에 중점을 두기보다 사려 깊은 한 수나 게임을 진행한 방식에 대해 생각해보게 해야 한다. 또 아이가 새로운 피아노 곡을 배웠다면 어떤 작가의 어떤 곡이며, 그 곡의 창작 배경은 무엇이고, 왜 이 부분은 조금 여리게 혹은 세게 연주해야 하는지 세세하게 묘사하고 설명하게 하는 것도 방법이다. 만약 피아노 학원에서 창작 배경 등을 배워오지 못했다면 아이와 함께 그 곡의 배경을 찾아보고 연주법을 아이 스스로 생각해보게 하자. 아이가 고학년이라면 학교에서 배운 것이나 경험한 것을 모형, 차트, 그래프, 다이어그램, 시간표, 연대표, 삽화 등의 다른 형태로 변형해서 다른 사람에게 설명하거나 보여주도록 이끌자.

응용력을 키워주기

응용력은 이해력을 키우면서 얻은 지식이나 기술, 정보를 다른 문제나 과제 또는 실생활에 적용하는 것이다. 응용력은 어떤 아이든 충분히 계발할 수 있지만 수많은 성공과 실패 속에서 발전하기 때문에 시간이 오래 걸린다. 자전거 타는 법을 배울 때, 머릿속으로 아무리 많은 시뮬레이션을 거쳤다고 해도 한 번 타서 넘어져보는 것보다 빠르게 배울 수 없다. 마찬가지로 응용력을 기르는 기간을 줄이기 위해서는 아이가 학습한 것을 실제로 적용해볼 기회가 충분히 주어져야 한다. 또 지식을 삶과 연관 지을 수 있을 때 아이는 배움에 진심어린 흥미를 느끼게 되기 때문에 아이가 교과 내용을 단순히 암기하는 게 아니라 무엇을 위해 배우는지, 어디에 적용할 수 있는지 아는 것이 중요하다.

이런 준비를 거친 아이는 뚜렷한 목표를 위해 계획적으로 연습할 수 있다. 연습을 반복적으로 하되 무대, 공연장, 전시장, 실험실 등과 같은 공적인 장소에서 많은 사람에게 자신이 연습한 결과를 보여줄 기회를 만들어주는 게 좋다. 자신의 실수나 실패에 관한 이야기를 다른 사람과 주고받으며 다양한 의견을 얻어야 다른 상황이나 문제에 대처하는 응용력이 생기기 때문이다. 아이의 응용력을 높이기 위해 다음 질문을 스스로에게 묻게 하게 하자.

- 내가 무엇을 어떻게 배웠지? 배운 것을 내 생활에 어떻게 적용하고 응용할 수 있을까?
- 내 생활 속에서 배운 것과 관련이 있거나 비슷한 실제 사례를 찾아볼 수 있을까?
- 만약 내가 배운 분야의 전문가를 인터뷰할 기회가 주어진다면 어떤 질문을 할까?

아이가 어릴 때부터 주위에서 많은 단어를 보고 들어야 학습 능력이 발달한다. 주변 사람들이 아이에게 다양한 어휘를 사용하지 않고 '유아어(baby talk)', 즉 의미 없이 아이에게만 사용하는 단어를 쓰면 학습능력을 키워줄 수 없다. 어른들의 말 한마디가 평생에 걸친 아이의 학습능력에 영향을 미친다.

아이들의 창의력을 위해서는 부모의 행동력이 필요하다. 새로운 시대에 걸맞은 새로운 영재를 위한 교육을 시작하는 행동력 말이다. 자유와 여유 속에서만 아이가 자신이 무엇을 원하는지, 그리고 무엇에 흥미를 느끼는지 찾을 수 있다. 아이가 집에서 자유롭게 상상할 수 있고, 즐겁게 창의력을 키울 수 있는 환경을 만들어 창의적인 사고뿐 아니라 아이가 자신이 무엇을 할 때 가장 행복한지 탐구하는 자유와 여유를 느끼도록 하자.

부모를 위한
한 장 요약

틀 안 전문성이란 특정 분야, 즉 '틀 안'에 들어 있는 깊이 있는 지식이
나 기술, 경험을 함께 이르는 말입니다. 결국 전문성이란 좋아하는 것
을 가장 잘하는 것입니다. 전문성을 위해서는 아이의 암기력, 이해력,
응용력을 통해 사고력을 길러주세요.

1. 암기력을 길러주세요

지금 눈앞에 보이는 특정한 사물이나 현상에 집중해서 그 세부사항
하나하나에 귀를 기울이거나 기억하게 해주세요.

- 어떤 말의 뜻, 사실, 정보를 기억하고, 반복해서 말하거나 글로 쓰
  게 해주세요.
- 복잡한 내용의 글이나 정보를 읽고, 쓰고, 해석하고 재구성해서
  완전히 이해하도록 도와주세요.

2. 이해력을 길러주세요

배운 것이라면 무엇이든 아이에게 중요하고 의미 있는 형태의 말, 글,
그림, 등으로 바꾸어서 표현하고 설명하게 해주세요.
어떤 일이 생겼는지, 무엇이 어떻게 진행되고 있는지에 대해서 설명하
거나 요약함에 있어서 자신만의 말이나 글로 표현하게 해주세요.

2부 멀리 보는 아이로 자라는 ION 사고력

3. 응용력을 길러주세요

아이가 어떤 것을 배울 때마다 다음과 같이 스스로에게 질문하도록 이끌어주세요.

- 나는 무엇을 어떻게 배웠지? 배운 것을 나의 생활이나 일에 어떻게 적용하고 응용할 수 있을까?
- 생활 속에서 배운 것과 관련이 있거나, 비슷한 실제 예시를 찾아볼 수 있을까?
- 내가 만약 내가 배운 분야의 전문가를 인터뷰할 기회가 주어진다면 어떤 질문을 할 수 있을까?

6
틀 밖 상상력

작가 조앤 K. 롤링이 어린 시절부터 가졌던
유별난 점이 바로 '상상하는 기질'이다.
그녀는 "우리가 ~가 되었다고 상상해보자."라는 말을 입에 달고 살았고,
집과 회사를 오가는 기차 안에서 바로
《해리포터》라는 세기의 영감을 떠올리게 된다.

혁신가를 만드는
상상력

전문성에 더해 상상력까지 가지고 있다면 창의영재, 즉 혁신가가 될 수 있다. 상상은 어떤 느낌이나 형태를 시공간을 초월해서다시 그려보는 과정이다. 그리고 상상력은 머릿속에 저장된 재료들을 섞어서 기존의 틀을 넘어서는 새로운 가능성을 열어주는 열쇠다. 또 상상력은 어떤 문제를 '운'에 따른 것이라고 좁게생각하는 것이 아니라, 마치 광각 렌즈처럼 폭넓은 시야를 가지게 해서 색다른 해결책이나 아이디어를 만들게 한다.

상상력을 통해 나온 생각은 일반적인 아이들의 사고방식이나경험과 다른 기발한 착상이기에 자칫 엉뚱할 수 있다. 하지만 공상을 포함한 상상력은 창의적 사고의 핵심 중 핵심이다. 오늘의 공상이 내일의 현실이 될 수 있다. 컴퓨터, 인터넷, 휴대폰, 화상 통화, 무인자동차… 이들 모두는 누군가의 공상에서 시작되었다.

많은 부모들은 아이가 '공상' 대신 다른 사람들에게 인정받을 수 있는 것만 하게 하면서 이를 '철드는 과정'이라고 말한다. 아이는 잔디 위에 누워 높이 떠다니는 구름을 보면서 혼자 마음껏 상상하는 대신 늘 무언가를 바쁘게 하고 있거나 주위의 눈치를 보며 좋은 결과를 내야 한다는 불안함을 느낀다. 혹은 스마트폰이나 유튜브에만 몰두하는 아이가 되기도 한다.

아이에게는 반드시 혼자서 심심해할 여유가 필요하다. 여유 시간이 있어야 머릿속으로 이것저것을 그려볼 수 있다. 내 어머니는 내가 어릴 적부터 쓸데없는 생각과 질문을 해도 다 들어주는 분이었다. 아니, 들어주는 것을 넘어 내가 더 많은 것들을 끌어낼 수 있도록 늘 격려해주셨다. 그런데 반대로 학교에서 나는 아무런 질문도 할 수 없었다. 당시 한 교실에는 70명이나 되는 아이들이 있었기 때문에 수업과 관련된 질문도 거의 허락되지 않았다. 글짓기조차 효도, 불조심, 물자 절약 같은 주제로만 썼지, 내가 생각하는 것을 글로 써본 적은 없었다. 물론 지금의 학교라고 해서 크게 다르지 않을 것이다.

미국의 학교는 배운 것을 토대로 마음껏 상상의 나래를 펼치고 생각할 수 있는 시간과 여유를 학생에게 제공한다. '팩션(faction)'이라는 말이 있다. 진실을 기반으로 한 허구의 이야기란

2부 멀리 보는 아이로 자라는 ION 사고력

뜻이다. 영화나 소설도 어느 정도 과학적이고 사실적인 근거가 뒷받침되어야 많은 사람의 흥미를 끈다. 마찬가지로 학습 뒤에 여유가 주어져서 아이가 수업시간에 배운 내용을 바탕으로 공상하거나 글짓기를 하면 무턱대고 상상력을 표현하는 것보다 훨씬 많은 흥미를 가질 수 있다.

공상한 것을 표현하기 위한 능력을 키우는 데에는 어려서부터 시작하는 사교육보다 독서가 더 큰 도움이 된다. 유대인은 '책을 끼고 사는 사람들'이라고 불릴 정도로 많은 책을 읽는다.

나의 어머니는 무척이나 바쁜 삶을 살았지만 성경책을 포함한 많은 서적을 읽으셨다. 어머니가 외우고 있는 성경 구절이 목회자보다 많을 정도였다. 나는 한 번도 어머니가 텔레비전 보시는 모습을 본 적이 없다. 늘 독서하시는 어머니의 모습을 보면서 자연스럽게 책은 '재미있는 것'이라는 생각을 하게 되었다. 덕분에 교회나 학교에서 많은 책을 빌려 읽었고, 그 내용에 대해 어머니와 이야기를 나눌 기회가 많았다. 한 번은 《인어공주》를 읽고서 목소리를 잃은 공주가 왕자에게 몇 번이나 진실을 말하려고 했지만 그럴 수 없다는 것이 너무 슬프고 안타까워서 어머니에게 그 내용에 관해 수 차례 같은 얘기를 하고 또 했던 적이 있다. 그래도 그때마다 어머니는 지겨워하지 않고 내 이야기를 들어주셨다.

이처럼 아이가 책을 읽은 뒤에 느낀 점과 생각을 부모와 나누는 것은 상상력을 키우는 데 아주 효과적이다. 예를 들면, 만약에 아이가 《인어공주》를 다시 쓸 수 있다면 그 이야기의 결말을 어떻게 바꿀 것인지, 인어공주나 왕자가 헤엄치는 것 말고도 하늘을 나는 능력이 있었다면 어떻게 되었을지, 이야기에 등장하는 주변 인물들의 성격이 크게 바뀌면 전개가 어떻게 달라질지 등을 물어보며 점점 더 다양한 생각을 끌어내는 것이 좋다.

텔레비전이나 온라인 영상은 화면에 이미 모든 것이 나와 있기 때문에 아이가 수동적으로 정보를 받아들인다. 당연히 머릿속에서 다른 것을 그려보지 못하기 때문에 틀 밖 상상력은 약해질 수밖에 없다. 반면 책에서 보거나 이야기로 들은 것은 머릿속으로 인물이나 상황, 배경을 그려야 하기 때문에 한 가지씩 따로 저장된 지식보다 훨씬 오랫동안 기억할 수 있다. 그래서 우화나 SF 소설과 같은 비현실적인 책을 많이 읽은 아이들은 책을 읽지 않은 아이들이나 사실적인 책만 읽은 아이들보다 색다른 아이디어를 낼 가능성이 높다. 현재 내로라하는 과학자들 대부분이 SF 소설 마니아라는 것도 이와 관계가 있을 것이다.

앞서 이야기한 '틀 안 전문성'을 기른 아이가 그 분야에 자신감을 가지고 상상력을 확대해 나가면 자신이 미처 알아채지 못한 부족한 부분, 모순과 문제점까지 한 번에 직감할 수 있는 민감성을 기를 수 있다. 다만 상상력이라고 모두 똑같은 상상력이 아니다. 활동에 따라 키울 수 있는 상상력의 종류와 상상하는 기

286

2부 멀리 보는 아이로 자라는 ION 사고력

술이 다르다. 이에 대해 자세히 살펴보자.

거침없이 상상하는 기술, 유동적 상상력 키우기

유동적 상상력은 타인의 시선에 연연하거나 망설이지 않고 많은 아이디어를 거침없이 내는 기술이다. 유동적 상상력을 높이기 위해서는 10가지의 활동을 참고하는 것이 좋다.

첫째, 특정 아이디어에 몰두하거나 착상의 '질'을 판단하지 말고, 최대한 많은 아이디어가 즉흥적으로 마구 터져 나오도록 '양'에 집중한다. 아이가 어떤 과제에 임할 때 최대한 많은 아이디어를 즉흥적으로 내게 하려면 이미 나온 생각을 곱씹게 하지 말고, 끊임없이 글을 쓰게 하거나 말로 표현하게 하는 게 좋다. 이때만큼은 아이가 문법, 논리, 맞춤법 등에 구애받지 않고 글의 주제와 관련해 떠오르는 것들을 마구잡이로 써봐야 한다.

아이가 다른 사람의 눈치를 보지 않고 몸과 마음이 자유로운 상태에서 유동적 상상력이 최대로 발휘될 수 있기 때문에 아이의 즉흥적 태도를 꾸준히 격려해주는 것이 좋다. 어떤 과제나 문제가 주어졌을 때 심각하게 고민하는 대신 유머러스한 태도로 가볍게 대하거나 재미있는 게임처럼 여기게 해보자. 예를 들면, '화장실에서 똥을 눴는데 휴지가 없다면?'과 같이 아이가 어렵지 않게 해답을 찾을 수 있는 재미있는 질문부터 시작해보자.

둘째, 아인슈타인은 좋은 아이디어를 내기 위해서 혼자 배를 자주 탔는데, 수영을 못하는데도 구명조끼 대신 필기도구를 챙기는 것으로 유명했다. 아이가 어릴 때부터 무언가가 떠오르는 바로 그 순간을 포착해 기록하고 모아두는 습관을 길러주어야 한다. 해결이 어려우면 어려울수록 그 문제나 과제에 대해 생각하지 않는 시간이나, 혹은 전혀 예상하지 못한 순간에 가장 좋은 아이디어가 떠오른다. 그것을 즉시 기록하지 않으면 영감과 같은 착상은 홀연히 사라져버린다. 이것은 성인도 마찬가지다.

아이가 펜, 연필, 스케치북, 메모지, 스마트폰, 노트북 등을 항상 가지고 다니면서 창의적인 아이디어를 포착하고 기록하는 습관을 가지도록 돕자. 이름, 종류, 범주, 간단 요약 칸을 만들어서 기록한 뒤 나중에 그것을 더 발전시키거나 자세히 풀어보는 것이다. 부모는 한 달에 한 번씩 아이가 모아둔 생각을 살펴보고 그 생각들을 구체화시킬 수 있는 아이디어나 의견을 더해주고 아이가 착상을 내는 데 도움이 되는 다음 행동을 하게 하자.

- 산보하기, 등산하기, 샤워하기, 음악 듣기 등과 같은 활동을 하며 아이디어를 더 많이 내고 순간을 포착할 기회를 준다.
- 좋은 친구를 찾게 하자. 자신의 다양한 착상에 관해 이야기할 수 있는 사람을 찾아 함께 시간을 보내면서 더 자유롭고 많은 생각을 하게 한다. 이런 친구가 없다면 부모나 형제도 좋다.

셋째, 숲, 박물관, 공연장, 동물원, 강, 산, 바다, 공원과 같이 특정한 환경이나 소음, 방해 요소, 남의 생각, 또는 영상 매체 등을 떠나서 침묵과 평안을 느낄 수 있는 장소를 제공해 주어야 한다. 그리고 일상적인 환경과 아주 다른 곳을 자주 방문하자. 그 환경을 이용해서 더 많은 생각을 하게 만들고 작은 것일지라도, 자연의 아름다움, 소리나 향기, 예술 작품, 공연 등을 천천히 음미하는 여유를 가지게 하는 것이 좋다.

넷째, 주변 환경을 정기적으로 바꾸거나 집이나 방 안에 있는 가구를 주기적으로 재배치해야 한다. 새로운 아이디어를 내기 위해 같은 건물 안이라고 해도 거실, 정원, 베란다 등 계속해서 자리를 옮겨 다니는 게 좋다. 그러면 새로운 환경에서 새로운 방법으로 아이디어를 만들 가능성이 높아진다.

다섯 번째, 비디오 게임과 같이 규칙이 정해진 체계적이고 정형화된 활동을 하는 대신 정해진 답이 없는 개방형 활동을 한다. 또는 정해진 구조나 형식, 틀이 없는 자유형 활동이나 비체계적인 활동을 하면서 상상과 공상을 해본다. 예를 들어, 음악, 미술, 무용, 글짓기, 사진 찍기, 발명하기, 모형 만들기, 영상 만들기 등의 활동을 통해 자신을 마음껏 표현할 수 있는 기회를 주는 것이다. 창작 활동을 그저 휴식이나 취미로 즐기는 것이 아니라 아이의 일상적인 삶에 중요한 부분이 되도록 만들자. 여러 가지 사진이나 그림을 보고 그 느낌을 마음껏 이야기할 수 있게 하자. 종이나 칠판에 아이의 생각이나 감정을 낙서로 표현하고, 모양을 고치거나 색칠하는 것도 도움이 된다.

여섯 번째, 기존의 규범을 깨고 똑같은 일상생활에서 새로운 것을 만들어낼 수 있는 부분을 생각해야 한다. 어려운 일을 쉽게 할 수 있는 방법, 기존의 것과 전혀 다른 방향이나 남과 전혀 다른 방안을 상상하도록 이끌고 현상유지에 반대하고 새로운 길이나 방도를 항상 모색하게 하라는 뜻이다.

자신이 직면한 문제가 있다면 좀 더 깊이 들여다본 뒤 일반적인 해결책과 전혀 다른 방법으로 해결방안을 상상하게 하자. 아이가 낸 아이디어가 실제로 쓸모없는 허황된 것일 수 있다. 다만 그것을 나무라기 전에 왜 그것이 실현될 수 없는지 함께 탐색하는 시간을 가져야 한다. 아이가 '틀렸다'라는 느낌을 받아 생각이 움츠러들어선 안 된다. 자신의 착상이 아무리 이상하더라도 그것을 눈치 보지 않고 말할 수 있는 분위기가 필요하다.

일곱 번째, 집 안 한쪽에 따로 아이만의 공간을 만들어주자. 취미 활동, 가장 좋았던 추억을 상기시키는 물건, 또는 꿈과 이상이 담긴 칠판 등으로 꾸며서 창의력이 솟아나는 공간을 만드는 것이다. 그리고 그 공간에 들어가면 항상 무엇을 창작하는 습관을 들이도록 도와주어야 한다. 또 새로운 아이디어를 내려고 노력할 때는 바다, 하늘, 열린 공간을 의미하는 파란색 옷을 입거나 성장을 의미하는 녹색 옷을 입는 게 좋다.

여덟 번째, 자신이 가지고 있는 문제를 남에게 이야기하거나, 남의 의견을 구하는 것을 주저하지 말게 하자. 명확한 해결책이 아니더라도 다른 사람의 한마디가 전혀 다른 생각을 떠오르게 하는 경우가 있기 때문이다. 그리고 교류하는 팀의 구성원끼리 너무 친해져 비슷한 생각을 하게 되면 판단이나 의사결정에 영향을 받는다. 그러므로 토론 중에 고의적으로 반대 의견을 내서 구성원들이 다른 관점에서도 생각해볼 수 있게 해야 한다.

실제로 아이는 여러 사람을 만나고 다양한 곳을 방문하는 등 많은 활동을 경험할 필요가 있다. 비록 나쁜 경험일지라도 정신적으로나 육체적으로 피해를 입지 않는 한 경험하지 않는 것보다 낫다.

아홉 번째, 이왕이면 아이가 남다른 의견을 쉽게 낼 수 있고, 그것이 존중받는 분위기를 조성해주는 게 좋다. 기존의 것과 아주 다른 새로운 아이디어가 들어 있는 책을 접하게 해주자. 또 아이가 하루에 최소 한 단어씩 새로 배워서 사용해보게 하자. 꼭 새로운 것을 만들어야 혁신이 된다는 생각을 버리고, 어떤 것을 개선하거나 기존에 있는 것에 아이디어를 더하면 더 좋은 것을 만들어낼 수 있다는 생각을 가지도록 이끌어야 한다.

열 번째, 실수를 범하는 것에 대한 두려움이나 걱정을 없애기 위해 아이와 아래의 활동을 하고 최대한 많은 대답을 하게 하자. 일정한 시간을 미리 정하거나 착상의 개수를 정해두고 시작해서 그 시간이나 개수에 도달할 때까지 쉬지 않고 즉흥적으로 대답하게 한다.

- 듣지 못하는 사람에게 바다 소리를 설명할 수 있는 방법을 최대한 많이 생각해본다.
- 시장을 열어 눈앞에 있는 물건을 판다고 가정하고, 그것을 사면 좋은 이유를 들어 손님을 설득해본다.
- 일상에서 흔하게 쓰이는 물건을 다르게 사용하는 방법이 무엇이 있을지 생각해본다.
- '신남'이라는 말을 형용사만 이용해서 묘사해본다.
- '이상한'이라는 말을 명사만 이용해서 묘사해본다.
- 젓가락이나 1억 원을 사용할 수 있는 일반적인 방법과 전혀 다른 방법에 대해 생각해본다.

다방면으로 생각하는 기술, 유연한 상상력 키우기

유연한 상상력은 마주한 문제나 과제, 심지어는 평범하고 흔한 물건이나 상황에 여러 가지 관점으로 접근해 다른 범주의 착상을 떠올리는 기술이다. 유연한 상상력을 가진 아이는 자신이나 남이 가진 고정된 사고방식을 깨트려서 문제를 새로운 관점으로, 심지어는 반대되는 관점으로 볼 수 있다.

혁신을 위해서는 '색다름'이 필요하다. 그래서 다른 종류의 아이디어를 내는 것, 즉 유연한 상상력이 필요하다. 그러나 유연한 상상력을 가지기 위해서는 앞서 말한 유동적 상상력이 뒷받침되어야 한다. 일단 많은 착상을 떠올려야 아주 다른 종류의 유연한 착상도 떠올릴 수 있기 때문이다.

어떤 것을 다른 각도나 새로운 관점으로 유연하게 상상하기 위한 8가지 활동을 아이와 해보자.

첫째, 유연한 상상력에는 자신의 감정, 사고, 경험 등을 다시 돌이켜서 숙고하는 '재고하는 태도'가 중요하다. 한 번도 재고되거나 재정립된 적이 없는 이론, 지식, 기술, 사회정책 등은 퇴보된 것이다. 혁신을 이루기 위해서는 유연한 상상력으로 어떤 것을 다른 각도와 새로운 관점에서 생각해보는 연습이 필요하다. 아이가 유치원이나 학교에서 친구와 놀이를 하다가 어떤 문제가 발생했다면, 아이에게 그때의 현장으로 돌아가서 그 문제를 지금이라면 어떻게 해결할 수 있을지 생각해보게 한다. 이미 지나버린 경험이지만, 되새겨 생각해보는 연습을 하는 것이다.

둘째, 〈워 호스*War Horse*〉라는 연극은 인간의 전쟁을 말의 시각에서 바라보고 이야기를 전개해나간다. 어떤 사건을 다른 사람이나 동물, 사물의 관점에서 바라보고 이야기해보자. '우리집 시계가 우리 가족을 본다면?'과 같은 일상적인 사물의 관점도 좋은 이야기 소재다. 매번 다른 위치와 방향에 놓인 의자에 앉아 물건이나 사람을 관찰하거나 매번 앉아서 보던 것들을 바닥에 누워서 보는 등 다른 각도에서 사물을 보는 연습을 해야 한다. 어떤 디자인이나 사진, 그림을 거꾸로 뒤집어서 보거나 새로운 방향에서 보는 것도 좋다. 예를 들어, 오리를 뒤집으면 토끼가 되는 그림 같은 것을 보면서 일반적인 면과 다른 부분을 보는 눈을 키울 수 있다. 여러 가지 각도로 틀어서 봐야만 풀 수 있는 퍼즐을 해보도록 하는 것도 좋은 방법이다.

어떤 물체가 만들어지는 재료, 방법, 과정 등을 뒤바꾸거나 그 기능을 바꿔보고, 그것을 대체할 만한 다른 재료, 방법, 단계, 또는 과정을 생각하게 하자. 예를 들면, 자동차의 바퀴를 고무 말고 다른 재료로 바꾸게 하거나 둥근 모양 말고 다른 모양을 상상해보는 것이다.

셋째, 아인슈타인, 스티브 잡스, 넬슨 만델라 같은 혁신가들은 대부분 자신의 또래가 아닌 전문가와 전문성 교류를 했다. 이처럼 아이는 또래 집단이 아닌 다른 곳에서 친구를 사귀어야 한다. 아이가 또래와 함께 있을 때는 모두 찬성하는 것에 반대하는 입장에서 상대방을 설득하거나, 상반되는 관점에서 문제를 보고 이야기를 하는 등 일부러 반대 관점을 대변하는 역할을 맡는 것이 좋다. 지금이 몇 시인지 시계를 보지 않고 하루를 보내게 한 뒤 평소와 뭐가 달랐는지 그 상황이나 생각에 대해 이야기하게 해보자. 또 어떤 사물이나 사건에 대해서 자신이 구경꾼이나 종이클럽이 되었다고 상상하게 만들고, 그 관점으로 이야기를 풀어보게 하는 것도 좋다.

넷째, 아이가 어떤 학교에 입학하기 위한 면접을 본다고 가정해보자. 어떻게 하면 면접을 성공적으로 마칠까를 생각하는 게 아니라 면접에 실패할 수 있는 방법에 대해 깊이 생각해볼 기회를 주자. 어떻게 하면 좋은 친구가 될 수 있을까보다 어떻게 하면 최악의 친구가 되는지 생각해보게 하자. 어떤 상황과 문제를 다른 사람들이 상식적으로 생각하는 것과 반대 입장에서 보는 연습을 하는 것이다.

다섯 번째, 어떤 문제를 다른 행성이나 나라, 다른 지역에서 발생한 것으로 가정하거나 또는 미래에 발생하는 것으로 보고, 자신과 전혀 다른 세계에 사는 사람들과 의사소통하는 상황을 상상하게 해보자. 이는 과거, 현재, 미래의 시점으로 나누어 다른 시간대로 생각하고 다른 도시나 국가의 관점으로 이야기를 재구성하는 일이다.

여섯 번째, 소수자들에 대한 편견을 갖게 하거나 낙인찍기를 하지 말고 그런 사람들과 친구가 되어서 그들의 배경과 관점을 이해하게 하자. 버스 운전사, 환경 미화원 등과 같이 일상적인 이야기를 나누지 않는 이들과 대화를 하며 그들에 대해서 배우는 것도 좋다.

일곱 번째, 좋은 착상뿐만 아니라 어떤 문제점까지도 여러 가지 새로운 용도로 사용해보자. 예를 들어, 물감회사를 운영하던 화학자 카를 뒤스베르크(Carl Duisberg)는 물감을 만들고 남은 처치 곤란한 폐기물이 당시 해열제인 안티피린의 성분과 흡사하다는 것을 알게 된다. 그리고 오랜 연구 끝에 안티피린보다 뛰어난 새로운 해열제인 아스피린을 만들어냈다.

여덟 번째, 새로운 착상을 떠올리는 연습을 할 때 아이가 눈으로 볼 수 있는 학용품, 건축 재료, 음식, 색깔과 같은 구체적인 것에 대해 의견을 말하게 해보자. 그런 다음 눈으로 볼 수 없는 사랑, 우정, 슬픔, 기쁨, 평화 등과 같은 추상적인 개념을 이야기하는 것이다. 또 특허청에서 아이가 관심을 두고 있는 주제나 분야의 특허를 찾아보게 한 뒤에 새로운 종류의 착상을 떠올릴 수 있도록 유도하자.

자신이 좋아하는 장르를 떠나서 새로운 장르의 책을 읽는 것도 좋다. 영화도 마찬가지로 익숙한 장르가 아니라 새로운 장르를 보고, 전혀 특별하지 않은 아주 일상적인 사물이나 사건에 대한 시를 짓게 하고, 일상적인 물체를 가지고 가구를 대체한다든가 가구를 새로 만들게 하는 활동을 해보자.

기발하게 생각하는 기술, 독창적 상상력 키우기

독창적 상상력은 특이하고 기발한 생각을 하는 기술이다. 독창적 상상력을 계발하기 위해서는 성급하게 판단하거나 결정하지 않고 참을성 있게 기다리는 개방적이고 긍정적인 태도가 필요하다. '기다림'이 중요한 이유는 보통 단순하고 흔한 아이디어가 먼저 나온 뒤에 기발하거나 독특한 아이디어가 나오기 때문이다. 즉흥적이고 유머러스한 태도를 통해 많은 아이디어를 떠올리면서 개방적이고 긍정적 태도로 지속적인 착상을 하면 마침내 기발한 아이디어가 나온다. 또 재고하는 태도, 튀는 태도, 당돌한 태도로 다른 관점의 아이디어를 유연하게 내면서 개방적인 태도를 가지면 더 기발하거나 특이한 아이디어가 샘솟는다. 새로운 각도나 다른 범주의 생각이 아니더라도 창의적일 수는 있지만 독창적이지 않은 생각은 창의적일 수 없다.

그렇다면 독창적인 상상력은 어떻게 키울 수 있을까? 독창적인 상상력을 키우기 위해서 아이에게 다음 3가지 환경을 조성해주는 것이 좋다.

첫째, 아이의 정서적·심리적 안정감을 위해 큰 무리 없이 항상 볼 수 있는 사람, 사물 또는 환경을 만들어주어야 한다. 그리고 아이와 전혀 다른 사고방식이나 관점을 가진 사람의 역할을 해보는 역할놀이를 하고, 다른 시대나 장소에 있는 사람을 상상하고 그들을 위한 과제를 발표하게 해보자. 그러면 익숙함과 낯선 것 사이에 균형을 잡을 수 있다. 또 할머니나 할아버지를 포함한 노인들을 자주 만나고 그들이 가진 경험과 관점, 사고를 배우는 것도 도움이 된다.

둘째, 아이는 과제를 하거나 자신의 외모를 가꿀 때 여러 가지 새로운 방법과 모습을 시도해서 자신이 무엇을 좋아하거나 싫어하는지 인식해야 한다. 자기만의 개성, 말하는 방식, 몸짓, 좋아하는 방식을 계발해서 남과 다른 모습을 가져야 한다. 이때 '남과 다름' 그 자체를 목적으로 억지로 다르게 만들라는 것이 아니다. 자신만이 가진 고유의 개성, 가치관, 흥미 또는 스타일을 더욱더 두드러지게 하라는 말이다. 이를 위해서는 다음과 같은 활동이 도움이 된다.

- 이미 만들어진 기성품을 사서 남과 똑같은 것을 가지는 대신 재활용품을 이용해서 자신만의 액세서리, 옷, 가방, 소지품을 만들어본다.
- 아이가 패션에 대해서 관심이 없으면, 관심이 없는 것 자체가 개성이 되게 한다.
- 인기 없는 스포츠를 시도하거나 새로운 운동 규칙을 만들어 즐기게 한다.
- 아이가 쉽게 관심을 가질 수 없는 추상 예술이나 초현실주의 작품을 접하고, 미술관을 자주 방문하게 한다.
- 어떤 과제를 제출할 때 반드시 자기만의 특성이 드러나게 하고, 자신만의 서명, 자신을 대변하는 상징적인 마크, 자신을 잘

나타낼 수 있는 짧은 문구를 넣게 한다. 누구나 그 결과물이 아이의 것이라고 쉽게 알 수 있도록 만들어야 한다.

셋째, 주위의 사물이나 동물, 사람이 가진 장점을 부정적인 어휘만 사용해서 표현하거나 단점이나 약점을 긍정적인 어휘만 사용해서 표현해보자. 이외에도 특이하고 기발한 아이디어를 내서 독창적 상상력을 넓히기 위해 스마트폰을 가장 이상한 용도로 사용할 방법을 찾거나 스마트폰이 존재하지 않을 때의 장점은 무엇이 있을지 얘기해보는 것이 좋다. 자동차와 스파게티를 비교하고 서로 비유해보거나 가장 이상하고 기발한 방법으로 초콜릿 먹는 법을 설명하는 것도 특이한 생각을 할 수 있게 도와준다. 또 아이가 한 번도 해보거나 만져본 적 없는 것 다섯 가지를 묻고, 그 이유를 들어보자. 가장 친한 친구의 장점에 대해 부정적인 문장만 이용해서 말해보거나 같은 교실에 있는 아이 중에서 누가 '얼룩말'로 불릴 수 있는지 묻고, 그 이유를 들어보자. 이 모든 과정에서 아이는 독창적인 상상력과 동시에 관찰력과 사고력도 기를 수 있다.

문제 풀이 능력을
키우는 상상력

앞에서 설명한 것처럼, 전문성을 키우며 상상력을 확대해나가면 배경 지식 덕분에 남이 미처 알아채지 못한 부족한 부분을 알아보는 민감성이 생긴다. 이런 민감성이 바로 '문제 식별력'이다. 문제 식별력을 키우기 위해서는 아이가 자신의 주변에서 일어나는 일이나 변화에 주목하여 그 속에서 모순이나 불완전한 정보를 찾을 수 있어야 한다.

나아가 아이 자신이 느끼는 문제뿐 아니라 다른 사람의 문제에도 관심을 가지고 일상생활 속에서 크고 작은 문제점들을 찾아보게 하자. 그런 다음 그 문제들을 해결하는 방법을 알아보는 것이다. 이렇게 아이 스스로 배운 지식이나 기술에 문제는 없는지, 새로 나온 제품이나 기계에 개선할 점은 없는지 찾아보는 것이 좋다. 남이 미처 알아채지 못한 문제를 발견하려면 다음과 같은 연습을 해야 한다.

첫째, 쉽게 보이지 않는 것이나 남들이 보려고 노력하지 않는 것을 찾아보게 한다. 다른 사람이 완성한 예술 작품이나 기술적인 창작물에 대해 자신만의 생각이나 느낀 점을 말과 글로 표현하고, 그것이 다른 사람과 어떻게 다르거나 같은지 찾아보아야 한다. 이를 위해서 어떤 상품의 광고에서 장점을 찾아 아이가 실제 구매자가 되게 하고, 실제 제품과 광고를 비교해 차이점을 구별하는 연습을 하는 것이 좋다.

둘째, 숨겨진 것을 찾아보게 한다. 숨은 그림 찾기 또는 신비로운 물체나 구름 속에 숨겨진 모양, 형태, 의미, 문자를 찾아보는 것은 아이의 민감성을 높여주는 방법이다. 이 밖에도 비슷한 그림이나 사진을 두 장 놓고 차이점을 찾거나 색깔이나 움직임, 모양 등에서 착각하기 쉬운 사진이나 그림을 보고 아이와 이야기하는 것도 좋은 방법이다.

셋째, 어떤 물건이나 단계, 과정에서 불필요한 부분을 찾아 축소하거나 제거하게 한다.

넷째, 눈에 보이는 것 너머를 생각하게 해야 한다. 어떤 문제점은 그보다 더 깊거나 큰 문제의 일부에 지나지 않을 수도 있다. 아이가 큰 그림을 그려 그 안의 패턴이나 관계를 파악하고 근본적인 문제점을 찾게 하는 게 우선이다. 예를 들어, 사진이나 일상을 다시 돌아보고 그 안에서 보이지 않는 것을 상상하거나, 하루 동안 자신이 투명인간이라면 어떻게 타인을 도울지 이야기해보는 것이다. 이러한 활동을 통해 아이는 어떤 상황이 주어져도 그 상황에서 겉으로 드러난 문제점과 숨겨진 문제점을 찾아내는 힘을 기를 수 있다.

홀로 그리고 함께 착상하기

상상력을 통해 창의적인 결과물을 내기 위해서는 다른 사람과 착상을 교류하는 것이 매우 중요하다. 아이가 충분한 시간을 가지고 혼자 몰두해서 착상의 결과물을 최대한 만들어낸 뒤에 (홀로 착상) 다른 사람과 교류할 때(교류 착상) 아이의 창의력은 빛을 발한다. 아이가 혼자서 착상을 충분히 내기 전에 다른 사람과 교류하게 되면 홀로 생각한 것들에 집단적 사고가 큰 영향을 끼쳐 독창성을 포착해내기 힘들다. 또 교류의 결과로 나온 착상이나 계획에 대한 책임감이나 관심도 줄어들게 된다.

홀로 착상을 먼저 한 뒤에 같은 과제나 문제를 이해하면서 다른 배경과 전문 분야, 사고방식을 가진 사람들을 만나야 한다. 폭넓은 관점으로 교류 착상을 하면 서로의 생각을 결합하거나 확장할 수 있고 협동심도 기를 수 있다.

착상을 하기 전에는 간단한 체조나 스트레칭, 가벼운 춤추기 등과 같은 신체 운동을 해서 몸을 푸는 것이 좋다. 5분의 '몸 풀기'라도 뇌로 가는 혈액의 흐름을 원활하게 해서 더 많은 양의 착상이 즉흥적으로 떠오르게 한다. 그런 다음 종이, 포스트잇, 또는 칠판에 착상을 적거나 표현해보자. 다음 3가지 상상 기술에 중점을 두면서 아이 홀로 착상하게 하자.

- **유동적 상상력:** 최대한 많은 착상 내기
- **유연한 상상력:** 최대한 다른 종류의 착상 내기
- **독창적 상상력:** 최대한 특이한 착상 내기

홀로 착상이나 교류 착상을 할 때는 광범위한 목표가 아니라 구체적인 목표, 다수의 목표가 아니라 소수의 목표에 집중하는 것이 좋다. 작은 목표 하나하나에 집중하게 되면 아이가 자신이 교류하는 사람에게 어떤 착상을 하는지 더 쉽게 전달할 수 있다.

단체로 교류 착상을 할 때는 사회자를 두어야 한다. 사회자는 참석자들의 착상을 하나하나 큰 소리로 읽어주고 기록해야 한다. 이때 사회자는 착상을 방해하거나 착상의 질에 대해 평가 혹은 판단해서는 안 된다. 이상하거나 허무맹랑한 착상도 따뜻하게 환영해서 아이가 안심하고 자발적으로 착상할 수 있도록 도와야 한다.

흔히 사용되는 '브레인스토밍'처럼 조화나 화합을 강조하는 방식은 사용하지 않는다. 남과 비슷한 착상을 내서 논쟁과 갈등을 피하는 대신 의견 충돌과 건설적인 갈등을 표출하는 것을 즐기게 하자. 다만 의견 다툼과 충돌은 '사람' 때문이 아니라, 사람이 낸 '착상' 때문이어야 한다. 이런 교류를 통해 논쟁과 갈등이 심화되면 아이가 원래 가졌던 의견이 바뀌거나, 아이의 다른 관점을 자극해서 후속 착상을 도울 수 있다.

다른 사람의 착상에 조금씩 덧붙여서 생각을 발전시키는 것도 좋다. 그러려면 아이가 다른 사람의 착상에 귀를 기울이고 분석해서, 자신의 착상을 결합시켜야 한다. 각각의 착상을 벽이나 보드에 붙인 다음, 그것들을 서로 비교하고 대조한 뒤 합쳐보자. 이렇게 되면 서로 무관해 보였던 착상들이 만나 더 독창적인 발상을 끌어낼 수 있다.

사랑, 행복, 기쁨, 호기심 등과 같은 긍정적인 감정이나 유머러스한 태도를 키우기 위해 영화, 코미디, 음악, 음식 등을 이용하는 방법이 있다. 또 아이가 웃을 기분이 아니더라도 의식적으로 웃게 되면 마음과 정신이 훨씬 자유로워져서 문제 식별력이나 문제를 알아보는 민감성이 높아진다. 다만 긍정적인 감정은 산만함을 늘리고, 집중과 끈기를 감소시킨다. 그러므로 사고력의 종류에 따라 다른 감정을 활용하는 것이 좋다. 틀 밖 상상력을 위해서는 긍정적인 감정을 이용하고, 틀 안 사고력 또는 비판력을 위해서는 부정적인 감정을 이용해보자.

독창적 착상은 흔하고 뻔한 착상이 먼저 나온 뒤에 나오기 때문에 이미 독창적인 착상을 만들어낸 듯해도 계속 탐색하면서 2차, 3차 착상을 수확해야 한다. '50개' 같은 착상의 할당량이나 '1시간' 같은 시간적인 한계를 미리 설정하고 시작하자. 교류 착상을 하면서 다음 질문에 답해보게 한다.

- 과학용 실린더를 부엌에서 어떻게 사용할 수 있을까?
- 창문을 더 가치 있고 색다르며 아름답게 개선할 수 있는 방법은 뭐가 있을까?
- 모든 질병이 다 치유될 수 있다면 어떤 일이 일어날까?
- 전기가 공짜가 되면 세상에 어떤 영향을 끼칠까?
- 어느 회사의 휴지를 살지 결정하는 기준은 무엇일까?
- 정사각형을 4개의 똑같은 조각으로 나누는 방법은 모두 어떤 게 있을까?

유레카를 만드는
상상력

의식적으로 어떤 문제나 과제에 과하게 집중하면 지나친 스트레스나 틀에 박힌 사고방식이 마음과 정신을 자유롭지 못하게 만들고 잠재의식을 방해한다. 의식이 휴식을 취하는 동안에만 잠재의식이 틀 밖으로 나와 상상력을 발휘하기 때문이다. 잠재의식은 의식의 뒤에 있는 검색 엔진이라고 할 수 있다. 잠재의식이 지식이나 기술 또는 경험 안에 있는 기억을 샅샅이 살펴서, 아직 분류되지 않은 새로운 정보와 비교한 다음 무관했던 정보들을 서로 연결한다. 그러면 마침내 갑작스럽게 떠오르는 창의적인 착상, '아하! 착상'이 나온다.

'아하! 착상'에는 2가지 조건이 있다. 첫째, 철저하고 끈질긴 몰입이 선행되어야 한다. 둘째, 몰입한 뒤에는 반드시 쉬거나 공상하거나 잠을 자야 한다. 아하! 착상은 자발적으로 배우고, 연습하고, 계획해서 하는 능동적인 기술이지, 천재성에서 나오거나 운이 좋아서 나오는 것이 아니다. 아하! 착상을 위해서는 먼저 창의적 태도를 기른 뒤 다음과 같은 순서를 따르는 것이 좋다.

연결시키기

항상 패턴이나 관계 그리고 유사점과 차이점을 찾아 기억하고 상상할 수 있는 뇌의 구조를 만들어야 한다. 각각 동떨어진 정보 대신에 그 정보를 길게 잇는 고리와 같은 전체적인 원칙이나 방법론을 익히는 것이 좋다. 예를 들면, 영어 단어를 하나씩 외워서 문제를 푸는 게 아니라 영어 동화책이나 소설을 읽으면서 단어를 이야기와 함께 익히는 것이다. 인간의 두뇌는 정보를 하나하나 따로 저장하는 것보다 이야기로 저장할 때 더 오래 담아둘 수 있다. 이러한 연결고리를 찾아 잠재의식이 실력을 뽐내기 위해서는 개념적으로 서로 관계가 먼 전문성에 관심을 가져야 한다. 또 복합적 태도와 재고적 태도로 목표와 관련된 착상이 발전하면서 전혀 다른 감각, 기억, 아이디어, 감정, 개념들이 연결될 수 있게 여유를 가지고 홀로 숙고해야 한다.

몰입하기

목표 의식적 태도, 철저한 태도, 끈기 있는 태도로 구체적인 목표에 집중해서 끈질기고 철저하게 몰입해야 한다. 몰입이 먼저 이루어져야 나중에 쉬거나 공상을 할 때 잠재의식이 목표 지향적으로 변한다. 자기 효능 태도와 불굴의 태도로 자신감을 가지고 실수나 실패에 굴하지 않고 오히려 배우면서 나아가야 한다. 저녁형 인간보다는 아침형 인간이 되어, 새로운 지식이나 기술은 아침에 배우고 어떤 단계가 막히면 그것을 그만두는 대신에 쉬운 과제와 번갈아 가면서 하는 것도 좋다.

휴식하기

'아하! 착상'은 체계적인 사고보다 유연한 사고를 할 때 쉽게 나온다. 의식이 더 좋은 해결책이 나오는 길을 막고 있어서 목표를 이루지 못하는 경우가 있기 때문에 정보를 느슨하게 만들도록 뇌의 구조를 바꿔주는 것이다.

목표를 달성하기 위해 철저한 몰입을 한 뒤에는 휴식을 취하면서 끈기 있는 태도를 즉흥적인 태도로 전환해야 한다. 그러면 바통을 이어받은 잠재의식이 몰입하던 의식 대신 목표를 달성하려고 노력한다.

아이가 어떤 일도 지나치게 심각하게 여기지 않는 유머러스한 태도와 '아하! 착상'을 낼 수 있다는 자기 효능 태도를 가지게 하자. 스트레스를 덜 받는, 긍정적 태도를 취하라는 뜻이다. 그러면 더 광범위하고 자유로운 검색을 할 수 있게끔 잠재의식이 여유를 가지게 된다. 감성적 태도와 긍정적 태도로 육체적, 정신적으로 해야 할 일을 완전히 떠나서 산책하기, 운동하기, 그림 그리기, 목욕하기, 여행하기 등과 같이 휴식을 통해 평안, 행복, 기쁨 같은 긍정적인 감정을 느끼는 것이 좋다.

공상하기

'아하! 착상'은 주로 공상을 할 때 나오기 때문에 쉽고 단순한 과제를 하며 공상할 여지를 줘야 한다. 공상을 할 때는 의식이 정해진 규칙이나 논리를 따르는 대신 자유로워지기 때문에 잠재의식이 습관적인 생각, 고루한 논리, 방해요소에서 벗어나 유연하게 착상이나 해결책을 검색할 수 있다. 너무 어려운 문제에 고립되지 말고 쉽고 단순한 과제를 하면서 유머러스한 태도와 공상적 태도로 자유롭게 사색하거나 공상을 하는 시간을 제공하자.

잠 깊이 자기

'아하! 착상'은 주로 잠을 깊이 잘 때 나오기 때문에 어떤 것을 아무리 해도 안 될 때는 모든 것을 다 잊어버리고 잠을 자는 것이 좋다. 다만 자기 전에 그 목표를 생각하거나 이야기를 나누어서 의식 속에 목표를 깊이 심어두어야 한다. 자기 전에 침대 옆에 필기도구를 두어 새벽에 잠깐 깬 사이 '아하! 착상'을 포착하도록 대비하는 것도 잊지 말자.

아이의 상상력은 창의력을 갖춘 영재가 되는 길이기도 하지만 앞으로 펼쳐질 미래에 대한 해답이 되기도 한다. 아이의 상상력과 창의력을 길러주고 싶은 것이 모든 부모의 마음이다. 그러나 사교육을 통해서 아이의 사고력을 아무리 길러주어도 아이가 집에 돌아오면 밖에 나가 상상했던 것들, 아하! 착상, 교류 착상으로 꿈틀거리던 생각들이 모두 연기처럼 날아간다. 아이가 가장 많은 시간을 보내는 가정에서 이런 풍토가 먼저 조성되지 않으면 모든 것은 시간과 에너지 낭비일 수 있다. 아이가 습관처럼 엉뚱하고 기발한 생각을 끄집어낼 수 있도록 부모의 말 한마디, 집안 환경, 활동 반경 등을 먼저 바꾸어보자.

아이의 상상력을 위한 부모의 질문법

① 유동적 상상력을 위한 질문

- 시각장애인에게 빨간색을 어떻게 설명할 수 있을까?

- 빗을 다르게 사용하는 법이 뭐가 있을까?

- '이상한'이라는 말을 명사만 이용해서 설명해줄래?

- 1억 원을 사용할 수 있는 평범한 방법과 기발한 방법에는 뭐가 있을까?

② 유연한 상상력을 위한 질문

- 코끼리를 거꾸로 그리면 뭐가 보일까?

- 바닥에 누워서 창밖을 보면 어떤 느낌이 들어?

③ 독창적 상상력을 위한 질문

- 사탕을 먹는 가장 이상한 방법은 뭘까?

- 한 번도 만져본 적 없는 것 다섯 가지만 말해볼까? 왜 만지지 않았니?

- 같은 교실에 있는 아이 중에서 누가 '얼룩말'이야? 그 이유는 뭘까?

부모를 위한
한 장 요약

호기심을 통해 남과 다른, '평범의 틀' 바깥으로 나아갈 수 있는 힘인 아이의 상상력을 키워주세요.

1. 전문성에 상상력을 더하게 해주세요

창의영재가 되기 위해서는 3가지 상상력이 필요합니다. 유동적 상상력, 유연한 상상력, 독창적 상상력. 우선 유동적 상상력으로 최대한 많은 아이디어를 만들고, 유연한 상상력으로 다양한 관점의 생각을 하게 됩니다. 혁신의 포인트가 되는 독창적 상상력은 아주 특이하고 기발한 생각을 하게 합니다.

2. 아이디어를 거침없이 내게 해주세요

유동적 상상력은 타인의 시선에 연연하거나 망설이지 않고 많은 아이디어를 내는 기술입니다. 아이가 하는 착상의 '질'을 판단하지 말고, 최대한 많은 아이디어가 즉흥적으로 쏟아질 수 있게 도와주세요.

3. 정해진 틀 없이 상상하게 해주세요

유연한 상상력은 아이가 마주한 문제나 과제 심지어 평범하고 흔한 상황에 여러 가지 관점으로 접근해 다른 범주의 착상을 떠올리게 합니다.

4. 다른 사람과 생각을 교류할 수 있도록 해주세요

상상력을 통해 창의적인 결과물을 내기 위해서는 다른 사람과 착상을 교류하는 것이 매우 중요합니다. 아이가 충분한 시간을 가지고 혼자 몰두해서 착상의 결과물을 낸 뒤에 다른 사람과 교류할 때 아이의 창의력은 빛을 발하게 됩니다.

5. 몰입한 뒤에는 휴식할 수 있도록 해주세요

기발하고 순간적인 착상인 '아하! 착상'은 깊이 몰입한 뒤에 가지는 휴식 속에서 튀어나옵니다. 아이의 의식이 한껏 문제에 몰입하고 골몰한 뒤에, 그것을 잊고 휴식하면 무의식이 대신 목표를 달성하기 위한 공상을 시작합니다. 아이가 공상하며 휴식하는 시간이 상상력에 필수라는 사실을 잊지 마세요.

7

틀 안 비판력

에이브러햄 링컨이 경쟁자 더글라스를 만났을 때,
더글라스는 사람들에게 이렇게 말했다.

"링컨은 우리나라에 금주령이 내려졌던 시기에 술을 팔던 사람입니다.
위법이지요. 결코 뽑아서는 안 됩니다!"

이에 링컨이 답했다.

"맞습니다. 사실입니다. 그리고 그는 당시 저의 최대 고객이었습니다."

균형 있는
사고를 만드는 비판력

마우스 클릭 몇 번으로 무제한의 정보를 쉽게 접할 수 있는 오늘날에는 정보를 완전히 이해하고 영양가 있는 정보를 선택해 학습하는 일이 점점 더 중요해지고 있다. 이런 상황에서 비판적으로 생각하지 않고 무조건적으로 정보를 받아들이는 것은 옳지 않다.

비판력이 결여된 아이는 논리적 오류를 범하기 쉽고 자기중심적이 된다. 또한 자신이나 자신이 속한 구성원의 이익만을 위해 거짓말을 하거나 누군가를 조종하려 한다. 혹은 정반대로 아이가 다른 사람에게 잘못된 정보를 듣고 끌려 다니게 될 수도 있다. 그래서 아이는 '틀 밖 상상력'으로 여러 가지 독특한 발상을 낸 뒤에 다시 틀 안으로 들어와 떠오른 발상을 세세하게 분석하고 그 발상을 가치 있게 사용할 줄 알아야 한다.

많은 사람이 내가 공부를 열심히 했거나 영어를 잘했기 때문에 성공했을 것이라고 단정 짓는다. 그러나 미국이라는 나라는 열심히 공부하거나 영어를 잘한다고 해서 성공을 허락하지 않는다. 누군가 나에게 어떻게 이 자리에 올랐는지 물으면 나는 "어릴 적부터 어머니가 권위에 이의를 제기할 수 있는 자신감을 길러주었기 때문이다."라고 답한다.

내가 중학교 1학년 때였다. 당시 우리 학교 아이들의 아버지는 전부 농부였다. 그런데 어느 날 군인 아버지를 둔 아이가 전학을 왔다. 다른 어머니들과 달리 고급스러운 양산과 '뾰족구두'를 신고 학교를 자주 오가던 그 친구의 어머니는 별안간 그 친구의 가정 시험 점수를 80점에서 90점으로 바꿔놓았다.

그날 밤 나는 늦게까지 일하고 돌아온 어머니한테 그 점수를 인정하지 못하겠다고 말했다. 그러자 어머니는 "선생님께 함께 가자. 그렇지만 선생님이 실수하셨을 수도 있으니 정중하게 따져보아야 한다."라고 말씀하셨다. 나와 어머니는 선생님 댁에 방문해서 예의를 갖춰 문제를 제기했다. 그러자 선생님은 그 아이의 어머니에게 선물을 받고 점수를 올려주었음을 인정하고 사과했다. 그 일은 내게 큰 충격이었다. 우선 하늘과 같던 선생님이 나의 당돌한 이의제기를 진심으로 들어주었고, 어른도 잘못을 할 수 있다는 것을 알았으며, 어른이 아이에게 사과할 수 있다는 것도 배웠다. 이 일을 계기로 나는 당연하다고 여겨지는 것을 당연하지 않게 받아들일 수 있게 되었다.

"시키는 대로 해!"라고 하는 것은 아이에게 절대적인 무력으로 권위를 강요하는 것과 같다. 아이가 무력에 의한 것이 아니라 정의, 진리, 사실이나 확실한 정보에 따라 권위를 존중하고 존경하게 해야 한다. 그러기 위해서는 아이가 일리 있는 논리를 펼쳤을 때 어른이 먼저 자신의 실수를 인정하고 논쟁에서 졌다고 시인할 수 있어야 한다. 그러면 아이는 증거와 추론에 근거한 사고법이나, 행동에 대한 올바른 판단력을 기를 수 있다.

예를 들어, 아버지는 전통적으로 가정에서 권위의 상징이 되어 왔다. 이러한 권위의 상징인 아버지가 권위주의를 내세워 아이를 억누르면 아이의 비판력과 상상력은 그야말로 말살된다. 혁신가들은 대개 두 방향으로 나뉜다. 아버지가 없었거나, 아버지와 친구가 되었거나. 부모가 잘못을 시인한다고 해서 아이가 부모의 권위를 무시하고, 부모를 덜 존경하는 것은 아니다. 오히려 아이는 잘못을 인정하는 부모를 더 존경하게 될 뿐만 아니라 진짜 존경받아야 마땅한 권위자는 어떻게 행동해야 하는지 깨닫게 된다. 그렇게 될 때 아이는 진정한 롤모델이나 멘토를 찾고자 하며, 스스로에게 도움이 되는 의견이나 조언을 따르고자 할 것이다.

'틀 안 비판력'은 자신의 의견만 감정적으로 앞세우거나 다른 사람의 의견을 비난하는 부정적 사고가 아니다. 다른 사람의 약점을 공격하는 단순한 행위도 아니다. 비판력은 정확한 분석을 통해 정보를 완전하게 이해한 뒤 어떤 기준에 따라 평가해서 결론을 내는 판단력이다.

비판력의 기술, 분석력과 평가력

분석력은 정보를 완전히 이해하기 위해 감정이나 논리를 사용하고, 이해한 정보를 잘게 쪼개어 각각의 정보가 서로 어떻게 연결되는지, 전체와 어떤 관련이 있는지 알아내는 사고력이다. 다시 말해 독립적 태도, 철저한 태도, 재고하는 태도와 같은 바람 풍토의 태도로 면밀하게 사실과 자료를 모으고 분류하고 여러 관점을 통해 그 분야를 이해하며 자신의 의견을 수정하는 것이다. 아이의 분석력을 기르기 위해서는 다음 단계가 필요하다.

첫째, 다른 비슷한 개념과 비교하거나 대조해서 정확하고 뚜렷한 말로 그 정보와 관련된 개념을 정의한다.

둘째, 정보가 처음 어디서 시작되었는지 출처를 추적해보고, 완전히 이해하기 위해 어떤 자료가 필요한지 결정한다.

셋째, 정보를 크고 완전한 그림으로 보기 위해 그와 관련된 자료나 사실을 최대한 다양한 출처에서 수집하고 가장 바탕에

깔린 원인, 정황, 상황을 조사한다.

넷째, 자신의 편견이 그 자료를 이해하고 해석하는 데 어떤 영향을 미칠지 파악하기 위해 자기중심적 세계관에 이의제기를 해서 다른 이의 입장을 고려한다. 또 자신의 가정, 신념, 관점에 관한 패턴을 인식해서 자신의 사고방식을 다시 세운다.

다섯 번째, 자료 속에 드러나지 않은 가정과 가치관을 인식하고, 얼마나 과학적인 증거와 사실, 견실한 추론이 뒷받침되었는지 인식한다.

여섯 번째, 정보를 작은 부분이나 요소가 포함된 순차적 단계로 나누어서 그것들 간에 비슷한 점과 다른 점을 찾는다. 그것들 사이의 관계, 부분과 전체와의 관계, 전체 안에서 가장 핵심이 되는 부분과 패턴을 각각 파악한다.

평가력은 분석력을 통해 완전하게 이해한 정보를 적합한 판단 기준과 대조해 객관적이고 체계적으로 가치 있는 결론을 내리는 것이다. 우선 목표에 따라 각 부분에 필요한 것과 구체적인 비용, 시간, 질, 독창성, 합법성, 안정성, 효과성, 이행의 편의성 등과 같은 세분화된 판단 기준을 나열해야 한다. 그리고 판단 기준을 대조해서 각 부분이나 특성을 하나하나 객관적이면서 체계적으로 검증해보고, 그 부분과 특성마다 판단 기준에 따른 질을 수치로 부여해서 합산한다. 마지막으로 결합한 것을 바탕으로 정보에서 가치 있는 결론과 시사점을 뽑아내어 그 이유를 설명하면 아이의 평가력을 키울 수 있다.

논리로 싸우게 하기

가부장적인 풍토에서 자라난 부모들은 '틀 안 비판력'을 기르는 교육을 받지 못했을 확률이 높다. 그렇기 때문에 아이의 비판력을 어떻게 길러주어야 하는지 모르거나 가르치는 것에 어려움을 느낀다. 아이의 비판력을 기르기 위해서는 가장 먼저 아이가 어른에게 절대적으로 순종해야 한다는 교육관을 버려야 한다. 물론 아이가 스스로 의사결정을 할 정도로 성숙하지 않거나 어른이 설명해줄 시간이 없을 정도로 위급한 상황에서는 어른의 강압적 행동이 필요하다. 다시 말해 비판적 사고를 막는 강요나 강압은 비상시나 극한 상황에서만 사용하라는 뜻이다. 부모는 아이가 '틀 안 비판력'을 사용해 논리적인 사고를 할 수 있도록 어른이라는 지위에서 내려와 아이와 열성적인 논쟁이나 토론을 시도해야 한다.

아이에게 어른과 논쟁하는 법을 가르쳐 주자. 아이가 어른에게 일방적인 꾸중을 들으면 자기 방어적이 되고 다른 사람에게 책임을 돌리거나 회피하게 된다. 자기 방어적 태도는 대화의 요지를 흐릴 뿐만 아니라 오히려 잘못을 더 키우기도 한다. 아이가

322

마음을 열고 귀를 기울여 귀중한 조언이나 시의적절한 경고를 받아들이는 것이 이로운 일임을 알려주어야 한다.

물론 부모에게 아이와 말씨름을 하거나 아이의 비판을 듣는 것이 힘든 일일 수 있다. 그러나 양육의 최종 목적이 '말 잘 듣는 아이'나 '착한 아이'를 키우는 것이 아니라 독립적인 사고와 행동양식을 가진 멋진 어른으로 자라게 하는 것이라는 점을 잊지 말자. 이를 위해서 아이에게 어른의 사고 과정과 의사결정 과정을 설명해줄 필요가 있다. 가장 쉬운 방법은 부모의 개방적이면서도 편협했던 일, 자기중심적이지만 큰일을 도맡았던 경험, 자신을 의심하면서도 자기 확신에 찼던 일 등 상반된 태도를 동시에 가졌던 일화를 아이에게 이야기해주는 것이다. 예를 들면, "엄마는 학교 다닐 때 반에서 달리기를 제일 못해서 모든 운동에 자신이 없었지만 '나는 할 수 있다'는 오기로 오래 매달리기 종목에서 우승한 적이 있어"와 같은 이야기를 들려주는 것이다.

또한 부모가 스스로 틀렸다는 것을 인정하고 자신의 태도나 행동을 바꾼 경험을 아이에게 들려주자. 생각나는 경험이 없다면 아이와 함께 정한 규칙, 예를 들어, 바른 말을 사용하기와 같은 규칙이나 엄마와 주말 데이트하기 같은 약속을 지키지 못했을 때 아이에게 제대로 사과하고 앞으로 어떤 방식으로 이와 같은 실수를 줄여나갈지 이야기해본다. 아이는 부모의 사과를 들고 부모에게 더 큰 유대감을 느끼고 신뢰를 가지게 될 것이다. 이 역시 비판력이 생기는 자양분이다. 이때 아이에게 아랫사람처럼 대하지 말고 잘 모르는 분야를 알려주는 동료처럼, 대신 아이의 눈높이에 맞춰 이해하기 쉽게 충분히 설명해주자. 요리, 바느질, 식물 키우기 또는 돈, 투자 등 일상생활에 필요한 활동을 할 때 아이에게도 어떻게, 왜 하는지 설명해주는 것이 좋다.

비판력을 기르기 위해서는 아이가 아무 생각 없이 무조건 다수의 의견과 행동을 따라가게 해서는 안 된다. 물론 일반적인 견해를 따르는 일은 쉽고, 유행을 따르는 것은 정상적이며 일상을 살아가는 데 도움이 되기도 한다. 바로 이 점 때문에 아이뿐만 아니라 어른들조차도 자신이 다른 사람의 견해를 따르기만 한다는 사실을 인지조차 못하는 경우가 많다. 비판적이고 창의적인 사람은 많은 사람이 선택하거나 유행하는 관점 대신 주류가 아닌 것에 대한 생각과 관점도 제시할 수 있어야 한다. 그러기 위해서 아이는 다른 사람의 시선을 신경 쓰지 않는 연습을 해야 한다. 이는 단순히 다수 속에서 소수자로 나서는 것이 아니라 자신이 누구이고 어떤 존재인지를 남에게 알리는 과정이다.

아이가 기존의 규칙이 틀렸다는 생각이 들 경우 그 생각을 증명한 뒤 책임감을 가지고 자신만의 규칙을 만들게 해보자. 아이가 부당하거나 잘못된 규칙을 깨기 전에, 그 규칙을 어겼을 때 자신이 치를 대가를 미리 생각해보고 그 규칙이 정말 깰 가치가 있는지 판단하는 전략적 사고를 키우도록 해야 한다. 어른의 의견에 정중하게 도전장을 내밀고 자신이 부당하다고 생각하는 규칙을 어겨야 할 때, 한 번쯤은 일단 추진한 뒤에 용서를 구하는 습관을 들이는 것이 좋다.

아이가 자신만의 개성을 나타내는 옷을 입거나 염색을 해서 타인의 주목을 끌고 기분 전환을 하도록 만들자. 사람들은 남과 다른 것을 두려워하는 경향이 있기 때문에 다르다는 이유만으로 부정적인 시선을 보내올 수 있다. 하지만 남에게 잘 보이기 위해서가 아니라 자신을 위해 행동하고 선택하는 힘을 키우는 것이 중요하다. 이러한 연습을 통해 아이는 다른 사람의 놀림이 자신에게 아무런 영향을 미치지 않는다는 걸 깨달을 수 있고, "남에게 아무 피해를 주지 않는 한 상관하지 말았으면 한다."라는 의견을 말할 용기를 낼 수 있다. 그러면서도 자신과 남을 위해 나서야 할 때와 나서지 않아야 할 때를 구분할 수 있게 하는 것도 중요하다. 자신의 발언이나 행동이 남을 다치게 할 가능성이 있을 때는 멈추고, 진짜 싸워야 할 다른 가치를 찾아보는 것이다.

또한, 아이는 비슷한 태도나 신념을 가진 사람들과 뜻을 모으기 위해서 자신의 신념을 남에게 알릴 수 있어야 한다. 아이가 학교 내에서 마주하는 불평등한 일이나 왕따를 당하는 아이들을 옹호해보는 것도 아이의 논리력을 키우는 경험이 된다. 이러한 경험은 아이가 자신이 꼭 바꾸고 싶은 것, 아주 중요하다고 생각되는 의견이나 신념을 열정적이고 뚜렷하게 다른 사람에게 제시하게 하고, 두려움 없이 새로운 가능성을 위해 행동하게 만든다.

'강약기위'를 이용해 분석하게 하기

아이가 어떤 아이디어를 떠올리거나 무언가를 보고 스스로 '이건 가치 없는 것'이라고 지레 판단하고 제쳐놓는 경우가 있다. 이처럼 아이의 발상이나 생각이 너무 빨리 가지치기 당하지 않도록 하려면 '강약기위'를 활용하는 것이 좋다. '강약기위'란 강점·약점·기회·위협을 분석하는 것이다.

- **강점** 어떤 것의 긍정적인 측면이나 사람들에게 미친 긍정적 영향을 찾아본다.
- **약점** 어떤 것의 부정적인 측면이나 사람들에게 미친 부정적 영향을 찾아본다.
- **기회** 어떤 것이 좋게 바뀔 수 있는 방법이나 다른 용도로 쓰일 수 있는 예시를 찾는다.
- **위협** 기회에서 찾은 것을 따를 때 생기는 문제점이나 기회와 반대되는 대처방안을 찾는다.

의문을 제기하기

아이가 어떤 정보를 접할 때는 독립적·논리적으로 육하원칙에 따라 질문과 이의제기하는 습관을 가질 수 있게 연습한다.

- **누가** 자신이 접한 정보가 그 분야의 전문가에게서 나온 것인지, 그 전문가는 분야에서 오랫동안 연구해온 사람인지 묻게 한다.
- **언제** 시간, 날짜를 포함해 어떤 상황에서 제시된 정보인지 묻게 한다.
- **어디서** 공식적인 상황에서 제시된 정보와 다르거나 반대되는 관점이 나올 가능성이 있었는지 묻게 한다.
- **무엇을** 정보가 개인적 의견인지 아니면 공식적 사실인지 묻게 한다. 또 그 정보에 관련된 사실이 모두 제시되었는지 아니면 일부만 제시되었는지 생각해보게 한다.
- **어떻게** 어떤 사람이 감정적으로 혹은 이성적으로 제시한 정보인지 묻게 한다. 또 다른 사람이 재고해볼 수 있는 글이나 말로 기록된 것인지 묻게 한다.
- **왜** 정보가 제시된 이유나 숨겨진 의도가 있는지 묻게 한다.

16세기의 사람들은 지구가 평평하다고 믿었지만, 피타고라스는 반대의 주장을 했다. 그리고 그는 현재 과학과 수학 분야에서 빼놓을 수 없는 인물로 평가받는다. 마찬가지로 1960년대에 위

험을 무릅쓰고 미국에서 인종차별 반대 운동을 한 사람들은 역
사에 이름을 남겼다. 다수와 다른 의견을 내는 것은 단순히 남과
다른 게 아니라 때론 진리를 깨우치는 일이기도 하다.

유대인 부모들은 아이에게 다윗이 새총 하나로 권위의 상징
인 골리앗을 물리쳤다는 이야기를 들려주며 권위에 대한 도전
의식을 키운다. 그들은 아이가 어릴 때부터 수평적인 의사소통
을 하면서 "왜?"라고 질문하게 하고, 자신과 의견이 다르다면
상대가 어른이라도 이의를 제기하게 한다.

우리 아이들도 자신을 통제하거나 지배하는 힘에 당돌하게
대항하게 하자. 당연한 것처럼 여겨지는 규칙, 이론, 지식, 제도,
규범, 관습, 전통에 "왜?"라고 의문을 가지고 크고 작은 변화를
주도할 수 있도록 말이다.

부모를 위한
한 장 요약

아이가 정확한 분석과 평가를 통해 정보를 완전하게 이해한 뒤 가장 가치 있는 정보를 선택하게 해주세요. 아이의 비판력을 기르기 위해 다음과 같이 해주세요.

1. 아이가 논리적으로 말싸움할 수 있게 해주세요

화가 난 상태에서 의사소통하는 일은 어떤 상황에서도 긍정적인 효과를 낼 수 없다는 것을 알려주어야 합니다. 논리적으로 자신의 의견을 제시하거나 설득하는 방법을 가르쳐주세요.

2. 아이가 부정적인 감정이나 의견을 당당히 말하게 해주세요

책임을 회피하는 자기 방어적 태도는 대화의 요지를 흐릴뿐더러 잘못을 더 키우기도 합니다. 그러니 마음을 열고 귀를 기울여 귀중한 조언이나 시기적절한 경고를 받아들이는 것이 이로운 일임을 알려주세요.

3. 아이 앞에서 어른의 잘못을 인정해주세요

아이가 일리 있는 논리를 폈을 때는 어른이라도 자신의 실수와 논쟁에서 졌다는 것을 인정해야 합니다. 이렇게 하면 아이는 증거와 추론에 근거한 사고법이나 행동에 대해 올바른 판단력을 기를 수 있습니다.

8
새 틀 융합력

《파우스트》를 쓴, 세계적인 문학가이자 자연연구가
괴테의 어머니는 어린 괴테에게 책을 읽어줄 때
결말 부분은 일부러 들려주지 않았다.
그리고 지금까지 읽었던 것을 토대로 이야기의
뒷부분을 직접 완성하게 했다.

괴테는 어린 시절을 회상하며 이렇게 말했다.

"나의 문학은 어머니가 들려준 이야기로부터 창조되었다."

다양한 생각을
결합하는 융합력

'새 틀 융합력'은 줌 렌즈라고 볼 수 있는 '틀 안 사고'와 광각 렌즈라고 볼 수 있는 '틀 밖 사고'를 모두 이용한다. 이러한 새틀 융합력의 가장 큰 목적은 4S풍토를 통해 익힌 태도들을 다각도로 활용하여 아이의 흥미와 관련된 모든 지식, 기술, 경험을 기존의 틀 밖에서도 활용할 수 있게 도와주는 것이다. 즉, 아이디어가 갇혀 있던 틀을 초월해 더 가치 있는 완전체를 만들고, 그 것을 다른 사람에게 효율적, 효과적으로 전달하는 것이라고 볼수 있다.

　새 틀 융합력을 키우기 위해서는 창의력의 결합, 정제, 홍보의 기술이 필요하다. 결합은 나무보다는 숲을 보는 일이다. 더 큰 맥락에서 포괄적인 시각으로 정보를 얻고, 다르거나 관련이 없는 것의 본질을 해치지 않는 선에서 연결하는 기술이다. 정제는 정교화와 간결화의 과정을 거친다. 정교화 과정으로 요소를 첨가하고, 간결화 과정으로 필요 없는 요소를 지워서 남들이 더 쉽게 이해하거나 이용하게 만든다. 마지막으로 홍보는 돋보이는 이름을 짓고 비유와 상징으로 색다른 스토리텔링을 하는 것이다. 홍보를 통해 청중의 관심을 끌고 공감과 논리를 이용해 창작물의 이점을 설득할 수 있다.

많은 레고 조각을 가지고 있으면 더욱 다양한 형태와 색, 기능이 있는 집을 지을 수 있듯이 혁신은 서로 다른 분야의 지식이나 기술을 융합할 때 달성할 수 있다. 그래서 융합력은 여러 분야를 융합한 신기술이 주류가 되는 4차 산업혁명 시대에 반드시 필요한 능력이다. 많은 정보를 아는 것은 더 이상 중요하지 않다. 많은 경험을 통해 지식과 정보를 연결하는 것이 훨씬 중요하다. 머릿속에 있는 경험이 다양할수록 더 많은 '연결'을 만들어낼 수 있고, 더 강력해진 결합물, 새 틀을 만들 수 있다. 융합력을 기르기 위해서는 먼저 모든 것은 어떤 것과 연결되어 있다는 생각을 아이가 하게 해야 한다.

우리의 입시 위주 교육에서 '시간 낭비'라고 불리는 예체능 과목은 오히려 다른 과목과 융합되면서 혁신에 기여한다. 더욱이 예체능 과목은 아이의 정신적, 신체적 발달과 건강에 없어서는 안 될 필수 조건이다. 예술이 아이의 창의력에 지대한 역할을 하는 또 다른 이유가 있다. 바로 예술은 실패를 한껏 용인해준다는 점이다. 노벨상을 수상한 수많은 과학자들은 대부분 예술에 심취한 사람이었다. 예술에서는 어떤 시도도 실패할 수 있으며, 게임처럼 실패 자체가 즐거운 활동이 되기도 한다. 예술을 통해 실패에 익숙해지고 반복적으로 개선하는 경험을 해온 아이는 두려움 대신 기대감을 먼저 가지게 된다.

예를 들어, 아이는 악기 연주, 작문, 자작곡, 무용 등을 발표하는 과정에서 자신이 계획한 것이 현실로 나타나는 경험을 한다. 그리고 자신의 의도가 다른 이에게 뜻대로 전달되지 않는 경험을 할 수도 있다. 이때 아이는 실패의 경험을 통해 오류의 가능성을 줄여가는 능력을 계발하게 된다. 이를 위해서 아이와 함께 다음과 같은 활동을 해보자.

- 비행기와 자전거를 천장에 매달아 놓거나 플라스틱 구슬로 된 커튼을 문 대신 사용한다. 장난감이나 기발한 연장 또는 과거에 이용했던 기계나 장치를 전시하거나 크리스마스트리 장식을 여름에 다는 등 특이한 환경을 만들어서 독특한 결합을 유도하자.
- 아이가 명랑한 비관주의, 순종적인 독립성, 부재하는 현존, 외로운 공존, 진짜 같은 모조품 등 모순어법을 사용해 서로 다른

의미들이나 아이디어를 하나로 합치게 만든다.

- 신나면서도 두려웠던 순간, 행복하면서도 슬펐던 순간처럼 이 질적인 감정이 뒤섞인 순간을 기억하는 기술을 익히게 한다. 이런 경험은 우리 뇌에 이질적인 결합물이 존재한다는 것을 알려주어서 이질적인 것들 사이의 연관성을 찾는 일에 민감하게 반응하도록 만든다.

새 틀 융합력에 가장 필요한 기술이 바로 '결합력'이다. 결합력은 포괄적인 시각으로 관련성이 없어 보이는 것을 연결하는 기술이다. 틀 안 비판력으로 나온 필수 요소나 속성을 재구성하고, 어떤 착상의 강점을 다른 착상의 강점과 연결하기도 한다. 이때 서로 무관한 아이디어를 연결하기 위해서는 크게 보기, 틀넘기, 패턴 찾기, 점 잇기 등의 결합 기법을 이용해야 한다. 이런기법을 통해 아이는 통상적이고 습관적인 사고방식으로 볼 수 없던 지식, 기술, 경험, 아이디어의 유사점이나 관련성을 찾을수 있고 결합시킬 수 있다.

크게 보기

크게 보기 기법은 세부적인 것보다는 더 큰 맥락이나 체계에서 정보를 제시하는 것이다. 눈앞에 보이는 것이나 구체적인 것을 생각하는 사실적 사고가 아니라 아이가 직접 깨닫거나 경험할 수 없는 사물이나 상황의 개념을 떠올리는 추상적인 사고를 말한다. 예를 들어, '나', '여기', '지금'을 떠나서 생각해보는 것이다. 아이가 다음과 같은 생각을 하고, 표현할 수 있도록 이끌어보자.

- 어떤 사건이나 이야기를 '나' 대신 소설 속 등장인물로 바꾸어 묘사하기
- '여기' 대신 다른 장소나 나라에 있는 것처럼 묘사하기
- '지금' 대신 30년 뒤의 미래에 있는 것처럼 묘사하기
- '현실' 대신 상상 속에 있는 것처럼 묘사하기

이외에도 추상적 예술 작품, 사진, 격언 등과 같이 의미가 여러 가지로 해석될 수 있는 것을 관념적이거나 추상적으로 설명하고, 학교나 가정에서 희망이 가득한 장소는 어디인지 또는 희망적으로 보이는 사물은 무엇인지 설명하는 등 주위의 상황을 추상적으로 묘사해보는 것도 좋다. 이러한 연습을 통해 아이는 자신이 경험한 것을 처음에는 그림으로만 표현하고, 그 다음에는 대략적인 줄거리로 설명하고, 마지막으로 추상적으로 이야기하면서 사실적인 사고를 추상적인 사고로 전환할 수 있게 된다.

틀 넘기

틀 넘기 기법은 아이가 전혀 다른 분야에서 추가 학위를 따거나 진로를 완전히 바꾸거나 여러 가지 취미 활동을 해서 전문 분야의 틀을 넘어 다른 분야로 진출하는 것이다. 수영을 진로로 준비하던 아이가 공대 진학으로 갑자기 진로를 바꾼다면 대부분의 부모는 수영에 들인 시간과 돈을 낭비했다고 생각한다. 그러나 사실 두 분야의 전문성은 뇌 속에서 '점 잇기' 과정을 통해 새 틀로 결합된다. 세계를 뒤흔든 대부분의 큰 혁신은 이렇게 틀 넘기를 통해 발생했다.

아이가 틀 넘기 기법을 사용하기 위해서는 당당한 태도를 가지고 기존 규칙에 의문을 제기하며, 정해진 주제나 분야의 경계를 넘어서 생각할 수 있어야 한다. 이를 위해 자신에게 생긴 사건이나 문제를 자신의 관점이 아닌 다른 사람의 관점으로 설명해 보는 것이 도움이 된다. 또는 해답에서 시작해서 거꾸로 문제를 만드는 과정처럼 어떤 과제를 역방향으로 해보는 것도 좋다.

팀으로 활동할 때 구성원들의 다른 특성과 강점을 이용해서 과제를 할 수 있도록 성격, 경험, 특기, 배경, 사고방식, 관심 분야 등이 각기 다른 구성원들을 조직하는 것이 좋다. 요즘 아이들은 축구팀이나 농구팀, 논술 동아리 등의 활동을 하는데 이런 팀 활동을 할 때도 개성 있는 아이들과 어울리는 것이 좋다. 배경이 다르기 때문에 다양한 아이디어를 내는 친구들을 사귈 수 있고,

그들과 시간을 보내고 서로가 하는 일에 대한 경험을 주고받을 수 있기 때문이다.

아이가 스포츠를 활용해 물리학을 배우거나 페인트를 섞으며 화학을 배우는 것과 같이, 서로 다른 분야에 이용되는 접근법을 섞어보게 하자. 현대미술을 다른 시대의 기법을 이용해 표현하거나 역사적 사건을 연극이나 뮤지컬 같은 공연예술로 표현하기 혹은 사진이나 그림 등의 시각 예술을 라이브 밴드 음악으로 표현하기 등 한 가지 분야, 과목, 장르에 아이의 활동을 한정시키지 않는 것이 좋다.

패턴 찾기

패턴 찾기 기법은 본질을 잃어버리거나 사실을 왜곡하는 일 없이 복잡한 아이디어, 이미지, 정보를 단순화 혹은 상징화해서 무관한 것은 무시하고 필수적인 요소나 속성을 겉으로 드러내는 일이다. 이를 위해서는 정보, 이미지, 소리, 수학, 역사, 언어, 음악, 춤 등에서 유사점이나 차이점을 인식하고 습관적으로 어떤 패턴이나 추세를 발견하는 연습이 필요하다. 아이들은 일상 생활이나 공부를 하면서 언어로 표현하는 일에 익숙해진다. 그러나 언어적 표현보다 더 좋은 것은 예술적 혹은 비언어적으로 표현하는 연습이다. 전혀 다른 두 사물이나 상황을 보면서 그것

사이에 비슷한 특성을 찾거나 영화나 책에 나오는 등장인물 또는 주변 인물들 사이에 유사점, 차이점, 변화 양식을 찾게 하자.

다양하거나 복잡한 지식, 정보, 영상, 분야 간의 차이점과 유사점 그리고 특정한 패턴을 찾거나 그중에서 가장 핵심이 되는 요소나 특성을 끌어내어 새롭게 구성한다. 예를 들어, 책을 읽거나 이야기를 들은 다음에 그 안에서 가장 중요한 주제나 핵심을 찾는 것이다. 또 사진이나 그림을 보면서 중요한 요소나 속성을 잘 나타내는 제목을 붙여보거나 두 가지 사물이나 사실을 나란히 놓고 그 특성을 비교한 뒤 새로운 순서로 다시 나열하는 방법이 있다. 나아가 아이가 고학년이라면 귀납적 추론과 연역적 추론 방법을 다음과 같이 설명하고 연습시켜주는 것이 좋다.

• **귀납적 추론** 사물이나 사람을 관찰해 여러 가지 지식이나 정보를 많이 모으면서 시야를 멀리 넓히고, 그 안에 있는 근본적인 원칙이나 일반적인 성질을 공통적으로 설명할 수 있는 지식을 이끌어낸다.(예: 지구는 공전한다 → 지구는 태양계의 행성이다 → 태양계의 행성들은 태양 주위를 공전한다)

• **연역적 추론** 일반적인 원리와 법칙을 바탕으로 시야를 좁혀나가서 어떤 자료, 방법, 단계, 과정 등을 단순화 혹은 상징화시키고 특수한 원리를 이끌어낸다.(예: 모든 태양계의 행성들은 태양 주위를 공전한다 → 지구는 태양계의 행성이다 → 지구는 태양 주위를 공전한다.)

점 잇기

패턴 찾기 기법으로 유사점이나 차이점을 찾아냈다면, 그것들을 서로 연결해서 새로운 틀을 제공하는 것이 바로 점 잇기 기법이다. 점 잇기 기법은 어떤 사물이나 상황에 존재하는 여러 가지 특성을 서로 관계가 없는 수많은 조각으로 보는 대신 전체로 보면서 연결하는 것이다. 이를 통해 아이는 새롭고 독특한 개념을 만들기 위해 이질적인 아이디어를 연결할 수 있다. 아이가 어떤 주제와 관련된 정보 하나하나에 집중하기보다 그 주제에 관한 일반 원칙을 파악하게 하자. 또 어떤 책에 있는 단어 하나에 집중하는 대신 그 책 속에 있는 이야기의 흐름을 파악하는 데 집중할 수 있어야 한다. 점 잇기 기법을 연습하기 위해 먼저 아이가 실제로 다음과 같은 점 잇기 활동을 해볼 것을 추천한다. 이러한 연결이 익숙해지면 '만약에 이렇다면, 만약에 이것이라면' 하고 스스로 끊임없이 질문해서 새로운 점 잇기의 가능성을 상상하도록 해야 한다.

- 아이에게 여러 가지 점이 있는 종이를 주고 그것을 연결해 다양한 모양, 사물, 동물, 이상하게 생긴 물체 또는 만화 속 인물 등으로 만들게 한다. 처음에는 어려울 수 있기 때문에 번호가 적혀 있는 점을 따라서 차례로 연결하는 것부터 시작하는 게 좋다.

- 번호 혹은 알파벳 순서대로 꽃, 고양이, 아주 근사한 건물 또는 구조물 등을 연결해서 그리게 한 뒤 색칠하게 한다.
- 종이 위에 굵은 점을 몇 개 찍어서 오른쪽에 앉은 사람에게 준다. 그리고 펜으로 그 점을 연결해 어떤 물체, 상황, 경치를 만든 다음 그것을 글자로 묘사하고 제목을 붙이게 한다. 그림이 정확히 무엇인지 알 필요 없이 그린 사람에게 그 그림에 대해 설명한다.
- 똑같은 점들이 있는 종이를 복사해 각자 다른 아이디어나 그림을 생각하며 점을 연결한 뒤 비교하게 한다. 이를 통해 아이는 똑같은 점을 보고도 얼마나 다른 패턴으로 인식하고 다른 관점으로 사물을 볼 수 있는지 알 수 있다.

점 잇기는 단순히 그림이나 사물 혹은 생각에만 적용되는 것이 아니다. 아이가 다른 사람과 능동적으로 소통하고 무리에 참여하기 위해 부모에서 친척으로, 친척에서 지인으로 관계를 뻗어 나가는 것도 일종의 점 잇기라고 볼 수 있다. 이러한 관계의 점 잇기를 통해 아이는 무언가를 더 잘할 수 있게 되고, 광범위하게 진행할 수 있는 추진력을 얻을 수 있으며 다른 사람이 원하는 것과 필요한 것을 쉽게 파악하고 연결 지을 수 있게 된다. 나아가 다양한 지역과 부문에 걸쳐 이질적인 장소들을 이을 수도 있고 교류하는 구성원을 넓히기 위해 사람과 사람을 이어주는 역할을 할 수도 있다.

또 다른 점 잇기 기법에는 '비유 기법'과 '비언어적 소통 기법'이 있다. 아주 다른 분야를 서로 연결하는 단계까지는 시간이 오래 걸리지만 이 기법들을 사용하면 겉보기에 관련 없어 보이는 것들을 하나로 결합할 수 있다.

비유

주로 문학에서 사용되는 비유는 '시간은 돈이다.'처럼 서로 관련성이 없어 보이는 사물이나 상황이 유사하다는 것을 보여주는 것이다. 비유는 아이가 틀 밖 상상력을 발휘해 사물이나 상황을 새로운 관점으로 보게 한다. 또 비유 기법은 창작 과정의 마지막에 오는 '홍보' 능력을 키우는 것에도 도움이 된다. 비유를 통해 설명하면 청중이 이해하기 쉬울 뿐만 아니라 청중에게 생생한 이미지를 새겨 줄 수 있다. 특히 기대하지 않았던, 예상 밖의 색다른 비유는 한결 주목성이 있고 인상적이다. 아울러 청각이나 시각, 촉각, 미각, 후각 등 감각에 호소하면 훨씬 강렬하게 기억된다.

- '인생은 롤러코스터다. 왜냐하면 오르막과 내리막이 연속되기 때문이다.'같이 비유를 통해 다른 사물이나 상황을 연결한 뒤 그 이유를 설명하게 한다.

- 창의력 키우기를 사과나무 키우기에 비유하는 것처럼 아이가 자신이 어떤 사람인지 혹은 자신의 열망이나 관심 분야는 어떤 것과 닮았는지 알아보게 한다.
- 동물이나 상징적인 물건을 활용해서 비유해본다.
- 시집이나 성경책과 같이 비유법이 많이 사용된 책을 읽고 어떤 비유가 사용되었는지 찾아본다.

비언어적 소통

비언어적인 소통 기법은 시각화 기법, 오감 기법, 몸짓 기법처럼 글자나 말을 이용하지 않으면서 서로 다른 것을 연결하는 것이다.

먼저 '시각화'는 글이나 말로 표현하는 대신에 그림으로 생각하고 표현하는 것으로, 혁신가들이 흔히 사용하는 기법이다. 가끔은 그림 한 점이 천 마디 말보다 가치 있을 수 있다. 인간의 두뇌는 그림으로 정보를 이해하고 저장하면 글이나 말보다 훨씬 쉽게 떠올릴 수 있다. 그러므로 시각화 기법은 시각예술이나 공연예술, 글쓰기, 음악, 스포츠, 발명, 발견 등 여러 매체나 틀을 넘어 서로 다른 지식, 기술, 경험을 연결하는 데 필수적이다. 틀 밖 상상력에서 설명한 '아하! 착상'도 생각, 대상, 체계, 과정, 해법 등을 시각화하면서 나오는 것이다. 아이가 그림을 잘 그려야 한다고 생각하기보다는 낙서하고 아무렇게나 휘갈기면서 자신의 생각을 그림으로 나타내는 습관을 기를 수 있도록 다음과 같은 활동을 하며 비언어적 소통을 연습하는 것이 좋다.

- 종이를 회전시키며 그리거나 사물이나 상황을 거꾸로 보면서 그리기, 또는 그림 없이 글자로만 그리기처럼 여러 가지 방식이나 관점으로 그림 그리는 연습을 한다.
- 전해들은 이야기나 책에서 읽은 것을 그리기. 이야기가 진행되는 순서나 흐름을 시각적으로 표현하거나 소리 혹은 움직임으로 표현한다.
- 전에 없던 건물이나 건축물을 만들고 설명하기, 불가능한 방식으로 연결된 그림을 설명하기, 사방으로 끝없이 내려가거나 안으로 들어가는 무한 계단을 설명하기, 기하학적으로 불가능한 표면을 만들고 설명하기 등 불가능한 관점을 실제로 만들어보거나 그려보면서 여러 관점에서 설명한다.

이러한 학습으로 문제를 해결하려고 하거나 목표를 성취하려고 노력할 때 관련된 그림이나 물건처럼 시각적으로 그 목표를 상기시켜주는 것을 아이 가까운 곳에 두고 보게 하자. 그러면 휴식할 때에도 그것을 이용해서 해결책이나 목표 달성 방법을 머릿속에서 그려보게 된다. 나아가 평소에 시각적으로 비유한 것이나 색다른 그림, 사진, 물건, 영상을 한 곳에 모아두고 발표를 할 때 글자 대신 그것들을 이용하게 한다.

다음으로 '오감 기법'은 시각, 청각, 촉각, 후각 또는 미각을 사용하거나 결합해서 자신의 아이디어를 분명히 보여주거나 전혀 관계가 없는 다른 아이디어와 연결하는 것이다.

아이가 사건이나 상황 또는 사물을 묘사할 때 오감에 주의를 기울이되 한 번에 하나의 감각에만 집중해서 세밀하고 구체적으로 표현하게 하자. 또 그 경험이 어떤 다른 사건, 상황, 사물을 연상하게 하는지 생각해서 그림으로 그리게 한다. 오른손잡이면 왼손으로, 왼손잡이면 오른손으로 글을 쓰거나 그림을 그려보는 것도 도움이 된다. 또는 입이나 발가락으로 쓰거나 그리면서 느낌이 어떻게 다른지 설명하고 비슷한 경험을 떠올려보게 하는 것도 좋다. 다음과 같은 활동을 해볼 것을 추천한다.

- 공부나 실험 등 어떤 활동을 하거나 밖에서 뛰어놀 때 다양한 재료를 만지고 느끼고 냄새 맡고 맛을 보고 소리를 들으면서 나중에 기억에 남는 것을 묘사한다.
- 전해들은 이야기나 책 속에 등장하는 장소에서 어떤 냄새가 날지, 어떤 소리가 들릴지 혹은 등장인물이 어떤 냄새를 맡고 어떤 소리를 듣는지 상상해서 말이나 글로 표현하거나 그림을 그린다.

- 듣거나 부르고 있는 노래 속에서 무슨 맛이 날지 상상해서 그림을 그리거나 몸으로 표현한다.
- 경주나 판문점, 대학로나 이태원 등 다른 분야의 사람들이 모여 있는 곳이나 문화가 다른 장소를 방문해서 냄새와 풍경을 곱씹고 노래나 글 또는 그림으로 표현한다.

마지막으로 '몸짓언어 기법'은 글이나 말, 어떤 장치나 소품도 사용하지 않고 몸의 자세, 행동, 눈의 움직임 또는 얼굴 표정만으로 자신의 감정 상태나 생각을 드러내는 것이다. 많은 내용을 상징적인 몸짓으로 함축시켜 표현하기 때문에 몸짓언어는 시와 같다고 생각하면 된다. 아이가 창작 과정에서 머릿속에만 있는 추상적인 생각을 몸동작으로 직접 나타내보면 생각을 눈으로 볼 수 있기 때문에 새로운 아이디어에 대한 영감을 더 많이 받을 수 있다. 또 몸짓언어 기법은 청중에게 강한 신체적·정서적 반응을 불러일으키기 때문에 창작물을 홍보하는 데 효과적이다.

예를 들어, 전깃불을 꺼두었다가 '아하! 착상'을 내고자 노력할 때만 불을 켜거나 진짜 상자 안에 들어가 있다가 '틀 밖 상상력'을 이용하고자 할 때 상자 밖으로 나가는 등 비유 기법을 이용해서 표현한 것을 실제 행동으로 옮긴다. 또는 팀에서 대화 없이 몸짓언어로만 이야기를 만들거나 상황 또는 사물을 묘사하는 활동을 해본다든가, 들은 이야기나 책에서 읽은 내용 또는 예술 작품을 글이나 말 대신, 몸짓언어만으로 해석해보는 것이다. 이 밖에도 자신이 직접 만든 악기로 연주회를 열거나 몸짓언어로 자신의 즉흥적인 감정이나 생각을 표현할 수 있는 공간을 마련하는 것도 많은 도움이 된다.

자기 주도적인
생각을 만드는 융합력

정제력은 아이디어나 창작물을 세밀하게 만들면서 불필요한 요소를 없애 핵심적인 기능이나 본질이 돋보이게 한다. 정제력을 키우는 기술에는 '정교화 기법'과 '간결화 기법'이 있다.

정교화 기법은 아이디어나 창작물에 외적으로는 더 많은 기능이나 요소를 첨가하거나 장식하고 내적으로는 세밀하게 만드는 기술이다. 간결화 기법은 꼭 필요하지 않은 기능이나 요소를 제거해 보다 단순하지만 더 가치 있게 만드는 기술이다. 결국 정제력이란 정교화와 간결화 사이에 균형을 잡으면서 아이디어나 창작물을 조금씩 개선하는 능력을 말한다.

상상력으로 색다른 아이디어를 내는 것은 중요하다. 그러나 그 아이디어를 실수와 실패를 거듭하면서 정제된 창작물로 실현하는 것도 중요하다. 예를 들어, 소설을 창작한다고 할 때 새로운 이야기 소재를 상상하는 일은 필수지만 그 이야기를 실제로 한 줄, 한 줄 써나가면서 인물과 사건을 세밀하게 묘사하는 일이 반드시 뒷받침되어야 한다. 동시에 이야기가 지나치게 복잡해서 독자에게 혼선을 주지 않도록 간결하게 만드는 작업도 필요하다.

많은 아이가 교사가 설명해준 개념과 문제 풀이 방법에 따라 비슷한 유형의 문제만 반복해서 풀거나 교과서에 있는 지식을 수동적으로 암기해서 시험을 친다. 지금부터라도 아이들의 정제력을 키워서 아이 스스로 수업의 주체가 되어 무언가를 만들어내는 방식을 능동적으로 배우게 하자.

정교화하기

정교화 기법은 어떤 아이디어나 창작물에 외적인 기능과 요소를 첨가하거나 부연설명하고 내적으로는 정밀화처럼 세밀하게 다듬는 것이다. 그러려면 지속적으로 세부사항에 관심을 쏟아야 하기 때문에 끈기 있는 태도가 필요하다. 또 논리적이고 체계적이며 의식적인 사고를 갖춰야 한다. 그런데 이런 태도는 자칫 즉흥적인 태도나 유연한 사고를 저해할 수 있고, 반대로 실현가능성을 따지지 않는 공상적인 태도나 잠재의식적인 사고는 창작물의 색다름은 높일 수 있지만 정교화에 방해가 될 수도 있다. 그렇기 때문에 아이는 잔인하리만큼 솔직한 비평을 끌어안으며, 실수와 실패의 경험을 통해 창작물을 끈질기게 정교화하면서 아이디어를 더 가치 있게 만들어야 한다.

정교화를 위한 활동은 가장 최근에 다녀온 여행에 대해 시간대별로 어디서 무엇을 어떻게 했고, 어떤 느낌을 가졌는지 상세하게 글로 쓰기, 세계 불가사의 중 한 가지를 선택해서 세부사항을 최대한 조사하고 정리한 뒤에 다른 사람의 세부사항과 비교해 보기, 시를 읽고 그 내용을 깊이 탐구해서 내용을 첨가하고 낭독한 뒤 청중의 반응이나 의견에 따라 다시 써보기, 잡지를 무작위로 펼쳐서 나온 사진을 가지고 재미있는 이야기를 만들어 보기 등이 있다.

간결하게 만들기

간결화 기법은 불필요한 기능이나 요소를 제거해 핵심적인 기능이나 본질이 돋보이게 하는 것이다. 아이디어나 창작물의 기능이나 요소가 너무 복잡해지면 오히려 그 가치가 떨어진다. 오늘날에는 아주 기본적인 개념이나 기술도 한때는 너무 복잡해서 사람들이 이해하거나 이용하기 어려웠다. 스티브 잡스와 같은 혁신가는 그 복잡함을 간결화로 해결했다.

그러나 간결화는 '단순화'처럼 어떤 것을 줄이거나 없애는 게 아니다. 간결화 기법은 기능이나 요소는 물론 전체적인 복잡성을 완전히 이해하는 것에서 시작된다. 그런 다음 방해 요소나 꼭 필요하지 않은 기능을 제거해서 가장 핵심적인 본질이 돋보이도록 만드는 것이다.

간결화 기법을 연습하기 위해서는 우선 극적이거나 복잡한 사건에 집중하면서도 아주 조그맣고 하찮은 것에서도 기쁨을 찾도록 짧은 시간이나마 주위를 돌아봐야 한다. 복잡한 사건이나 상황에서 가장 핵심이 되는 요소를 찾아내어 현재 상황과 연결하고 미래를 간결하게 예견해보는 것도 좋다. 또 어떤 글에서 없어도 될 정보를 제거해 가장 중요한 부분을 부각시켜보거나 글을 쓰고 난 뒤 그 글에서 꼭 필요한 핵심적 요소를 10퍼센트만 남기고 제거해본다. 그리고 원래의 것과 비교해서 빠진 게 있는지 검토한 뒤 핵심을 돋보이게 하는 데 주력한다. 만화나 그림을 그린 뒤에 없어도 의미가 전달되는 내용은 모두 삭제해서 가장 중요한 부분만 남긴다. 그리고 원래 그림과 비교해 전달이 잘 되는지 토론해보는 것도 방법이다. 이렇게 간결화 연습을 하고 나서는 자신이 간결하게 만든 창작물이 다른 사람에게 어떤 반응을 일으키는지 묻고 다음과 같은 차이를 비교해서 세부 내용이 많은 것과 적은 것 사이에서 균형을 찾아야 한다.

- 정교화와 간결화의 차이를 알려주기
- 단순화로 인한 효율성과, 간결화로 인한 효과성의 차이를 알려주기
- **효율성**: 비용, 시간, 노력을 적게 들여 목적을 달성하는 정도
- **효과성**: 비용, 시간, 노력과 관계없이 진짜 목적을 달성하는 정도

창작물 홍보하기

많은 사람이 우수한 창작물을 만들어내는 것이 곧 혁신이라고 착각하지만 창작 이후의 홍보까지 성공적이어야 창작물을 혁신으로 인정할 수 있다. 홍보는 적절한 시기와 장소에서 청중의 관점으로 자신의 아이디어나 창작물의 장점을 알리고, 단기적으로는 이득이 없을지라도 장기적으로 청중과 서로 믿고 돕는 관계를 만드는 기술이다. 이는 창작물을 많이 판매해서 빠른 시간에 많은 돈을 벌고자하는 광고와 다르다.

혁신을 위한 홍보를 성공적으로 하려면 '점 잇기' 기법뿐 아니라 작명력, 설득력, 스토리텔링 기술도 필요하다. 작명력은 청중의 관심을 끄는 이름이나 제목을 자신의 아이디어나 창작물에 사용하는 기술이다. 설득력은 전문성을 바탕으로 공감과 논리를 이용해 자신의 아이디어나 창작물의 특징과 이점을 청중의 입장에서 전달하는 기술이다. 스토리텔링은 흥미진진하면서

도 청중이 공감하는 이야기를 짓거나 나누는 것이다.

이름 짓는 능력 기르기

작명력은 청중의 관심을 끄는 색다른 이름이나 제목을 자신의 아이디어나 창작물에 사용하는 것이다. 평범하거나 긴 이름 대신 '아이폰'처럼 색다르면서 구체적이고 짧은 이름이 청중의 관심을 끌기 쉽고 청중이 기억하기도 편하며 다른 사람들에게 알리기도 적합하다. 또 너무 이질적이지 않으면서도 뜻밖이거나 다소 도발적인 이름은 청중의 호기심이나 놀라움과 같은 감정을 자극해 더 많은 관심을 끌 수 있다. 아이디어나 창작물의 특징과 장점을 알리려면 좀 더 긴 부제를 덧붙여야 검색 엔진에 쉽게 노출될 수 있다.

책이나 문서 또는 예술작품 중에서 긴 제목을 찾고 그 책, 문서, 작품의 내용을 포괄적으로 담고 있으면서도 구체성이 드러나는 짧은 제목으로 바꿔보는 연습이 도움이 된다. 또는 학교, 가정, 종교단체, 사회단체와 함께 자신의 창작물을 판매하고, 그 창작물의 특징과 그것이 청중에게 미치는 영향을 포함하는 짧은 이름을 짓는다. 자서전의 제목과 부제를 정하기 위해 자신의 인생 경험이 남과 다른 점에 대해 이야기하고, 자신이 가진 경험의 색다름을 가장 잘 돋보이게 하는 핵심 문구를 토론하는 것도 좋다. 이렇게 이름 짓기가 익숙해진다면 자신의 창작물에 특이

하거나 도발적이거나 재미있거나 긍정적이거나 부정적인 의미를 가진 제목을 지은 뒤 어느 정도의 색다름이 청중에게 효과적인지 토론해보게 하자.

설득하는 능력 기르기

설득력은 아이가 자신의 전문성을 기반으로 한 확신, 청중이 공감할 수 있는 감정에 호소하면서 논리를 이용해 자신의 아이디어나 창작물의 특징과 장점을 청중의 입장에서 전달하는 것이다. 설득을 위해서는 청중뿐만 아니라 비평가 그리고 이질적인 아이디어나 착상에 무조건 반대하는 사람들의 의견까지 고려해 자신의 아이디어나 창작물을 정제하고 결국에는 반대자의 의견까지 바꿀 수 있는 끈기가 필요하다.

유대인 중에는 아이가 아주 어릴 때부터 어떤 것을 판매할 수 있는 기회를 만들어 설득력을 키울 수 있도록 해주는 가정이 많다. 아이는 어릴 때부터 자신의 생각과 감정을 남에게 표현하는 연습을 해야 한다. 또 자신의 아이디어나 창작물의 특징과 장점을 찾아내어 기존의 것과 어떻게 다른지, 그리고 왜 더 가치 있는지를 남에게 전달하는 연습을 해야 한다. 또 아이는 남의 눈을 의식해 겉치레 같은 겸손으로 자신을 위축시키지 말아야 한다.

논리적인 주장보다 감정적인 호소가 청중의 마음을 움직이는 데 더 효과적이다. 그러나 감정만으로는 청중에게 어떤 것을 지지하거나 구매하는 행동을 유도할 수 없기 때문에 논리적인 사실 또한 뒷받침되어야 한다. 자신의 의견을 뒷받침할 수 있는 사실이나 사례 또는 통계나 그래프, 표, 그림, 사진, 동영상 등을 이용한 오감 기법을 통해 청중이 직접 그 증거를 보거나 체험할 수 있게 해야 한다.

또한 청중의 이야기나 의견을 오랫동안 귀담아 들으면서 서로 간 공감대를 형성해야 한다. 자신의 의견을 말할 때는 핵심을 포함하면서도 아주 짧게 하는 게 좋다. 더군다나 오늘날엔 전자기기와 같은 방해요소가 너무 많아 쉽게 산만해질 수 있기 때문에 사람들이 한 곳에 오래 집중을 할 수가 없다. 그래서 핵심을 짧게 전달할 필요성이 커진 것이다. 이때 짧은 비유법을 이용하면 사람들이 더 쉽게 이해할 수 있고 더 오래 기억할 수 있다.

설득하는 능력을 기르기 위해서는 우선 아이가 자신이 어째서 좋은 친구, 학생 또는 자녀인지 짧은 시간 내에 가장 기억에 남게 전달해보는 연습부터 시작해야 한다. 또 일찍부터 학교, 가정, 종교단체, 사회단체와 함께 자선활동을 구상해서 도움이 필요한 사람들을 위해 만든 것을 광고하고 판매하는 경험을 쌓는 것이 좋다. 아이가 가정이나 학교에서 자신의 아이디어나 창작물에 대해 청중의 관점에서 설명해야 할 때 거울 또는 친한 친구 앞에서 시각적인 자료를 이용해 발표 연습을 하거나 직접 발표

하는 모습을 녹화하고 몸짓의 효과를 관찰해 보는 것이 도움을 줄 수 있다. 연습을 한 후에는 자신이 만든 창작물의 특징, 색다른 점, 이점, 가치를 전달하면서도 청중의 관심을 끌 수 있는 두 가지 감각을 이용한 광고법을 찾아 장단점을 토론해보게 하자.

만약 아이가 어떤 협상을 하거나 청중을 설득해야 하는 경우에는 다음과 같은 단계를 따르도록 해보자.

- 상대의 눈을 똑바로 쳐다보면서 미리 악수하기
- 찬 음료나 음식 대신에 따뜻한 음료나 음식을 제공해서 따뜻한 분위기 조성하기
- 상대의 의사소통 방식이나 얼굴 표정, 몸짓을 모방해서 친숙한 분위기 조성하기
- 말을 단호하게 하고, "음…"이나 "그러니까…"와 같은 머뭇거리는 표현 피하기
- 찡그리기, 눈썹 치켜 올리기, 불안한 시선, 가만히 못 있는 손, 계속해서 코 훌쩍대기, 다리 흔들거나 꼬기 등의 부정적인 몸짓 피하기

스토리텔링 능력 기르기

스토리텔링 능력은 청중이 자리를 뜰 수 없을 정도로 흥미진진하면서도 그들이 공감하는 이야기를 짓거나 나누는 것이다.

우리의 뇌는 따로 나열된 정보나 논리적으로 정렬된 주장보다는 단어를 연결해 만든 이야기를 가장 잘 이해하고 오랫동안 기억한다. 아이가 청중의 이야기를 들으면서 머릿속에 그림을 그려보게 하자. 이때 감정에 호소하는 이야기가 더 인상적이기에 청중에 대한 정보를 최대한 수집하고, 그들의 생각과 감정을 이해해서 청중을 웃기고 울리는 이야기를 짓거나 나눌 수 있어야 한다.

초면에 친분을 쌓거나 긴장된 상황을 풀기 위해 상대방의 관심사 또는 개인적이고 문화적인 배경과 관련된 짧은 농담이나 이야기로 대화를 시작하는 것이 좋다. 그리고 광범위한 독서를 통해 주제에 대한 배경 지식이나 흥미로운 농담, 혹은 이야기를 나누면서 청중이 그 주제에 친숙해지도록 돕는다. 이때 자신이 직접 체험한 것이 아니라 남에게 전해들은 이야기를 전달할 때는 그 내용 가운데 확실한 부분과 추측한 부분을 구별해 말하는 게 좋다.

부모를 위한
한 장 요약

여러 아이디어를 크고 넓은 시각으로 바라보고 새 틀 안에 결합해 다르게 재구성하며, 더 나은 가치로 정제해서 창작물을 만들고 홍보하게 해주세요. 그러기 위해 아이의 융합력을 길러주세요.

1. 아이가 큰 그림을 볼 수 있게 해주세요

세부적인 것보다는 더 큰 맥락이나 체계에서 정보를 제시하게 해주세요. 눈앞에 보이는 것이나 구체적인 것보다는 지각하거나 경험할 수 없는 사물이나 상황의 개념을 떠올리는 추상적인 사고를 할 수 있게 도와주세요.

2. 독특한 패턴을 찾게 해주세요

정보, 이미지, 소리, 수학, 역사, 언어, 음악, 춤 등에서 유사점이나 차이점을 인식하고 습관적으로 어떤 패턴을 발견하는 연습을 시켜주세요.

3. 이름 짓는 능력을 길러주세요

책이나 문서 또는 예술작품에서 긴 제목을 찾고 그 책, 문서, 작품의 내용을 포괄적으로 담고 있으면서도 구체성이 드러나는 아주 짧은 제목으로 바꾸게 해보세요.

4. 설득력을 키워주세요

아이에게 논리적인 주장보다 감정적인 호소가 청중의 마음을 움직이는 데에는 더 효과적이라는 것을 알려주세요. 하지만 감정만으로는 청중의 지지나 구매를 유도할 수 없기 때문에 논리적 사실도 뒷받침되어야 함을 잊지 말아야 합니다.

5. 스토리텔링 능력을 길러주세요

스토리텔링 기법은 청중이 자리를 뜰 수 없을 정도로 흥미진진하면서도 그들과 함께 공감하는 이야기를 짓거나 나누는 것입니다. 아이가 청중에게 어떤 것을 설명하는 게 아니라 청중의 머릿속에 그림이 떠오르도록 이야기하는 연습을 시켜주세요.

아이를 창의영재로 키우는
토양을 만들어 주세요

우리 아이 창의영재로 키우는 토양을 만들기 위해

강의가 끝나고 한 번은 3시간 이상을 쉬지 않고 열띤 강의를 할 수 있는 에너지의 근원이 무엇이냐는 질문을 받았다. 그때 나는 이렇게 답했다. 첫째, 전 세계의 교육 정책과 현황에 대한 나의 전문성을 바탕으로 판단했을 때, 한국의 교육을 지금 바꾸지 않으면 희망이 없다는 절박함을 느꼈기 때문이다. 둘째, 2018년 11월, 과학기술부와 과학창의재단의 초청으로 곳곳에서 강의를 하고 사람들을 만나면서 한국사회가 '교육을 바꾸겠다.'는 의지로 크고 작은 일을 하고 있다는 사실을 발견했다. 그래서 '지금이라도 뭉치면 한국의 교육을 바꿀 수 있다.'는 확신을 가지게 되었다. 셋째, 영양실조로 돌아가신 엄마를 천국에서 다시 만날 때 "네가 세상의 빛과 소금이 되었구나."라는 칭찬을 듣고 싶기 때문이다. 병을 다 떨치고 아름다운 모습을 하고 계실 엄마와 재회할 날을 기다리고 있기 때문에 나는 죽음이 두렵지 않다. 다만 죽기 전에 해야 할 일이 남아 있을 뿐이다. 이 이유들이 내가 열정과 사명을 가지고 한국의 교육에 관해 생각하게 된 계기다.

아이의 성공은 엄마에게 달려 있다

나는 다음 5가지에 대해 내 부모님, 특히 엄마에게 감사한다.

첫째, 엄마가 살아 계신 동안 나는 한 번도 꾸중을 들어본 적이 없다. 그래서 나는 계속 칭찬 받기 위해서라면 무엇이든 했다.

둘째, 앞에서 말했듯 '세상에 빛과 소금이 되라.'는 이타적인 꿈을 꾸게 해주셨다. 나는 이 꿈을 이루기 위해서 밤낮으로 연구를 한다. 한국 교육을 바꾸고 또 미국 교육을 바꾸고 싶다. 그래서 모든 아이들이 입시와 시험이라는 지옥에서 벗어나서 자신의 창의력을 마음껏 계발하도록 만드는 일에 내 평생을 바칠 것이다.

셋째, 내 부모님의 기도대로 나는 시련을 감사하게 생각한다. 특히 어머니가 치매 초기에 손으로 쓴 기도문 같은 편지는 미국에 사는 동안 포기하지 않고 다시 일어설 수 있는 힘을 주었다.

겉으로 드러내지 않고 교묘하게 인종차별을 해 나를 사회적으로 매장시키려는 음모와 지금 이 순간에도 싸우고 있다. 그러나 범사에 감사했던 엄마의 편지가 없었더라면 불안장애로 응급실에 두 번씩이나 실려 갔을 때 나는 어쩌면 미국에서의 삶을 포기했을지도 모른다.

넷째, 내가 이 세상의 어떤 권위자나 권력자 앞에서도 '당돌한 태도'로 이의를 제기할 수 있도록 엄마가 나를 일찍부터 교육시켜주셨다. 이런 당돌한 태도가 없었더라면 모든 학자들이 다 믿고 있는 이론들에 이의를 제기해서 새로운 나만의 이론을 정립할 수 없었을 것이다. 그래서 나는 부모, 특히 엄마의 가르침이 아이들 성공의 원동력이라고 믿는다.

한국 아이들은 한국에서 학교를 다니든 미국에서 학교를 다니든 상관없이 교과 내용을 서양 아이들보다 더 잘 외우고 시험 점수가 높다. 그러나 대학을 졸업한 뒤에 실제 사회에 나와서는 문제를 해결하기 위해서 새로운 아이디어를 내거나 새로운 것을 만들 수 없어서 좌절감을 느끼는 경우가 많다. 이것은 미국에 사는 한국계 학생들도 마찬가지이기 때문에 학교 교육의 탓이라고만 할 수 없다. 이는 바로 집에서 아이와 시간을 가장 많이 보낸 양육자의 가르침 때문이다. 아이가 장차 혁신을 이루는 것은 바로 지금 엄마가 아이를 분재로 만들고 있는지 아니면 사과나무로 키우고 있는지에 달려 있다.

학교도 변해야 한다

한국의 교사들이 서양의 교사들보다 더 우수하다. 한국은 교사가 되기 위해 어려운 관문을 통과해야 한다. 전통적인 유교 사회에서 존경을 받으며 우대받았던 사람들이 학자들, 즉 교사들이었기 때문이다. 유교 경전을 외우고 한자를 아이들에게 가르치던 훈장님이, 손을 쓰는 장인이나 기술자보다 더 존경받았다. 이런 풍토 속에서 교사들의 가치가 그대로 이어져 공부를 잘하는 학생들이 교사가 되는 사회다.

이렇게 우수한 교사 재원을 확보하고 있지만, 학생들의 창의력 교육은 잘 이루어지고 있지 않고 있다. 이런 현실에는 3가지 이유가 있다.

첫째, 교사가 권위적으로 학생 위에서 군림한다. '찬물도 위아래가 있다.'는 수직적 서열이 중요한 한국사회에서는 교사 말을 잘 듣는 학생이 좋은 학생이고 권위에 이의를 제기하는 것은 나쁜 것으로 여겨진다. 이것이 아이들의 창의력 계발을 저해하는 가장 큰 원인이다.

둘째, 부모들이 오로지 '내 자식이 다른 아이보다 성공해야 한다.'는 목표로 아이들을 키우고 있기 때문이다. 내 자식이 조금이라도 손해를 보고 있다는 생각이 들면 엄마가 수단과 방법을 가리지 않고 그것을 막는다. 이것이 최근에 교사를 불신하는 행동으로 이어져 교사의 사기를 땅에 떨어트리고 있다. 또 이것이 교사가 새로운 시도나 기발한 방법을 쉽게 시도할 수 없는 이유가 되기도 한다.

셋째, 교사조차도 학창시절에 '창의력 교육'이라는 것을 받아본 적이 없기 때문이다. 경험해본 적이 없는데 어떻게 아이들의 창의력을 가르칠 수 있겠는가? 어떤 신기한 창의력 프로그램을 외국에서 베껴 와서 그대로 사용한다고 창의력이 길러지는 것은 아니다. 교사들이 배운 창의력 계발 이론들은 최소한 30년이 넘은 것들이고, 우리나라 정서와 현실에 맞지도 않다. 서양의 여러 나라에는 수직적 서열과 같은 풍토가 없기 때문에 교사들이 아이들과 수평적으로 의사소통을 하면서 아이들의 창의력을 쉽게 계발시켜 줄 수 있다. 그러나 한국은 아직 창의적 풍토가 조성되어 있지 않기 때문에 제도보다 우선되어야 할 것이 환경과 분위기, 사회적인 인식의 변화다.

그러려면 교장, 교감 선생님들이 먼저 창의력 교육의 필요성을 깨닫고 수직적 서열과 권위주의를 내려놓고 교사들을 설득해야 한다. 그리고 교사는 학생들이 창의력을 계발하여 자신의 잠재력과 역량을 마음껏 펼칠 수 있도록 도와야만 한다. 그것이 그분들의 사명이다.

창의력을 혁신으로 이어가게 해주는 풍토

혁신은 한 분야에 전문성을 쌓으면서 시작되기 때문에 그 분야의 익숙함 속에서 나타난 엉뚱함이나 놀라움이라고 볼 수 있다. 혁신을 이루기 위해서는 최소한 10년 동안은 그 분야에 관한 모든 지식이나 기술을 배우면서 전문성을 쌓는 건설적인 과정을 거쳐야 한다. 이 과정에서 창작물에 가치가 더해진다. 전문성을 다 쌓은 뒤에는 규칙들이나 이론들을 당돌하게 무시하거나 깨버리는 '파괴적인' 과정을 통해 창작물에 색다름을 더한다.

창작물의 가치를 위해서는 목표 의식적 태도와 철저한 태도를 포함한 바람 태도 및 토양 태도가 필요하다. 그리고 창작물의 색다름을 위해서는 튀는 태도와 당돌한 태도를 포함한 햇살 태도 및 공간 태도가 필요하다. 어느 태도 하나가 넘치거나 부족해서는 안 된다. 우리 아이를 창의영재로 키워내기 위해서는 이 책에서 설명한 27가지 창의적 태도가 모두 필요하다. 그리고 우리 부모들은 아이가 창의적 태도로 무럭무럭 자랄 수 있는 창의적 풍토를 제공해야 한다. 그리하여 부디 우리 아이들이 큰 꿈을 꾸며 자라고 창의력을 마음껏 발휘해 세상에 이로운 사과나무 같은 존재로 성장했으면 하는 것이 나의 간절한 소원이다.

틀 밖에서 놀게 하라

2019년 12월 24일 초판 1쇄 | 2023년 7월 31일 45쇄 발행

지은이 김경희
펴낸이 박시형, 최세현

마케팅 양근모, 권금숙, 양봉호, 이주형 **온라인홍보팀** 신하은, 현나래
디지털콘텐츠 김명래, 최은정, 김혜정 **해외기획** 우정민, 배혜림
경영지원 홍성택, 김현우, 강신우 **제작** 이진영
펴낸곳 (주)쌤앤파커스 **출판신고** 2006년 9월 25일 제406-2006-000210호
주소 서울시 마포구 월드컵북로 396 누리꿈스퀘어 비즈니스타워 18층
전화 02-6712-9800 **팩스** 02-6712-9810 **이메일** info@smpk.kr

쌤앤파커스(Sam&Parkers)는 독자 여러분의 책에 관한 아이디어와 원고 투고를 설레는 마음으로 기다리고 있습니
다. 책으로 엮기를 원하는 아이디어가 있으신 분은 이메일 book@smpk.kr로 간단한 개요와 취지, 연락처 등을 보내
주세요. 머뭇거리지 말고 문을 두드리세요. 길이 열립니다.